Kindler
Taschenbücher

Geist und Psyche

Karen Horney
Unsere inneren Konflikte

Neurosen in unserer Zeit –
Entstehung, Entwicklung und Lösung

Kindler
Taschenbücher

Die Übersetzung aus dem Amerikanischen besorgte
Gertrud Lederer-Eckardt

Die Originalausgabe ist unter dem Titel
»Our Inner Conflicts« im Verlag W. W. Norton, New York, erschienen.

Redaktion: G. Bulla
Korrekturen: M. Flach
Gesamtherstellung: Friedrich Pustet, Regensburg
Printed in Germany 1973
ISBN 3 463 18104 5

Inhalt

Vorwort

Dieses Buch ist der Förderung der Psychoanalyse gewidmet. Es erwuchs aus der Arbeit mit meinen Patienten und an mir selber. Obwohl die Theorie, die es enthält, im Verlauf von vielen Jahren entwickelt wurde, kristallisierten sich meine Gedanken erst bei der Vorbereitung einer Vorlesungsreihe für das Amerikanische Institut für Psychoanalyse. Die erste Serie, die sich mit der technischen Seite meines Gegenstandes befaßte, hatte den Titel: *Probleme psychoanalytischer Technik* (1943). Die zweite Serie, die sich mit den Problemen dieses Buches beschäftigte, entstand 1944 und hieß: *Vervollkommnung der Persönlichkeit*. Ausgesuchte Themen: *Vervollkommnung der Persönlichkeit durch psychoanalytische Therapie, Psychologie des Distanzierungsbedürfnisses* und *Die Bedeutung sadistischer Tendenzen* wurden in der Akademie für Medizin und vor der »Association for the Advancement of Psychoanalysis« vorgetragen.

Ich habe die Hoffnung, daß dieses Buch für alle Psychoanalytiker, die ein ernsthaftes Interesse an der Förderung unserer Theorie und Therapie haben, von Nutzen sein wird. Ich hoffe außerdem, daß sie die hier dargestellten Ideen nicht nur auf ihre Patienten, sondern auch auf sich selbst anwenden. Fortschritte in der Psychoanalyse können wir nur dadurch erzielen, daß wir keine Mühe scheuen, uns selbst und alle unsere Schwierigkeiten zu berücksichtigen. Wenn wir selber statisch bleiben und uns gegen Änderungen zur Wehr setzen, so müssen auch unsere Theorien unfruchtbar und dogmatisch werden.

Doch bin ich davon überzeugt, daß jedes Buch, das über rein technische Dinge oder abstrakte Theorien hinausgeht, auch denjenigen zugute kommen sollte, die den Wunsch haben, sich selbst kennen zu lernen, und es nicht aufgegeben haben, sich um ihr eigenes Wachstum zu bemühen. Fast jeder von uns, die wir in dieser schwierigen Zivilisation leben, sind in den hier dargestellten Konflikten befangen und brauchen jede nur mögliche Hilfe. Obwohl bei schweren Neurosen die Hilfe des erfahrenen Psychoanalytikers erforderlich ist, glaube ich dennoch, daß wir, wenn wir uns nur unermüdlich darum bemühen, viel dazu beitragen können, unsere eigenen Konflikte selber zu entwirren.

Meine Dankbarkeit gilt in erster Linie meinen Patienten, die mir durch die gemeinsame Arbeit zu einem besseren Verständnis der Neurosen geholfen haben. Ich fühle mich auch denjenigen meiner Kollegen verpflichtet, die mich durch ihr Interesse und ihre verständnisvolle Haltung in meiner Arbeit ermutigten. Ich denke dabei nicht nur an die älteren Kollegen, sondern auch an die in unserm Institut ausgebildeten jungen Mitarbeiter, deren kritische Diskussionen mich anregten und für beide Teile fruchtbar waren.

Außerdem möchte ich noch drei Personen außerhalb des psychoanalytischen Berufs erwähnen, die meine Arbeit gefördert haben. Dr. Alvin Johnson ermöglichte es, daß ich meine Gedanken an der »New School for Social Research« zum Ausdruck bringen konnte zu einer Zeit, als (in Amerika) die klassische Freudianische Analyse die einzig anerkannte Schule für analytische Theorie und Praxis war. Mehr noch fühle ich mich Clara Mayer, Dekan der »School of Philosophy and Liberal Arts of the New School for Social Research«, verpflichtet. Durch ihr unermüdliches persönliches Interesse ermutigte sie mich Jahr für Jahr, alle neuen Gedanken, die sich aus meiner analytischen Arbeit ergaben, zur Diskussion zu stellen. Und außerdem führte der hilfreiche Rat meines Verlegers, W. W. Norton, zu vielen Verbesserungen in diesem Buch. Zu guter Letzt möchte ich auch noch Minette Kuhn meine Anerkennung dafür ausdrücken, daß sie mir so wesentlich bei der Verbesserung der Anordnung des Materials und der Verdeutlichung meiner Gedanken geholfen hat.

Karen Horney

Einleitung

Wo man auch immer beginnt und wie schwierig der Weg sein mag, man kommt schließlich immer dazu, die Ursache einer seelischen Erkrankung in einer Störung der Persönlichkeit zu finden. Für diese psychologische Entdeckung gilt das gleiche wie für fast jede andere: es handelt sich in Wirklichkeit um eine Wiederentdeckung. Dichter und Philosophen aller Zeiten wußten, daß nie eine klare und ausgeglichene Persönlichkeit, sondern immer nur ein von innerem Zwiespalt zerrissener Mensch seelischen Störungen zum Opfer fällt. Wir formulieren das heute so: Jede Neurose ist eine Charakter-Neurose, wie auch immer das symptomatische Bild aussehen mag. Daher müssen wir uns sowohl in der Theorie als auch in der Therapie darum bemühen, die Struktur des neurotischen Charakters besser zu verstehen.

Im Prinzip konvergierte Freuds große Pionierarbeit zunehmend mit dieser Auffassung, wenn auch sein vorwiegend auf eine genetische Annäherung gerichtetes Interesse ihn daran hinderte, dies ausdrücklich zu formulieren. Aber andre Analytiker, die Freuds Werk fortsetzten und entwickelten – vor allem Franz Alexander, Otto Rank, Wilhelm Reich und Harald Schultz-Hencke –, haben dies deutlicher ausgearbeitet. Jedoch konnten sie sich über die eigentliche Natur und Triebkraft dieser Charakterstruktur nicht einigen.

Mein eigener Ausgangspunkt war ein anderer. Freuds Theorien in bezug auf die weibliche Psychologie veranlaßten mich, über die Bedeutung kultureller Faktoren nachzudenken. Ihr Einfluß auf unsere Auffassung von Männlichkeit oder Weiblichkeit war deutlich erkennbar; aber genauso deutlich war für mich erkennbar, daß Freud bestimmte Fehlschlüsse zog, weil er es unterließ, diesen Einfluß in Betracht zu ziehen. Mein Interesse an diesem Gegenstand wuchs im Verlauf von fünfzehn Jahren. Es wurde zum Teil durch den Kontakt mit Erich Fromm gefördert, durch dessen tiefschürfendes soziologisches und psychoanalytisches Wissen die Bedeutung sozialer Faktoren weit über ihre begrenzte Anwendung auf die weibliche Psychologie hinaus erkannte. Meine Eindrücke wurden noch vertieft, als ich im Jahre 1932 nach Amerika kam. Ich beobachtete, daß die Haltung und die Neurosen der Amerikaner sich in vieler Hinsicht von denen der Europäer unterschieden und daß dafür lediglich die Verschiedenheit der beiden Zivilisationen verantwortlich gemacht werden konnte. Meine Schlußfolgerungen fanden schließlich ihren Ausdruck in meinem Buch: »Der neurotische Mensch unserer Zeit«. Die Hauptthese dieses Buches besteht darin, daß Neurosen durch kulturelle Faktoren hervorgebracht werden – was im wesentlichen auf die Behauptung hinausläuft, daß Neurosen aus gestörten menschlichen Beziehungen entstehen.

In den Jahren vor der Veröffentlichung jenes Buches beschäftigte ich mich mit Forschungen, die in einer andern Richtung lagen, aber logischerweise aus den früheren Hypothesen folgten. Diese Forschungen drehten sich um die Frage nach den Triebkräften in einer Neurose. Freud war der erste, der nachwies, daß es sich dabei um zwanghafte Triebe handelt. Er hielt sie ihrer Natur nach für Instinkte, die nach Befriedigung verlangen und keine Triebversagung dulden. Infolgedessen nahm er an, daß sie nicht nur bei Neurosen aufträten, sondern in allen Menschen wirksam seien. Wenn Neurosen jedoch aus gestörten menschlichen Beziehungen erwüchsen, könnte diese Behauptung keine Gültigkeit haben. Die Ergebnisse, zu denen ich in dieser Hinsicht kam, sind kurz folgende: Zwanghafte Triebe sind spezifisch neurotischer Natur. Sie stammen aus Gefühlen wie Isoliertheit, Hilflosigkeit, Furcht und Feindseligkeit, und sind ein Versuch, mit der Welt trotz dieser Gefühle fertig zu werden. Ihr Ziel ist in erster Linie Sicherheit, nicht Befriedigung. Ihren zwanghaften Charakter verdanken sie der Angst, die hinter ihnen lauert. Zwei dieser Triebe – neurotisches Verlangen nach Liebe und nach Macht – zeichneten sich als erste deutlich ab und wurden in »Der neurotische Mensch« ausführlich dargestellt.

Obwohl ich mich an die Grundlagen der Freudschen Lehre hielt, wurde mir damals klar, daß ich auf der Suche nach besserem Verständnis in Richtungen geriet, die von der Freudschen Lehre abwichen. Wenn so viele Faktoren, die Freud für instinktiv hielt, kulturbedingt waren, wenn so vieles, was Freud für libidinös hielt, ein aus Angst geborenes und auf ein Gefühl der Sicherheit andern gegenüber gerichtetes neurotisches Liebesbedürfnis war, dann war die Libido-Theorie nicht länger haltbar. Kindheitserinnerungen blieben zwar wichtig, aber ihr Einfluß auf unser Leben erschien in einem neuen Licht. Daraus ergaben sich unvermeidlicherweise andere theoretische Unterschiede. Infolgedessen mußte ich mir über meine eigene theoretische Stellungnahme Freud gegenüber klar werden. Als Ergebnis dieser Auseinandersetzung schrieb ich: »Neue Wege in der Psychoanalyse«.

In der Zwischenzeit setzte ich meine Forschung nach den neurotischen Triebkräften fort. Ich nannte die Zwangstriebe neurotische Züge und beschrieb zehn dieser Züge in meinem nächsten Buch. Zu diesem Zeitpunkt erkannte ich auch, daß die neurotische Charakterstruktur von zentraler Wichtigkeit ist. Ich sah sie damals als eine Art Makrokosmos, der von vielen ineinandergreifenden Mikrokosmen gebildet wurde. Im Kernpunkt jedes einzelnen Mikrokosmos war eine neurotische Anlage. Diese Neurosentheorie führte zunächst zu einer praktischen Anwendung. Wenn die Psychoanalyse nicht in erster Linie auf eine Verbindung unserer gegenwärtigen Schwierigkeiten mit unseren Erfahrungen in der Vergangenheit abzielte, sondern vielmehr darauf, das Spiel von Kräften in unserer jetzigen Persönlichkeit zu verstehen, dann war es auch möglich, uns selbst zu erkennen und zu ändern, mit wenig oder sogar ohne jede Hilfe von Fachleuten. Es schien, daß angesichts des allgemeinen Bedürfnisses nach Psychotherapie und des Mangels an Therapeuten, Selbstanalyse die Hoffnung auf Erfüllung eines lebenswichtigen Bedürfnisses war. Da der Hauptteil meines Buches sich mit den Möglichkeiten, Grenzen und Wegen einer Selbstanalyse befaßte, nannte ich es »Selbstanalyse«.

Doch war ich mit der Darstellung der individuellen, neurotischen Züge nicht ganz zufrieden. Sie waren zwar zutreffend beschrieben, aber ich wurde das Gefühl nicht los, daß sie durch die bloße Aufzählung zu isoliert erschienen. Ich wußte, daß neurotisches Liebesbedürfnis, zwanghafte Bescheidenheit und das Verlangen nach einem Partner irgendwie zusammengehörten, aber ich erkannte nicht, daß diese drei Züge zusammen eine Grundhaltung der Umwelt und sich selbst gegenüber und eine besondere Weltanschauung darstellten. Sie bilden den Kernpunkt dessen, was ich zusammenfassend »die Hinwendung zu den Menschen« nannte. Ich fand weiterhin, daß zwanghaft heftiges Verlangen nach Macht und Prestige und neurotischer Ehrgeiz etwas Gemeinsames haben. Sie stellen im großen und ganzen die Faktoren dar, die bei der Haltung wirksam werden, die ich zusammengefaßt »die Einstellung gegen die Menschen« nennen möchte.

Aber das Bedürfnis nach Bewunderung und die perfektionistischen Triebe schienen, obwohl sie alle Anzeichen neurotischer Züge besaßen und die Beziehungen des Neurotikers zu andern beeinflußten, sich hauptsächlich mit seinen Beziehungen zu sich selber zu befassen. Auch schien das Bedürfnis, andre auszunutzen, weniger ursprünglich zu sein als das Bedürfnis nach Liebe oder das nach Macht. Es schien weniger umfassend zu sein als jene, so als ob es keine Einheit für sich wäre, sondern einem größeren Ganzen entnommen sei.

Meine Bedenken erwiesen sich auch weiterhin als gerechtfertigt. In den folgenden Jahren beschäftigte ich mich mit der Bedeutung der Rolle, die Konflikte innerhalb einer Neurose haben. In »Der neurotische Mensch« sagte ich, daß Neurosen durch einen Zusammenstoß entgegengesetzter neurotischer Züge erzeugt würden. In »Selbstanalyse« zeigte ich, daß neurotische Züge sich gegenseitig nicht nur verstärkten, sondern daß sie auch Konflikte erzeugen könnten. Dessenungeachtet wurden die Konflikte als solche nur beiläufig erwähnt. Freud erkannte immer mehr die Wichtigkeit innerer Konflikte; er hielt sie jedoch für einen Kampf zwischen unterdrückten und unterdrückenden Kräften. Die Konflikte, die ich aufzuspüren begann, waren anderer Art. Sie wirkten zwischen entgegengesetzten Gruppen neurotischer Züge und, obwohl sie ursprünglich nur sich widersprechende Haltungen andern gegenüber betrafen, umfaßten sie mit der Zeit auch sich widersprechende Haltungen gegen das eigene Ich, sich widersprechende Eigenschaften und sich widersprechende Wertsetzungen.

Immer neue Beobachtungen öffneten mir die Augen für die Bedeutung solcher Konflikte. Was mir zunächst ganz besonders auffiel, war die Blindheit der Patienten gegenüber augenfälligen Widersprüchen in ihnen selber. Wenn ich auf diese Widersprüche hinwies, begannen sie auszuweichen und schienen jegliches Interesse an dem Gespräch zu verlieren. Nach wiederholten Erfahrungen dieser Art wurde mir klar, daß das Ausweichen der Ausdruck einer tiefen Aversion dagegen war, sich mit diesen Widersprüchen auseinanderzusetzen. Schließlich zeigten mir die panischen Reaktionen anläßlich der plötzlichen Erkenntnis eines Konfliktes, daß ich mit Dynamit arbeitete. Die Patienten hatten allen Grund, vor ihren Konflikten zurückzuschrecken: sie befürchteten, daß die Explosivkraft dieser Konflikte imstande sei, sie in Stücke zu zerreißen.

Hier begann ich zu erkennen, welch erstaunliches Maß von Energie und Intelligenz an mehr oder weniger verzweifelte Bemühungen gewandt wurde, die Konflikte zu »lösen«* oder, genauer gesagt, ihr Vorhandensein zu leugnen und eine künstliche Harmonie herzustellen. Ich sah die vier wichtigsten Versuche zu einer Lösung in ungefähr der Reihenfolge, in der ich sie in diesem Buch dargestellt habe. Der erste Versuch bestand darin, die eine Seite des Konflikts auszuschalten und die andre in den Vordergrund zu schieben. An zweiter Stelle stand der Versuch, sich von den Menschen »abzuwenden«. Die Funktion einer neurotischen Distanzierung erschien nun in neuem Licht. Sie war ein Bestandteil des Grundkonfliktes, das heißt eine der sich ursprünglich widersprechenden Haltungen andern gegenüber; sie war aber auch gleichzeitig ein Versuch, zu einer Lösung zu kommen, da durch die Aufrechterhaltung einer gefühlsmäßigen Distanz zwischen sich selbst und andern ein Konflikt ausgeschaltet wurde. Der dritte Versuch war ganz andrer Art. Statt sich von andern abzuwenden, wandte der Patient sich von sich selbst ab. Sein ganzes reales Selbst wurde irgendwie unwirklich, und er schuf statt dessen ein idealisiertes Ebenbild von sich selbst, in dem die inneren Widersprüche derart verwandelt wurden, daß sie keine Konflikte mehr zu sein schienen, sondern verschiedene Aspekte einer vielseitigen Persönlichkeit.

Diese Auffassung trug zur Klärung vieler neurotischer Probleme bei, die wir nicht verstehen und denen wir daher auch in der Therapie nicht beikommen konnten. Sie half uns außerdem, zwei neurotische Züge, die wir vorher nicht recht unterbringen konnten, in die Gruppe einzuordnen, zu der sie gehörten. Das Bedürfnis nach Vollkommenheit erschien als ein Bemühen, seinem Idealbild zu entsprechen. Auf diese Weise konnte man das heftige Verlangen nach Bewunderung als das Bedürfnis des Patienten verstehen, eine äußere Bestätigung dafür zu erhalten, daß er wirklich sein idealisiertes Ebenbild war. Und

* Siehe Anmerkung auf Seite 27.

je weiter dieses Bild von der Wirklichkeit entfernt war, desto unersättlicher mußte logischerweise dieses Bedürfnis sein. Von allen Lösungsversuchen ist wahrscheinlich die Errichtung eines idealisierten Ebenbildes wegen der weitreichenden Wirkung auf die ganze Persönlichkeit am allerwichtigsten. Aber andrerseits schafft sie auch eine neue innere Spaltung und verlangt daher weitere Maßnahmen zu ihrer Überbrückung.

Der vierte Lösungsversuch bemüht sich vor allem darum, diese neue Spaltung zu überwinden, obwohl er auch gleichzeitig alle andern Konflikte wegzaubert. Durch das, was ich den »Externalisierungsprozeß« genannt habe, werden innere Vorgänge so erlebt, als ob sie sich außerhalb der betreffenden Person abspielten. Wenn die Errichtung eines idealisierten Ebenbildes bedeutet, daß der Betreffende sich ein paar Schritte von seinem eigentlichen Selbst entfernt, so stellt der Externalisierungsprozeß eine bei weitem radikalere Trennung her. Er erzeugt neue Konflikte, oder, besser gesagt, er verstärkt den ursprünglichen Konflikt, nämlich den zwischen dem Selbst und der Außenwelt, beträchtlich.

Ich nannte diese vier Lösungsversuche die vier wichtigsten, teils, weil sie offenbar regelmäßig in allen Neurosen vorkommen – wenn auch in verschiedenen Stärkegraden – und teils, weil sie innerhalb der Persönlichkeit einschneidende Änderungen verursachen. Doch sind dies keineswegs die einzigen Lösungsversuche; andere, weniger allgemein wichtige, sind despotische Rechthaberei, deren Hauptaufgabe es ist, alle inneren Zweifel im Keim zu ersticken; oder eiserne Selbstdisziplin, die einen innerlich zerrissenen Menschen durch reine Willenskraft zusammenhält; oder eine zynische Haltung, die durch ein Herabsetzen aller Werte Konflikte in bezug auf Lebensideale ausschließt.

Inzwischen wurden mir die Folgen all dieser ungelösten Konflikte klarer. Ich sah die mannigfaltigen Befürchtungen, die hervorgerufen wurden, die Kraftverschwendung, die unvermeidliche Beeinträchtigung moralischer Integrität, die tiefe Hoffnungslosigkeit, die aus dem Gefühl unentrinnbaren Verhaftetseins stammte.

Erst nachdem ich die Bedeutung neurotischer Hoffnungslosigkeit begriffen hatte, fand ich einen Weg zum Verständnis sadistischer Züge. Ich verstand nun, daß es sich hierbei um den

Versuch eines Menschen handelt, seiner eigenen Existenz durch ein Leben in andern einen neuen Inhalt zu geben, da er ein für allemal die Hoffnung aufgegeben hat, er selber sein zu können. Und die alles verzehrende Leidenschaft, die man so oft in einer sadistischen Haltung beobachten kann, erwuchs aus dem unersättlichen Bedürfnis eines solchen Menschen nach rachsüchtigem Triumph. Ich sah nun deutlich, daß das Verlangen nach einer vernichtenden Ausbeutung tatsächlich kein vereinzelter neurotischer Zug war, sondern nur der unfehlbare Ausdruck jenes umfassenden Ganzen, das wir mangels einer besseren Bezeichnung Sadismus nennen.

So entstand eine Neurosentheorie, in deren dynamischer Mitte der Grundkonflikt steht zwischen einer allgemeinen »Zuwendung«, einer »Abkehr« und einer »gegnerischen Stellung« zu den Menschen. Aus seiner Furcht, völlig zerrissen zu werden, und der Notwendigkeit, doch als Einheit zu funktionieren, sucht der Neurotiker verzweifelt nach einer Lösung. Während es ihm gelingen kann, eine Art künstlichen Gleichgewichts herzustellen, werden dauernd neue Konflikte erzeugt und weitere Maßnahmen erforderlich, sie zu überwinden. Jeder einzelne Schritt in diesem Kampf um Einheit macht ihn nur noch feindseliger, noch hilfloser, noch furchtsamer, entfremdet ihn noch weiter von sich selbst und andern, mit dem Ergebnis, daß die die Konflikte verursachenden Schwierigkeiten nur noch heftiger werden und eine wirkliche Lösung immer unerreichbarer machen. Schließlich gibt er die Hoffnung auf und kann versuchen, in sadistischer Betätigung einen Ausgleich zu finden, was weiterhin seine Hoffnungslosigkeit nur verstärkt und neue Konflikte hervorruft.

Dies nun ist ein ziemlich trübes Bild neurotischer Entwicklung und der daraus folgenden Charakterstruktur. Weshalb nenne ich dann trotzdem meine Theorie konstruktiv? Erstens weil sie mit dem unrealistischen Optimismus aufräumt, der glaubt, Neurosen seien durch absurd einfache Maßnahmen zu »heilen«. Doch ist sie ebensoweit von einem nicht weniger unrealistischen Pessimismus entfernt. Ich nenne sie konstruktiv, weil sie uns zum erstenmal ermöglicht, neurotische Hoffnungslosigkeit zu bekämpfen und zu beseitigen. Vor allem aber nenne ich sie deshalb konstruktiv, weil sie trotz der Erkenntnis der Schwere neurotischer Verwicklungen nicht nur eine Milderung der zugrundeliegenden neurotischen Konflikte gestattet, sondern auch deren tatsächliche Lösung und dadurch die Arbeit an der harmonischen Abrundung einer Persönlichkeit möglich macht! Neurotische Konflikte können nicht durch rationale Entscheidungen gelöst werden. Neurotische Lösungsversuche sind nicht allein nutzlos, sie sind auch schädlich. Aber die Konflikte *können* gelöst werden, wenn sich die inneren Voraussetzungen, die sie ins Leben gerufen haben, in einem Menschen ändern. Jedes wohlgelungene Stück analytischer Arbeit ändert diese Voraussetzungen mit dem Ergebnis, daß der Betreffende weniger hilflos, weniger furchtsam, weniger feindselig wird und sich selbst und andern näher kommt.

Freuds Pessimismus in bezug auf Neurosen erwuchs aus den Tiefen seiner Zweifel an menschlicher Güte und menschlichem Wachstum. Nach seiner Theorie ist der Mensch dazu verdammt, zu leiden oder zu zerstören. Die Instinkte, die ihn bewegen, können nur beherrscht oder bestenfalls »sublimiert« werden. Ich meinerseits glaube daran, daß der Mensch die Gabe und den Wunsch hat, seine Fähigkeiten zu entwickeln und ein anständiges Geschöpf zu werden, und daß diese Fähigkeiten sich abschwächen, wenn seine Beziehungen zu andern und dadurch zu sich selbst gestört werden und bleiben. Ich glaube daran, daß ein Mensch sich ändern kann, solange er lebt. Und dieser Glaube ist mit meinem tieferen Verständnis immer mehr gewachsen.

ERSTER TEIL

Neurotische Konflikte und Lösungsversuche

Erstes Kapitel

Die Heftigkeit neurotischer Konflikte

Eins möchte ich von vornherein klarstellen: Niemand ist allein deshalb schon neurotisch, weil er Konflikte hat. Unsere Wünsche, Interessen und Überzeugungen müssen manchmal mit denen unserer Umwelt kollidieren. Und wie ein gelegentlicher Zusammenstoß mit unserer Umwelt etwas ganz Alltägliches ist, so gehören auch Konflikte im eigenen Innern zu einem Menschenleben.

Die Aktionen des Tieres sind vorwiegend durch Instinkte bestimmt. Paarung, Sorge um die Jungen, Suche nach Nahrung, Verteidigung gegen Gefahren sind mehr oder weniger anlagebedingt und jenseits individueller Entscheidung. Im Gegensatz hierzu ist für menschliche Wesen die Fähigkeit, eine Wahl zu treffen, Entscheidungen fällen zu müssen, sowohl ein Vorrecht als auch eine Belastung. Wir müssen uns zwischen entgegengesetzten Wünschen entscheiden; zum Beispiel können wir zur selben Zeit wünschen, allein zu bleiben und mit einem Freund zusammen zu sein; oder Medizin zu studieren, aber auch Musik. Oder es erhebt sich ein Konflikt zwischen Wunsch und Pflicht: wir möchten gern mit dem Geliebten zusammen sein, wenn ein Freund in Not uns braucht. Wir können hin und her gerissen sein zwischen dem Wunsch, andern zuzustimmen, und der Überzeugung, daß es unsere Pflicht sei, eine entgegengesetzte Meinung zum Ausdruck zu bringen. Und schließlich kann ein Konflikt entstehen zwischen zwei verschiedenen Wertmaßstäben, so zum Beispiel wenn wir glauben, während eines Krieges einen gefährlichen Posten annehmen zu müssen, uns gleichzeitig aber auch unserer Verpflichtung unserer Familie gegenüber bewußt sind.

Wesen, Ausmaß und Intensität solcher Konflikte werden hauptsächlich von der Zivilisation bestimmt, in der wir leben. Wenn diese Zivilisation stabil und traditionsgebunden ist, ist die Auswahl beschränkt und der Spielraum für die Möglichkeit individueller Konflikte gering. Aber auch dann fehlen sie nicht. Eine Loyalität kann mit einer andern kollidieren; persönliche

Wünsche mögen den Verpflichtungen einer Gruppe gegenüber nicht entsprechen. Wenn aber die Zivilisation raschen Wandlungen unterworfen ist und diametral entgegengesetzte Werte und divergierende Lebensweisen nebeneinander existieren, ist die Auswahl, die der einzelne zu treffen hat, mannigfaltig und schwierig. Er kann entweder den Erwartungen seiner Umgebung entsprechen oder ein andersdenkender Idealist sein; er kann gesellig oder zurückgezogen leben, Erfolg anbeten oder verachten, an strikte Erziehung von Kindern glauben oder ihnen gestatten, in völliger Freiheit aufzuwachsen; er kann von der Notwendigkeit verschiedener Moralmaßstäbe für Männer und Frauen überzeugt sein oder aber glauben, daß es für beide Geschlechter nur ein und denselben Maßstab geben dürfte; er kann sexuelle Beziehungen entweder als einen Ausdruck allgemein menschlicher Verbundenheit ansehen oder als eine von Bindungen der Liebe völlig getrennte Angelegenheit; er kann Rassentrennung befürworten oder auf dem Standpunkt stehen, daß menschlicher Wert unabhängig von der Hautfarbe oder der Nasenform sei und so weiter.

Zweifellos müssen Entscheidungen wie diese von Menschen unserer Zivilisation oft getroffen werden, und man sollte meinen, daß derartige Konflikte häufig genug vorkommen. Aber es ist eine erstaunliche Tatsache, daß sich die Menschen ihrer meistens gar nicht bewußt sind und sie daher auch nicht durch eine klare Entscheidung lösen. Viel häufiger lassen sie sich einfach vom Zufall treiben. Sie haben keine Ahnung, wo sie stehen; sie machen Kompromisse, ohne es zu wissen; sie verwickeln sich in Widersprüche, ohne deren gewahr zu werden. Ich spreche hier von normalen Menschen und meine damit weder den Durchschnitt noch ein Ideal, sondern lediglich den Nicht-Neurotiker.

Es müssen also Vorbedingungen existieren, auf Grund derer sich einander widersprechende Tatsachen erkennen lassen und Entscheidungen getroffen werden können. Diese Vorbedingungen sind vierfacher Art. Wir müssen uns über unsere Wünsche klar werden oder, besser noch, über unsere Gefühle. Haben wir einen Menschen wirklich gern, oder glauben wir bloß, ihn gern zu haben, weil man es von uns erwartet? Sind wir wirklich traurig, wenn einer unserer Eltern stirbt, oder glauben wir, es sein zu müssen? Fühlen wir tatsächlich den Wunsch, Rechtsanwalt oder Arzt zu werden, oder erhoffen wir uns von diesem Beruf lediglich eine ehrenwerte und einträgliche Karriere? Möchten wir wirklich unsere Kinder zufrieden und unabhängig sehen, oder vertreten wir diese Idee nur mit leeren Worten? Wir würden es fast alle schwer finden, solch einfache Fragen zu beantworten, das heißt wir wissen nicht, was wir wirklich fühlen oder wollen.

Da Konflikte oft mit Überzeugungen, Ansichten und moralischen Werten zu tun haben, wäre die Voraussetzung für ihre Erkenntnis, daß wir unsere eigenen Wertsetzungen entwickelt haben. Ansichten, die lediglich übernommen wurden und nicht ein Teil unserer selbst sind, sind schwerlich stark genug, zu Konflikten zu führen oder als ausschlaggebendes Prinzip bei Entscheidungen zu dienen. Sobald sie neuen Einflüssen unterworfen sind, werden solche Ansichten mit Leichtigkeit über Bord geworfen. Wenn wir eine Sache einfach für wertvoll halten, weil unsere Umgebung sie bevorzugt, dann entstehen natürlich keine Konflikte, obgleich es viel besser für uns wäre, *wenn* sie entstünden. Wenn zum Beispiel ein Sohn die Weisheit seines engherzigen Vaters nie in Frage gestellt hat, wird kaum ein Konflikt entstehen, wenn der Vater wünscht, daß er einen andern Beruf ergreift, als den, den er sich selbst erwählt hätte. Ein verheirateter Mann, der sich in eine andere Frau verliebt, ist tatsächlich in einen Konflikt verwickelt; aber wenn er keine eigenen Überzeugungen über den Sinn einer Ehe entwickelt hat, so wird er sich wahrscheinlich auf der Seite des geringsten Widerstandes dahintreiben lassen, statt sich mit dem Konflikt auseinanderzusetzen und so oder so zu einer Entscheidung kommen.

Auch wenn wir einen Konflikt klar erkennen, müssen wir bereit und imstande sein, auf die eine oder auf die andre Seite zu verzichten. Aber die Fähigkeit zu einem klaren und bewußten Verzicht ist selten vorhanden, weil unsere Gefühle und Überzeugungen verworren sind und vielleicht auch, weil letzten Endes die meisten Menschen nicht gefestigt und glücklich genug sind, um auf irgend etwas verzichten zu können.

Schließlich bedarf es zu einer Entscheidung der Bereitschaft und Fähigkeit, die Verantwortung dafür zu übernehmen. Dazu gehört das Risiko, eine falsche Entscheidung zu treffen, und der Mut, die Folgen auf sich zu nehmen, ohne andern einen Vorwurf daraus zu machen. Das Gefühl, »dies ist meine Entscheidung und meine Tat« setzt offenbar größere innere Kraft und Unabhängigkeit voraus, als die meisten Menschen heutzutage aufzubringen imstande sind.

Als Gefangene ihrer Konflikte – auch wenn sie nicht eingestanden werden – haben viele von uns den Hang, voller Neid und Bewunderung zu Menschen aufzuschauen, deren Leben anscheinend glatt dahinfließt, ohne von irgendeinem Aufruhr getrübt zu werden. Diese Bewunderung mag berechtigt sein. Es kann sich dabei wirklich um starke Menschen handeln, die ihre eigenen Wertkategorien aufgestellt oder sich ein gelassenes Gleichmaß errungen haben, da Konflikte und der Zwang, sich zu entscheiden, im Lauf der Jahre ihre aufwühlende Macht verloren haben. Der äußere Anschein kann aber auch täuschen. Viel häufiger kommt es vor, daß die von uns beneideten Menschen infolge einer Apathie oder blinder Fügsamkeit oder aus opportunistischen Gründen außerstande sind, sich mit einem Konflikt auseinanderzusetzen oder ernsthaft zu versuchen, ihn aufgrund eigener Überzeugungen zu lösen; infolgedessen lassen sie sich treiben und von ihrem unmittelbaren Vorteil bestimmen.

Es kann von unschätzbarem Wert sein, einen Konflikt, auch wenn er sehr qualvoll ist, ganz bewußt zu erleben. Je entschiedener wir unsern Konflikten begegnen und nach unseren eigenen Lösungen suchen, desto größere innere Freiheit und Kraft werden wir gewinnen. Nur, wenn wir bereit sind, einen Zusammenstoß zu riskieren, können wir dem gewünschten Ziel näher kommen, unser Lebensschiff selber zu steuern. Unechte Gelassenheit, deren Ursache innere Dumpfheit ist, ist alles andere als beneidenswert. Sie macht uns unvermeidlicherweise schwach und setzt uns wehrlos jeglichen fremden Einflüssen aus.

Je elementarer die Gründe sind, aus denen Konflikte erwachsen, desto schwerer wird es, sie richtig zu sehen und sie zu lösen; andererseits aber gibt es keinen ernsthaften Grund für uns, sie nicht zu erkennen, solange wir nur wach und lebendig genug geblieben sind. Richtige Erziehung könnte wesentlich dazu beitragen, daß wir uns selber besser erkennen und unsere eigenen Überzeugungen entwickeln. Das Verständnis für die Wichtigkeit aller Faktoren, die mit einer Entscheidung verbunden sind, würde uns echte Ideale erkennen lassen, nach denen wir streben können, und damit hätte unser Leben eine Richtlinie*.

---

* Für normale Menschen, die nur unter Konflikten mit ihrer Umwelt zu leiden

Die Schwierigkeiten, die immer mit dem Erkennen und Lösen eines Konfliktes verbunden sind, verstärken sich natürlich unendlich bei einem neurotischen Menschen. Ich muß hier betonen, daß Neurosen immer in verschiedener Stärke auftreten, und wenn ich von einem »Neurotiker« spreche, meine ich ausnahmslos »einen Menschen, soweit er neurotisch ist«. Er merkt nur wenig von seinen Gefühlen und Wünschen. Oft sind die einzigen bewußt und klar empfundenen Gefühle Reaktionen von Furcht und Ärger darüber, daß er an einer verwundbaren Stelle getroffen wurde. Und sogar diese Reaktionen können unterdrückt werden. Die wenigen wirklichen Ideale, die vorhanden sein mögen, sind derart von zwanghaften allgemeinen Normen durchdrungen, daß sie keine zielsetzende Kraft mehr haben. Unter der Wucht dieser Zwangstendenzen wird die Fähigkeit zum Verzicht wirkungslos, und die Möglichkeit, Verantwortung zu übernehmen geht so gut wie verloren*.

Neurotische Konflikte können mit genau denselben Problemen verbunden sein, die auch einen normalen Menschen verwirren. Aber sie sind so verschieden in ihrer Art, daß es fraglich ist, ob man den gleichen Ausdruck für beide gebrauchen kann. Ich glaube, daß es möglich ist, nur müssen wir uns über die Unterschiede klar sein. Was ist also für einen neurotischen Konflikt bezeichnend?

Zum besseren Verständnis mag ein etwas vereinfachtes Beispiel dienen: Ein Ingenieur, der mit andern zusammen an einem größeren Projekt arbeitete, wurde häufig von Erschöpfungs- und Reizbarkeitsanfällen heimgesucht. Einer dieser Anfälle kam auf folgende Weise zustande: Er hatte den Eindruck, daß in einer Diskussion über bestimmte technische Dinge seine Ansichten weniger gut aufgenommen wurden als die seiner Kollegen. Kurz danach wurde in seiner Abwesenheit eine Entscheidung getroffen, ohne daß er hinterher Gelegenheit hatte, seine eigenen Anregungen zu vertreten. Er hätte nun dieses Vorgehen als ungerecht bezeichnen und sich dagegen wehren oder aber die Entscheidung der Mehrheit akzeptieren können. Jede der beiden Reaktionen hätte der Situation entsprochen. Er jedoch entschied sich für

haben, ist HARRY EMERSON FOSDICKS Buch »*On Being a Real Person*« zu empfehlen.
 * Siehe Kapitel 10: »Die Verarmung der Persönlichkeit«.

keine von beiden. Obwohl er sich übergangen fühlte, wehrte er sich nicht. Er war sich lediglich seiner Reizbarkeit bewußt. Die mörderische Wut, die in ihm tobte, wurde nur in seinen Träumen deutlich. Die unterdrückte Wut – die zusammengesetzt war aus seiner Empörung gegen die andern und gegen sich selbst wegen seines schwächlichen Verhaltens – war hauptsächlich an seiner Erschöpfung schuld.

Daß er nicht angemessen reagieren konnte, war durch eine ganze Reihe von Faktoren bestimmt. Er hatte ein allzu ideales Bild von sich selber errichtet, das zu seiner Aufrechterhaltung die Anerkennung der andern benötigte. Dies war ihm aber zur Zeit noch nicht bewußt: er handelte ganz einfach in der Annahme, daß auf seinem Fachgebiet niemand so klug und so kompetent wäre wie er selber. Jede kleinste Zurücksetzung konnte diese Annahme erschüttern und ihn in Wut versetzen. Dazu kam, daß er unbewußt sadistische Impulse hatte und andere gern heruntermachte und demütigte – eine Haltung, die ihm so zuwider war, daß er sie durch übergroße Freundlichkeit zu verdecken suchte. Ferner hatte er die unbewußte Neigung, Menschen auszunutzen, was ihn dazu zwang, sich ihr Wohlwollen zu erhalten. Die Abhängigkeit von andern wurde noch verstärkt durch das zwanghafte Bedürfnis nach Anerkennung und Liebe, was, wie dies fast immer der Fall ist, mit einer nachgiebigen und beschwichtigenden Haltung verbunden war, die jedem Kaopf aus dem Weg ging. Auf diese Weise entstand ein Konflikt zwischen destruktiver Aggressivität – reaktive Wut und sadistische Impulse – und dem Bedürfnis nach Liebe und Anerkennung mit dem Wunsch, vor sich selbst gerecht und vernünftig dazustehen. Das Ergebnis war ein innerer Aufruhr, der sich unbemerkt vollzog, während die Erschöpfung als einzige äußere Manifestation jegliche Tatkraft lahmlegte.

Wenn wir die an diesem Konflikt beteiligten Faktoren betrachten, so fällt uns zunächst ihre völlige Unvereinbarkeit auf. Man kann sich schwer größere Gegensätze vorstellen als herrische Ansprüche auf Verehrung und unterwürfiges Werben um Gunst. Zweitens: der ganze Konflikt bleibt im Unbewußten. Die in ihm enthaltenen, sich widersprechenden Tendenzen bleiben unerkannt und tief unterdrückt. Nur leichte Anzeichen des im Innern tobenden Kampfes dringen an die Oberfläche. Die emotionellen Faktoren werden rationalisiert: man behandelt mich ungerecht; es liegt eine Mißachtung vor; meine Ideen waren besser. Drittens: die Tendenzen in beide Richtungen sind zwanghaft. Auch wenn der Ingenieur sich verstandesmäßig darüber klar würde, daß seine Ansprüche über das Ziel hinaus gingen, oder wenn er über das Vorhandensein und die Art seiner Abhängigkeit Bescheid wüßte, wäre er nicht fähig, diese Faktoren zu ändern. Viel analytische Arbeit wäre nötig, um eine Änderung hervorzurufen. Er wurde von beiden Seiten von zwingenden Kräften, denen er machtlos gegenüberstand, getrieben: es war ihm unmöglich, auf eines seiner Bedürfnisse, die kraft einer zwingenden inneren Notwendigkeit entstanden waren, zu verzichten. Doch entsprach keines der Bedürfnisse dem, was er innerlich wirklich wollte oder suchte. Weder hatte er wirklich die Absicht, andere auszunutzen, noch sich ihnen zu unterwerfen; tatsächlich verabscheute er diese Neigungen. Eine derartige Sachlage hat jedoch eine weitreichende Bedeutung für das Verständnis neurotischer Konflikte. Sie zeigt, daß in einer derartigen Situation sich keine Entscheidung durchführen läßt.

Ein anderes Beispiel zeigt eine ähnliche Situation. Ein Gebrauchsgraphiker stahl einem Freund kleine Geldsummen. Der Diebstahl war durch die äußere Situation keineswegs gerechtfertigt; zwar brauchte er das Geld, aber sein Freund hätte es ihm gern gegeben, so wie er das auch früher gelegentlich getan hatte. Daß er aufs Stehlen verfiel, war besonders auffallend, weil er ein anständiger Kerl war, der großen Wert auf Freundschaft legte.

Folgender Konflikt lag zugrunde: Der Mann hatte ein ausgesprochen neurotisches Verlangen nach Liebe, besonders danach, von der Sorge um alle praktischen Dinge befreit zu sein. Da dieses Bedürfnis mit einem unbewußten Drang, andere auszunutzen, verbunden war, versuchte er, sich zugleich einzuschmeicheln und den Partner einzuschüchtern. Diese Neigungen allein hätten dazu geführt, daß er Hilfe und Unterstützung äußerst bereitwillig annahm. Er war aber gleichzeitig von einer ausgesprochen starken unbewußten Arroganz, die einen entsprechend leicht verletzlichen Stolz nach sich zog. Andere sollten sich geehrt fühlen, ihm nützlich sein zu können: es war demütigend für ihn, um Hilfe zu bitten. Seine Abneigung dagegen, um Hilfe zu bitten, wurde noch verstärkt durch ein heftiges Unabhängigkeitsbedürfnis und den Wunsch nach Selbständigkeit, die es ihm unerträglich machten, ein Bedürfnis zuzugeben oder sich jemandem zu verpflichten. So konnte er zwar nehmen, aber nicht empfangen.

Der Inhalt dieses Konfliktes ist zwar anders als der im vorhergehenden Beispiel, aber die wesentlichen Charakteristika sind die gleichen. Und jedes andre Beispiel neurotischer Konflikte würde eine ähnliche Unvereinbarkeit divergierender Strebungen und deren unbewußte und zwanghafte Natur aufweisen. Alle diese Faktoren führen stets zu der Unmöglichkeit, eine Entscheidung zu treffen. Auch wenn wir zugeben, daß die Grenzlinie nicht deutlich ist, so besteht doch der Unterschied zwischen normalen und neurotischen Konflikten im wesentlichen darin, daß die Unvereinbarkeit der betreffenden Probleme für den normalen Menschen bei weitem geringer ist als für den Neurotiker. Die Wahl, die der erstere zu treffen hat, besteht zwischen zwei verschiedenen Handlungsweisen, deren jede innerhalb einer einigermaßen abgerundeten Persönlichkeit tragbar ist. Um es graphisch auszudrücken, so gehen die sich widerstrebenden Richtungen nur in einem Winkel von 90 Grad oder sogar noch weniger auseinander, im Gegensatz dazu kann der Neurotiker sich einer Abweichung von 180 Grad gegenübergestellt sehen.

Auch der Grad der Bewußtheit ist verschieden. Kierkegaard drückte das so aus: »Das wirkliche Leben ist bei weitem zu vielfältig, als daß man es lediglich durch den Hinweis auf derart abstrakte Gegensätze beschreiben könnte wie die zwischen einer völlig unbewußten und einer völlig bewußten Verzweiflung.«[*] Dennoch läßt sich soviel sagen: Ein normaler Konflikt kann völlig bewußt sein; ein neurotischer Konflikt ist zu allen seinen wesentlichen Elementen immer unbewußt. Auch wenn ein normaler Mensch sich eines Konfliktes nicht bewußt sein mag, so kann er ihn doch mit verhältnismäßig geringer Hilfe erkennen, während die einem neurotischen Konflikt zugrunde liegenden wesentlichen Tendenzen tief verdrängt sind und nur im Kampf gegen einen starken Widerstand ans Licht gebracht werden können.

Bei einem normalen Konflikt handelt es sich darum, eine Wahl zwischen zwei Möglichkeiten zu treffen, die der Betreffende beide begehrenswert findet, oder um Überzeugungen, die er

[*] Siehe SÖREN KIERKEGAARD: »Die Krankheit zum Tode«.

beide respektiert. Darum vermag er zu einer tragbaren Entscheidung kommen, auch wenn sie ihm schwer fällt und einen Verzicht verlangt. Der Neurotiker, der in einen Konflikt verstrickt ist, hat keine freie Wahl. Er wird von zwingenden, gleich starken Kräften in entgegengesetzte Richtungen getrieben, ohne eine von beiden wirklich einschlagen zu wollen. Daher ist eine Entscheidung im üblichen Sinn unmöglich. Er befindet sich in einer ausweglos festgefahrenen Situation. Der Konflikt kann nur durch Arbeit an den zugrunde liegenden neurotischen Neigungen gelöst werden und dadurch, daß die Beziehungen zu sich selbst und zu andern sich derart ändern, daß diese Neigungen aufgegeben werden können.

Dies sind die Charakterzüge, die für die Heftigkeit neurotischer Konflikte verantwortlich sind. Sie sind nicht nur schwer erkennbar, sie machen einen Menschen nicht nur hilflos, sondern sie haben auch eine Explosivkraft, vor der er völlig zu Recht Angst hat. Wenn wir nicht diese Charakterzüge kennen und stets im Gedächtnis behalten, können wir die verzweifelten Lösungsversuche* nicht verstehen, die der Neurotiker unternimmt und die den Hauptbestandteil einer Neurose bilden.

* Ich werde den Ausdruck »lösen« durchweg im Zusammenhang mit den Versuchen des Neurotikers, seine Konflikte zu beseitigen, benutzen. Da er unbewußt die Existenz solcher Konflikte leugnet, versucht er, genau genommen, gar nicht sie zu »lösen«. Seine unbewußten Anstrengungen laufen darauf hinaus, seine »Probleme« irgendwie aus der Welt zu schaffen.

ZWEITES KAPITEL

Der Grundkonflikt

Konflikte spielen in einer Neurose eine unendlich viel größere Rolle, als man für gewöhnlich annimmt. Es ist aber nicht einfach, sie aufzudecken – teils weil der Neurotiker sich ihrer im wesentlichen nicht bewußt ist, mehr aber noch, weil er Himmel und Hölle in Bewegung setzt, um ihre Existenz zu leugnen. Welche Anzeichen lassen zugrunde liegende Konflikte vermuten? In den im vorhergehenden Kapitel geschilderten Beispielen war ihr Vorhandensein durch zwei ziemlich offensichtliche Faktoren gekennzeichnet. Einer wurde in den auftauchenden Symptomen deutlich – Erschöpfung im ersten Fall, Diebstahl im zweiten. Tatsächlich deutet jedes neurotische Symptom auf einen zugrunde liegenden Konflikt hin. Das heißt, jedes Symptom ist mehr oder weniger das unmittelbare Resultat eines Konfliktes. Wir werden allmählich sehen, was ungelöste Konflikte einem Menschen antun können, wie sie Angstzustände, Depressionen, Unschlüssigkeit, Teilnahmslosigkeit, völlige Absonderung und so weiter erzeugen. Ein Verständnis für die kausale Beziehung hilft uns, unser Augenmerk von den zutage liegenden Störungen weg auf deren Quelle zu richten – auch wenn der Ursprung dieser Quelle nicht genau erschlossen wird.

Das andre Anzeichen dafür, daß Konflikte in Frage kamen, war die Ungereimtheit der Situation. Im ersten Beispiel sahen wir einen Mann, der von einer falschen Entscheidung und einer ihm zugefügten ungerechten Behandlung überzeugt war, ohne daß er den Versuch machte, sich dagegen zur Wehr zu setzen. Im zweiten verfiel ein Mensch, dem Freundschaft außerordentlich viel bedeutete, darauf, einem Freund Geld zu stehlen. Gelegentlich werden einem Menschen solche inneren Widersprüche klar sein; häufiger ist er jedoch wie mit Blindheit geschlagen, auch wenn die Widersprüche sogar einem ungeschulten Beobachter deutlich auffallen.

Derartige Mißverständnisse sind ein ebenso sicheres Anzeichen für das Vorhandensein von Konflikten, wie eine erhöhte Temperatur auf eine physische Störung hinweist. Um einige allgemeine Beispiele zu nennen: Ein Mädchen möchte unter allen Umständen heiraten, schreckt aber vor jeder Annäherung eines Mannes zurück. Eine überbesorgte Mutter vergißt häufig die Geburtstage ihrer Kinder. Eine andern gegenüber stets großzügige Person ist knickerig mit kleinen Ausgaben für sich selbst. Jemand, der sich nach Einsamkeit sehnt, bringt es niemals fertig, wirklich allein zu sein. Ein Mensch, der gegen andre meist versöhnlich und tolerant gesinnt ist, ist übermäßig streng und anspruchsvoll gegen sich selbst.

Im Gegensatz zu den Symptomen ermöglichen diese inneren Widersprüche eine vorsichtige Vermutung in bezug auf die Natur des zugrunde liegenden Konfliktes. Eine akute Depression deutet zum Beispiel lediglich auf die Tatsache hin, daß sich ein Mensch in einem Dilemma befindet. Wenn aber eine scheinbar liebevolle Mutter die Geburtstage ihrer Kinder vergißt, so neigen wir dazu anzunehmen, daß für jene Mutter ihr Idealbild einer guten Mutter mehr bedeutet als ihre Kinder. Wir können sogar die Möglichkeit in Erwägung ziehen, daß ihr Ideal mit einer unbewußt sadistischen Tendenz kollidierte, die Erwartungen ihrer Kinder zu enttäuschen.

Manchmal kann ein Konflikt zum Vorschein kommen – das heißt, er kann bewußt erlebt werden. Das könnte scheinbar meiner Behauptung, daß neurotische Konflikte unbewußt sind, widersprechen. Was dann aber *de facto* auftaucht, ist eine Verzerrung oder eine Modifikation des wirklichen Konfliktes. So kann jemand von einem bewußten Konflikt hin- und hergerissen werden, wenn er trotz seiner ausweichenden Manöver, die ihm im allgemeinen viel Nutzen bringen, sich vor die Notwendigkeit gestellt sieht, eine wesentliche Entscheidung zu treffen. Er kann sich nicht entschließen, diese oder jene Frau oder aber überhaupt zu heiraten, diese oder jene Stellung anzunehmen, mit einem Geschäftspartner zusammen zu bleiben oder sich von ihm zu trennen. All dies wird ihn aufs Heftigste quälen, er wird von einer Seite auf die andere gerissen und völlig unfähig sein, zu irgendeiner Entscheidung zu gelangen. In seiner Verzweiflung kann er sich an einen Analytiker wenden und von ihm eine Klärung der betreffenden Sachlage erhoffen. Jedoch muß er notwendigerweise enttäuscht werden, weil der aktuelle Konflikt lediglich das Dynamit der ständigen inneren Reibungen zur Explosion brachte. Das besondere Problem, das ihn im Moment so verzweifelt macht, kann nicht gelöst werden, ohne daß er sich auf den langen und mühseligen Weg der Erforschung der zugrunde liegenden Konflikte begibt.

In andern Fällen kann der innere Konflikt externalisiert werden und in dem Bewußtsein des Betreffenden als eine Unvereinbarkeit des eigenen Wesens mit seiner Umgebung erscheinen. Auch wenn er merkt, daß scheinbar unbegründete Furchtzustände und Hemmungen seinen Wünschen im Wege stehen, kann es einem Menschen klar werden, daß tiefere innere Widersprüche in ihm selber liegen.

Je besser wir einen Menschen kennenlernen, desto leichter können wir die widerstreitenden Elemente, die an den Symptomen, an den inneren Widersprüchen und den Oberflächenkonflikten schuld sind, erkennen, und – so muß hinzugefügt werden – desto mehr verwirrt die Zahl und die Mannigfaltigkeit der Widersprüche das Gesamtbild. Das veranlaßt uns zu der Frage: Gibt es einen Grundkonflikt, der all diesen besonderen Konflikten zugrunde liegt und ursprünglich für alle verantwortlich ist? Kann man die Struktur eines Konfliktes mit Worten bezeichnen, kann man zum Beispiel von einer untragbaren Ehe sprechen, wenn eine endlose Reihe scheinbar voneinander unabhängiger Mißhelligkeiten oder Streitereien über Freunde, Kinder, Finanzen, Mahlzeiten und Dienstboten auf eine fundamentale Disharmonie in der Beziehung selber hinweisen?

Der Glaube an einen Grundkonflikt innerhalb der menschlichen Persönlichkeit ist alt und spielt eine bedeutsame Rolle in verschiedenen Religionen und Philosophien. Die Mächte des Lichtes und der Dunkelheit, Gottes und des Teufels, des Guten und des Bösen sind Begriffe, in denen dieser Glaube sich geäußert hat. Für die heutige Psychologie hat Freud in diesem, wie in so vielen andern Punkten Pionierarbeit geleistet. Seine erste Annahme war, daß der Grundkonflikt ein Konflikt zwischen unsern Instinkten mit ihrem blinden Drang nach Befriedigung und den Verboten der Umgebung, Familie und Gesellschaft, ist. Die Verbote der Umgebung werden schon in frühem Alter internalisiert und treten dann als Verbote des »Über-Ich« in Erscheinung.

Es ist in diesem Rahmen nicht gut möglich, diese Theorie mit der Ausführlichkeit zu behandeln, die sie verdient. Dazu müßte man alle Argumente wiederholen, die gegen die Libido-

Theorie erhoben worden sind. Wir wollen statt dessen versuchen, den eigentlichen Sinn dieser Idee zu verstehen, ohne auf die theoretischen Voraussetzungen Freuds näher einzugehen. Es handelt sich also lediglich um die Behauptung, daß der Gegensatz zwischen primitiven, egozentrischen Trieben und unserm Einhalt gebietenden Gewissen die Grundquelle unserer verschiedengearteten Konflikte sei. Wie wir später sehen werden, schreibe auch ich diesem Gegensatz – oder dem, was in meiner eigenen Denkweise damit verglichen werden kann – eine gewichtige Rolle in der Struktur einer Neurose zu. Was ich bezweifle, ist seine grundlegende Natur. Ich glaube, daß er, auch wenn er einen wesentlichen Konflikt darstellt, einen sekundären Platz einnimmt und notwendigerweise erst im Verlauf der Entwicklung einer Neurose auftaucht.

Der Grund für diese andere Auffassung wird später klar werden. Hier nur soviel: Ich glaube nicht, daß ein Konflikt zwischen Begehren und Furcht jemals für das Ausmaß, in dem ein Neurotiker innerlich gespalten ist, verantwortlich gemacht werden kann oder eine so schädliche Wirkung hervorrufen kann, daß das Leben eines Menschen tatsächlich ruiniert wird. Eine seelische Situation, wie Freud sie darstellt, würde bedeuten, daß ein Neurotiker die Fähigkeit beibehält, sich für eine Sache voll und ganz einsetzen zu können, und daß ihn an diesen Bemühungen lediglich die hemmende Wirkung seiner Ängste hindert. So wie ich es sehe, liegt die Ursache des Konfliktes in dem Verlust der Möglichkeit, sich überhaupt irgend etwas von ganzem Herzen wünschen zu können, weil die Wünsche selber in dem Neurotiker gespalten sind, das heißt, in entgegengesetzte Richtungen streben*. Dieser Zustand wäre dann allerdings bei weitem bedenklicher, als der von Freud geschilderte.

Aber obwohl ich dem Grundkonflikt mehr Sprengkraft beimesse, als Freud es tut, denke ich über die Möglichkeit einer schließlichen Lösung doch positiver als er. Nach Freud ist der Grundkonflikt etwas Allumfassendes und kann im Prinzip nicht gelöst werden: alles was man tun kann, ist, zu besseren Kompromissen oder zu besserer Beherrschung der Situation zu gelangen. Meiner Meinung nach muß der Grundkonflikt nicht notwendi-

---

* Siehe FRANZ ALEXANDER »*The Relation of Structural and Instinctual Conflicts*«, Psychoanalytic Quarterly, Vol. XI, Nr. 2, April 1933.

gerweise auftauchen, und wenn er auftaucht, kann er gelöst werden – vorausgesetzt, daß der unter ihm Leidende bereit ist, sich der damit verbundenen beträchtlichen Anstrengung und Mühsal zu unterziehen. Der Unterschied hat nichts mit Optimismus oder Pessimismus zu tun, sondern ist das unvermeidliche Ergebnis der Verschiedenheit unserer Voraussetzungen.

Freuds spätere Beantwortung der Frage eines Grundkonflikts ist vom philosophischen Standpunkt aus sehr einleuchtend. Wenn man die verschiedenen Folgerungen aus seinen Überlegungen beiseite läßt, so besteht seine Theorie eines »Lebens«- und »Todes«-Instinkts im wesentlichen aus einem Konflikt zwischen konstruktiven und destruktiven Kräften im Menschen. Freud selber war weniger daran interessiert, diese Theorie in bezug auf Konflikte anzuwenden, als daran, wie diese beiden Kräfte sich mischen. Zum Beispiel sah er eine Möglichkeit der Erklärung masochistischer und sadistischer Triebe darin, daß er sie als eine Verschmelzung zwischen sexuellen und destruktiven Trieben ansah.

Um diese Theorie auf das Studium von Konflikten anzuwenden, wäre es nötig gewesen, moralische Werte einzuführen. Doch für Freud waren dies Störfakten, die in dem Gebiet der Wissenschaften nichts zu suchen hatten. Im Einklang mit seinen Überzeugungen bemühte er sich, eine Psychologie ohne moralische Werte zu entwickeln. Ich glaube, daß gerade dieser Versuch »wissenschaftlich« im Sinne von »Naturwissenschaften« zu sein, einer der triftigeren Gründe dafür ist, daß die Freudschen Theorien und seine darauf aufgebaute Therapie zu begrenzt sind. Genauer gesagt, scheint diese Tatsache dazu beigetragen zu haben, daß er es unterließ, die Rolle von Konflikten in einer Neurose genügend zu würdigen, obwohl er doch auf diesem Feld so umfassend gearbeitet hat.

Auch Jung legte beachtlichen Wert auf die sich widerstrebenden Tendenzen im Menschen. Er war sogar derart beeindruckt von den Widersprüchen, die sich in einem Individuum auswirken, daß er es für ein allgemeines Gesetz hielt, daß das Vorhandensein irgendeines Elements notwendigerweise auch das Vorhandensein eines Gegenelementes anzeigen müsse. Betonte Weiblichkeit ließe auf innere Männlichkeit schließen; eine augenscheinlich extravertierte Haltung auf eine geheime Introvertiertheit; äußerliches Überbetonen von Denken und Vernunft auf innere Überbetonung von Gefühlen. Insoweit hat es den Anschein, daß Jung Konflikte für einen wesentlichen Bestandteil von Neurosen hielte. Doch sagt er weiterhin, diese Gegensätze widersprechen einander nicht, sondern sie ergänzen sich – das Ziel sei, beide zu akzeptieren und sich dadurch dem Ideal eines einheitlichen Ganzen anzunähern. Ein Neurotiker ist nach Jungs Ansicht ein Mensch, der durch eine einseitige Entwicklung Schiffbruch erlitten hat. Jung formulierte diese Theorie in seinem sogenannten Gesetz der Kompensationen.

Auch ich erkenne an, daß einander entgegengesetzte Tendenzen auch Ergänzungselemente enthalten und daß beide in einer ausgeglichenen Persönlichkeit auftreten können. Aber ich glaube, daß es sich hier bereits um Auswüchse neurotischer Konflikte handelt und daß man so zäh an ihnen festhält, weil sie Lösungsversuche darstellen. Wenn wir zum Beispiel die Tendenz zur Introspektion, zur Zurückhaltung, die Neigung, sich mehr um die eigenen Gefühle, Gedanken und Vorstellungen zu kümmern als um die anderer, als eine echte – das heißt, als eine konstitutionell festgelegte und durch Erfahrung verstärkte – Neigung ansehen, dann würde Jungs Logik richtig sein. Ein wirkungsvolles therapeutisches Vorgehen bestünde dann darin, den Patienten auf die Gefahren der Einseitigkeit jeder der beiden Richtungen hinzuweisen, und ihn zu ermutigen, beide Tendenzen zu akzeptieren und auszuleben. Wenn wir jedoch Introversion (oder, wie ich lieber sage: neurotische Distanzierung) als ein Mittel ansehen, Konflikten auszuweichen, die durch zu enge Berührung mit andern entstehen, so besteht die Aufgabe nicht darin, größere Extraversion zu begünstigen, sondern die zugrunde liegenden Konflikte zu analysieren. Erst, wenn diese Konflikte gelöst sind, kann man dem Ziel harmonischer Einheit näher kommen.

Wenn ich nun daran gehe, meine eigene Stellung auseinanderzusetzen, so sehe ich den Grundkonflikt eines Neurotikers in den sich fundamental widerstrebenden Haltungen, die er andern Menschen gegenüber angenommen hat. Ehe ich mich auf Einzelheiten einlasse, möchte ich auf die Darstellung solch eines Gegensatzes in Stevensons bekannter Erzählung von Dr. Jekyll und Mr. Hyde hinweisen. Auf der einen Seite sehen wir einen feinen, empfindsamen, sympathischen und hilfsbereiten Menschen und auf der andern einen brutalen, verhärteten und egoistischen. Ich möchte natürlich damit nicht gesagt haben, daß eine neurotische Spaltung sich immer genauso, wie in dieser Geschichte, abspielen müßte, sondern lediglich auf diese so lebensvolle Schilderung grundsätzlicher Unvereinbarkeit von Haltungen gegen andre hinweisen.

Wenn man das Problem von seiner Entstehung her erfassen will, so muß man auf das, was ich die Grundangst genannt habe, zurückkommen*, womit ich an die Gefühle eines Kindes denke, das sich in einer potentiell feindseligen Welt isoliert und hilflos vorkommt. Eine Menge widriger Umstände innerhalb seiner Umgebung kann diese Unsicherheit in einem Kind erregen: direktes oder indirektes Dominieren, Gleichgültigkeit, widerspruchsvolles Benehmen, Mangel an Rücksicht auf die individuellen Bedürfnisse des Kindes, Mangel an richtiger Leitung, geringschätzige Haltung, zuviel oder zuwenig Bewunderung, Mangel an verläßlicher Wärme, der Zwang, bei elterlichen Streitigkeiten Stellung zu nehmen, zu große oder zu geringe Verantwortung, übertriebenes Behütetsein, Trennung von andern Kindern, Ungerechtigkeit, Benachteiligung, nicht eingehaltene Versprechen, feindselige Atmosphäre und dergleichen mehr.

Der einzige Faktor, auf den ich in diesem Zusammenhang besonders hinweisen möchte, ist der Spürsinn des Kindes für verborgene Heuchelei innerhalb seiner Umgebung, sein Gefühl, daß die Liebe der Eltern, ihre christliche Nächstenliebe, Aufrichtigkeit, Großzügigkeit und so weiter nicht echt sein könnten. Zum Teil beziehen sich die Gefühle und Reaktionen des Kindes auf wirkliche Heuchelei, zum Teil jedoch nur auf die Widersprüche, die es in dem elterlichen Verhalten findet. Gewöhnlich jedoch handelt es sich um eine Häufung schädlicher Faktoren. Sie können ganz offenkundig sein oder so verborgen, daß man in der Analyse nur langsam ihren Einfluß auf die Entwicklung des Kindes erkennt.

Beunruhigt durch diese störenden Bedingungen, sucht das Kind nach einer Möglichkeit, sich durchzusetzen und mit dieser bedrohlichen Welt fertig zu werden. Trotz seiner eigenen Schwäche und Ängste richtet es sich in seinem Verhalten unbewußt nach den besonderen Kräften, die innerhalb seiner Umge-

* Siehe KAREN HORNEY: *»Der neurotische Mensch unserer Zeit«.*

34

bung am Werk sind. Durch dieses Verhalten entwickelt es nicht nur eine Strategie *ad hoc,* sondern bleibende Charakterzüge, die zu einem Teil seiner Persönlichkeit werden. Ich nannte sie »neurotische Züge«.

Wenn wir erkennen wollen, wie sich Konflikte entwickeln, so dürfen wir uns nicht zu genau auf die individuellen Züge einstellen, sondern mehr das allgemeine Bild der Hauptrichtungen, innerhalb derer ein Kind sich unter diesen Umständen bewegt und bewegen kann, betrachten. Auch wenn wir für kurze Zeit die Einzelheiten aus dem Auge verlieren, werden wir dadurch doch eine klarere Perspektive der wesentlichen Versuche gewinnen, die unternommen werden, um mit der Umgebung fertig zu werden. Zunächst mag ein ziemlich chaotisches Bild erscheinen; mit der Zeit werden sich jedoch drei Hauptrichtlinien herauskristallisieren: Ein Kind kann sich den Menschen *zuwenden*, es kann sich *gegen* sie wenden oder sich von ihnen *abwenden*.

Wenn es sich den Menschen *zuwendet*, so akzeptiert es seine eigene Hilflosigkeit und versucht, trotz seiner Entfremdung und Furcht die Liebe anderer zu gewinnen und sich an sie anzulehnen. Nur auf diese Weise kann es sich sicher bei ihnen fühlen. Wenn Teile der Familie nicht miteinander harmonieren, wird es sich der stärkeren Person oder Gruppe anschließen. Indem es sich diesen gegenüber willfährig verhält, gewinnt es ein Gefühl der Dazugehörigkeit und Unterstützung, wodurch es sich weniger schwach und isoliert vorkommt.

Wenn es sich *gegen* die Menschen wendet, so akzeptiert es die Feindseligkeit um sich herum als eine gegebene Tatsache und beschließt, bewußt oder unbewußt, zu kämpfen. Es mißtraut den Gefühlen und Absichten anderer ihm gegenüber von Grund auf. Es rebelliert auf jede ihm mögliche Art und Weise. Es möchte der Stärkere sein und sie überwinden, teils zum Selbstschutz, teils aus Rache.

Wenn es sich von den Menschen *abwendet*, will es weder dazugehören noch kämpfen; es hält sich vielmehr abseits. Es hat das Gefühl, daß es nichts mit den anderen gemein hat, daß sie es doch nicht verstehen. Es errichtet sich seine eigene Welt – mit seinen Puppen, seinen Büchern, seinen Träumen.

In jeder dieser drei Haltungen ist eines der Elemente, die in der Grundangst enthalten sind, überbetont: Hilflosigkeit in der ersten, Feindseligkeit in der zweiten, Absonderung in der dritten. Aber in Wirklichkeit kann das Kind keine dieser Richtungen allein und unter Ausschluß der andern einschlagen, da unter den gegebenen Voraussetzungen notwendigerweise alle drei vorhanden sein müssen. Was wir bei der Betrachtung des Allgemeinbildes sahen, war lediglich die vorherrschende Richtung.

Daß dies so ist, wird sofort klar werden, wenn wir einen Schritt weiter gehen und uns einer bereits voll entwickelten Neurose zuwenden. Wir alle kennen erwachsene Menschen, bei denen eine der beschriebenen Haltungen besonders auffällig ist. Aber wir können auch sehen, daß ihre anderen Tendenzen deswegen nicht aufhörten zu funktionieren. In einem vorwiegend anlehnungsbedürftigen und nachgiebigen Typus können wir aggressive Neigungen und das Bedürfnis nach Absonderung beobachten. Ein vorwiegend feindselig eingestellter Mensch hat auch einen Hang zur Nachgiebigkeit und ebenfalls ein gewisses Maß von Absonderungsbedürfnis. Und ein zurückgezogener Mensch bleibt nicht frei von Feindseligkeit oder dem Wunsch nach Liebe.

Die vorherrschende Eigenschaft ist jedoch diejenige, die das tatsächliche Verhalten am stärksten bestimmt. Sie wählt diejenigen Wege und Mittel, mit andern fertig zu werden, die einem Menschen am vertrautesten sind. So wird ein distanzierter Mensch natürlich alle nur möglichen Mittel anwenden, andere von sich fern zu halten, da ihn eine Situation, die ihn in zu nahen Kontakt mit andern bringt, völlig hilflos macht. Oft, wenn auch nicht immer, wird die Haltung bevorzugt, die dem einzelnen bewußt als die vertretbarste erscheint.

Das heißt aber nicht, daß die weniger auffallenden Haltungen schwächer entwickelt wären. Es wäre zum Beispiel oft schwer zu sagen, ob in einem scheinbar abhängigen, nachgiebigen Menschen der Wunsch, zu dominieren, dem Bedürfnis nach Liebe an Intensität nachsteht; seine Methoden, aggressive Impulse auszudrücken, sind lediglich indirekter. Daß die Macht der tiefer liegenden Tendenzen außerordentlich groß sein kann, wird durch die vielen Beispiele bewiesen, in denen die vorherrschende Haltung sich in ihr Gegenteil verwandelt. Wir können eine solche in ihr Gegenteil umschlagende Haltung bei Kindern beobachten, aber sie kommt auch im späteren Leben vor. In den Lebensgeschichten von Frauen können wir diesen Wechsel manchmal beobachten. Ein früher wildes, ehrgeiziges, aufsässiges Mädchen kann sich, wenn es verliebt ist, in eine nachgiebige, abhängige, anscheinend völlig ehrgeizlose Frau verwandeln. Oder aber ein in sich zurückgezogener Mensch kann unter dem Druck vernichtender Erfahrungen in eine krankhafte Abhängigkeit verfallen.

Änderungen wie diese werfen ein gewisses Licht auf die viel diskutierte Frage, ob spätere Erfahrungen keine Geltung haben und ob wir durch die Umstände unserer Kindheit in bestimmte Bahnen gelenkt und für allemal festgelegt werden. Wenn man sich eine neurotische Situation von der Seite der Konflikte her betrachtet, ist man imstande, eine angemessenere Antwort zu geben, als die, die man gewöhnlich bekommt. Es gibt folgende Möglichkeiten: Wenn die Kindheitssituation einem spontanen Wachstum nicht zu sehr im Weg ist, können spätere Erfahrungen, besonders in den Jugendjahren, einen gestaltenden Einfluß haben. Wenn allerdings der Druck früher Erlebnisse so stark war, daß er das Kind bereits in eine starre Form zu prägen vermochte, wird keine neue Erfahrung durchdringen können. Dies kommt teilweise daher, daß seine Starrheit keine neue Erfahrung an es herankommen läßt: Sein Bedürfnis, sich abseits zu halten, kann zum Beispiel so groß sein, daß es niemandem gestattet, ihm nahe zu kommen, oder seine Abhängigkeit so tiefverwurzelt, daß sie es zwingt, ständig eine subalterne Rolle zu spielen und eine Ausnutzung durch andere geradezu herauszufordern. Zum anderen wird es jede neue Erfahrung im Licht seiner früheren Anschauungsweise deuten: Wenn zum Beispiel ein aggressiver Typ wahrer Freundlichkeit begegnet, wird er diese entweder als eine Äußerung großer Dummheit ansehen oder aber als einen Versuch, ihn auszunutzen; die neue Erfahrung wird ihn nur dazu bringen, seine alte Haltung zu verstärken. Wenn ein Neurotiker doch einmal eine andre Haltung einnimmt, kann es so scheinen, als ob spätere Erfahrungen eine Änderung in seiner Persönlichkeit zuwege gebracht hätten. Aber die Änderung ist nicht so radikal, wie sie erscheint. Was tatsächlich geschah, ist, daß die Verbindung eines inneren mit einem äußeren Druck ihn dazu zwang, seine vorherrschende Haltung zugunsten einer entgegengesetzten aufzugeben – aber diese Veränderung hätte sich nicht vollzogen, wenn nicht Konflikte vorhanden gewesen wären, an denen sie hätte ansetzen können.

Vom Standpunkt eines normalen Menschen besteht kein Grund, weshalb die drei Haltungen sich gegenseitig ausschließen sollten. Man müßte imstande sein, andern nachzugeben, zu kämpfen und sich zu distanzieren. Diese drei Haltungen können einander ergänzen und sich zu einem harmonischen Ganzen vereinen. Wenn die eine oder andre vorherrscht, bedeutet das lediglich eine Überentwicklung nach einer Seite.

Es gibt jedoch mehrere Gründe dafür, warum diese Haltungen sich in einer Neurose nicht vereinen lassen. Ein Neurotiker ist nicht anpassungsfähig; es treibt ihn dazu, nachgiebig zu sein oder zu kämpfen oder sich abzusondern, ohne Rücksicht darauf, ob seine Haltung in der gegebenen Situation geboten erscheint, und er verfällt einer Panik, wenn er sich anders benimmt. Wenn daher alle drei Haltungen etwa gleich stark ausgeprägt sind, muß er in einen heftigen Konflikt verwickelt werden.

Ein anderer Faktor, der den Umkreis eines Konfliktes erheblich erweitert, ist der, daß die Haltungen nicht nur auf das Gebiet menschlicher Beziehungen beschränkt bleiben, sondern allmählich die ganze Persönlichkeit wie ein bösartiges Gewächs durchdringen. Schließlich umfassen sie nicht nur die Beziehungen des Neurotikers zu andern, sondern auch die Beziehung zu sich selbst und zum Leben im allgemeinen. Wenn wir uns über diesen alles umfassenden Charakter der Neurose nicht klar sind, sind wir versucht, den daraus entstehenden Konflikt in kategorischen Ausdrücken zu erklären wie Liebe gegen Haß, Nachgiebigkeit gegen Trotz, Unterordnung gegen Beherrschung und so weiter.

Es ist kein Zufall, daß ein Konflikt, der mit unserer Beziehung zu andern Menschen beginnt, allmählich die ganze Persönlichkeit beeinflußt. Menschliche Beziehungen sind so entscheidend, daß sie die Eigenschaften, die wir entwickeln, die Ziele, die wir uns setzen, die Werte, an die wir glauben, formen müssen. All dies wiederum wirkt auf unsere Beziehung zu andern ein und ist auf diese Weise untrennbar ineinander verwoben.*

Ich behaupte, daß der aus unvereinbaren Haltungen stammende Konflikt den Kernpunkt einer Neurose bildet und daher zu Recht Grundkonflikt genannt werden kann. Ich möchte hin-

* Da die Beziehung zu andern und die Haltung sich selbst gegenüber nicht voneinander getrennt werden können, ist die Behauptung, die man gelegentlich in psychiatrischen Veröffentlichungen findet, daß entweder die eine oder die andre sowohl theoretisch wie auch in der Praxis die wichtigere sei, unhaltbar.

zufügen, daß ich den Ausdruck Kernpunkt hier nicht nur bildlich benutze, sondern um die Tatsache zu betonen, daß es sich um den dynamischen Mittelpunkt handelt, aus dem Neurosen sich entwickeln. Diese Behauptung ist der Ansatzpunkt zu einer neuen Neurosen-Theorie, deren Inhalt im folgenden dargestellt werden soll. Allgemein betrachtet, kann man diese Theorie als eine Erweiterung meiner früheren Ansicht ansehen, daß Neurosen der Ausdruck einer Störung der menschlichen Beziehungen seien.*

* Diese Auffassung wurde zuerst in »*Der neurotische Mensch unserer Zeit*« dargestellt, und in »*Neue Wege in der Psychoanalyse*« erweitert.

DRITTES KAPITEL

Die Hinwendung zu den Menschen

Es ist nicht gut möglich, den Grundkonflikt darzustellen, indem man einfach zeigt, wie er sich in einer Anzahl von Individuen auswirkt. Da er eine gefährliche Explosivkraft besitzt, errichtet der Neurotiker einen Schutzwall um ihn herum, der nicht nur dazu dient, ihn unsichtbar zu machen, sondern ihn auch so tief einbettet, daß er sich gar nicht mehr in seiner ursprünglichen Form isolieren läßt. Das führt zu dem Ergebnis, daß das, was an die Oberfläche kommt, eher die verschiedenen Lösungsversuche sind als der Konflikt selbst. Eine ins einzelne gehende Beschreibung verschiedener Fälle würde daher alle die verwickelten Folgeerscheinungen und Nuancen nicht klar zutage bringen. Eine solche Darstellung wäre notwendigerweise viel zu umständlich und würde das Bild nur undurchsichtiger machen. Außerdem müssen die im vorigen Kapitel angedeuteten Umrisse noch ergänzt werden. Wenn wir den Grundkonflikt mit allem, was dazu gehört, verstehen wollen, müssen wir damit beginnen, jedes einzelne der entgegengesetzten Elemente getrennt zu beobachten. Wir werden das einigermaßen erreichen, wenn wir die individuellen Typen beobachten, in denen das eine oder das andre Element zur Vorherrschaft gelangte und dann als das eigentliche Selbst erlebt wird. Der Einfachheit halber werde ich diese Typen nachgiebig, aggressiv und distanziert nennen.* Wir werden uns in jedem einzelnen Fall auf die von dem betreffenden Menschen bevorzugte Haltung einstellen und soweit wie möglich die in ihr verborgenen Konflikte beiseite lassen. Wir werden sehen, wie in jedem einzelnen Typus die Grundhaltung gegenüber andern das Entstehen gewisser Bedürfnisse, Eigenschaften, Empfindlichkeiten, Hemmungen und Ängste, ja sogar besonderer Wertkategorien, wenn auch nicht gerade veranlaßt, so doch begünstigt hat.

* Der Ausdruck »Typus« ist hier der Einfachheit halber für Menschen mit ausgesprochenen Charakterzügen benutzt. Ich beabsichtige durchaus nicht, weder in diesem noch in den beiden folgenden Kapiteln, eine neue Typologie einzuführen. So wünschenswert eine Typologie wäre, sie müßte auf einer breiteren Grundlage errichtet werden.

Diese Art des Vorgehens mag manche Nachteile haben, sie hat aber auch entschiedene Vorteile. Wenn wir zuerst die Funktionen und die Struktur einer zusammengehörenden Reihe von Haltungen, Reaktionen, Überzeugungen und so weiter in den Typen untersuchen, in denen sie verhältnismäßig augenfällig sind, wird es leichter sein, ähnliche Kombinationen in Fällen zu erkennen, wo sie in einer mehr verschwommenen und verwirrten Form auftreten. Außerdem dient die Betrachtung des unverfälschten Bildes dazu, die innerliche Unvereinbarkeit der drei Haltungen deutlich zu machen.

Die erste Gruppe, der nachgiebige Typus, weist alle Züge auf, die mit einer Hinwendung zu den Menschen verbunden sind. Er zeigt ein ausgesprochenes Bedürfnis nach Liebe und allgemeiner Billigung und ein besonderes Bedürfnis nach einem »Partner« – das heißt einem Freund, Geliebten, Gatten oder einer Gattin, »die alle Lebenserwartungen zu erfüllen haben und die Verantwortung für gut und böse übernehmen müssen, und den erfolgreich zu behandeln die wichtigste Aufgabe sein wird«.[*] Diese Bedürfnisse weisen die allen neurotischen Zügen gemeinsamen Kennzeichen auf, das heißt, sie sind zwanghaft, wahllos und erzeugen Angst oder Niedergeschlagenheit, wenn sie vereitelt werden. Sie wirken völlig unabhängig von dem inneren Wert der »andern« und von den wirklichen Empfindungen des Betreffenden ihnen gegenüber. Wie verschieden auch der Ausdruck dieser Bedürfnisse sein mag, sie kreisen alle um das Verlangen nach menschlicher Nähe, den Wunsch des »Dazugehörens«. Infolge des wahllosen Charakters dieser Bedürfnisse wird der nachgiebige Typus dazu neigen, seine geistige Übereinstimmung und Interessengemeinschaft mit andern zu überschätzen und die trennenden Faktoren zu übersehen.[**] Daher sind an seinem Fehlurteil über die Menschen nicht seine Unwissenheit, Torheit oder mangelnde Beobachtungsgabe schuld, sondern seine zwanghaften Bedürfnisse. Er kommt sich vor – wie dies einmal in einer Zeichnung einer Patientin veranschaulicht wurde – wie ein kleines Kind, das von befremdlichen und bedrohlichen Tieren umgeben ist. Sie stand in der Mitte des Bildes, winzig und

[*] Zitiert nach KAREN HORNEY, »*Selbstanalyse*«, 1942.
[**] Siehe »*Der neurotische Mensch unserer Zeit*«, Kapitel 2 und 5, die das Bedürfnis nach Zuneigung behandeln, und »*Selbstanalyse*«, Kapitel 8, in den von krankhafter Abhängigkeit die Rede ist.

hilflos, über ihr war eine riesige Biene im Begriff, sie zu stechen, um sie herum sah man einen Hund, der sie beißen, eine Katze, die sie anspringen, einen Stier, der sie aufspießen konnte. Offenbar ist also die wahre Natur anderer Menschen unwesentlich, abgesehen davon, daß die »Liebe« der Aggressiveren, die eine starke Bedrohung darstellen, am meisten benötigt wird. Kurzum, dieser Typus verlangt dringend danach, daß man ihn gern hat, benötigt, begehrt und liebt; daß er sich akzeptiert, willkommen, gebilligt und anerkannt fühlen kann; daß man seiner bedarf und er für andere, besonders für einen bestimmten andern, unentbehrlich ist; und daß man ihm hilft, ihn beschützt, umsorgt und leitet.

Wenn im Verlauf einer Analyse ein Patient auf den zwanghaften Charakter dieser Bedürfnisse hingewiesen wird, wird er wahrscheinlich behaupten, daß alle diese Wünsche durchaus »natürlich« seien. Selbstverständlich läßt sich diese Ansicht durchaus verteidigen. Abgesehen von Menschen, deren ganzes Sein so durch sadistische Züge entstellt ist (worüber wir später reden werden), daß der Wunsch nach Liebe völlig abgedrosselt ist, kann man mit Recht annehmen, daß jeder Mensch gern geliebt, akzeptiert und unterstützt werden möchte. Der Irrtum des Patienten liegt darin, daß er den Anspruch erhebt, sein ganzes hektisches Suchen nach Liebe und Anerkennung sei echt, während in Wirklichkeit das, was daran echt ist, durch seinen unstillbaren Drang, sich sicher zu fühlen, fast völlig überdeckt wird.

Das Bedürfnis, diesen Drang zu befriedigen, ist so zwingend, daß alle seine Handlungen sich auf seine Erfüllung richten. Bei diesem Vorgehen entwickelt er gewisse Eigenschaften und Haltungen, die seinen Charakter prägen und die zum Teil liebenswert genannt werden könnten: er entwickelt ein gewisses Feingefühl für die Bedürfnisse anderer, soweit er sie gefühlsmäßig verstehen kann. Zum Beispiel kann er, obwohl er höchstwahrscheinlich dem Bedürfnis eines distanzierten Menschen nach Absonderung verständnislos gegenüberstehen wird, durchaus hellhörig sein für die Bedürfnisse des andern Menschen nach Teilnahme, Hilfe, Billigung und so weiter. Er versucht ganz automatisch den Erwartungen anderer zu entsprechen oder vielmehr dem, was diese seiner Meinung nach von ihm erwarten, oft so weitgehend, daß seine eigenen Gefühle dabei gar keine

Rolle mehr spielen. Er wird »selbstlos«, aufopfernd, anspruchslos – abgesehen von seinem grenzenlosen Verlangen nach Liebe. Er wird nachgiebig, überrücksichtsvoll – innerhalb der ihm gesetzten Grenzen –, übertrieben anerkennend, dankbar und großzügig. Er verschließt sich vor der Tatsache, daß er sich im tiefsten Innern nicht viel aus andern macht und dazu geneigt ist, sie als eigennützige Heuchler zu betrachten. Aber – wenn ich einen unbewußten Vorgang als einen bewußten darstellen darf – er redet sich nur ein, daß er jedermann gern habe, daß sie alle »nett« und vertrauenswürdig seien, ein Irrtum, der nicht nur schwere Enttäuschungen verursacht, sondern auch zu seiner allgemeinen Unsicherheit beiträgt. Diese Eigenschaften sind nicht so wertvoll, wie sie ihm erscheinen, besonders da er nicht etwa sein eigenes Gefühl oder Urteil zu Rate zieht, sondern von andern Menschen blindlings all das erwartet, was er sich so dringend von ihnen wünscht – und weil er aufs tiefste beunruhigt ist, wenn seine Erwartung sich nicht verwirklicht.

Diese Einstellung wird zum Teil überschnitten von andren Haltungen, die auf die Vermeidung von schiefen Blicken, von Streitigkeiten und von Wettbewerbssituationen gerichtet sind. Der betreffende Mensch neigt dazu, sich unterzuordnen und andern den Vorrang zu lassen; er wird sich beschwichtigend und versöhnlich benehmen und – wenigstens bewußt – nicht nachtragend sein. Jeglicher Wunsch nach Rache oder Triumph ist so tief unterdrückt, daß er sich selbst oft wundert, wie leicht er zu versöhnen ist und einen Groll nie lange mit sich herumträgt. In diesem Zusammenhang ist es wichtig zu wissen, daß er die Tendenz hat, automatisch jede Schuld auf sich zu nehmen. Wiederum ohne Rücksicht auf seine wahren Gefühle – das heißt, ob er sich wirklich schuldig fühlt oder nicht – wird er lieber sich als andre anklagen und sich angesichts offensichtlich ungerechtfertigter Kritik oder im Vorgefühl eines Angriffs kritisch prüfen oder sogar entschuldigen.

Der Übergang von diesen Haltungen zu ausgesprochenen Hemmungen ist unmerklich. Weil jede Art aggressiven Verhaltens unter Tabu steht, finden wir hier Hemmungen, sich durchzusetzen, Kritik zu üben, etwas zu verlangen, Befehle zu erteilen, Eindruck zu machen oder nach ehrgeizigen Zielen zu streben. Und weil er sein ganzes Leben auf andre eingestellt hat, hindern ihn seine Hemmungen oft daran, etwas für sich selbst zu tun oder etwas allein zu genießen. Das kann so weit führen, daß jede Erfahrung, die nicht mit jemand geteilt wird – sei es eine Mahlzeit, ein Theaterstück, Musik oder Natur – sinnlos wird. Es erübrigt sich zu sagen, daß eine derart hartnäckige Einschränkung des Genusses sein Leben nicht nur ärmer macht, sondern die Abhängigkeit von andern nur noch vergrößert.

Abgesehen von der Idealisierung* der eben erwähnten Eigenschaften, nimmt dieser Typus gewisse charakteristische Haltungen sich selbst gegenüber ein. Eine davon ist das alles durchdringende Gefühl seiner Schwäche und Hilflosigkeit – die Empfindung: »ach, ich armes, schwaches Geschöpf!« Sobald er sich selbst überlassen bleibt, fühlt er sich verloren wie ein unverankertes Boot oder wie Aschenbrödel ohne die gute Fee. Diese Hilflosigkeit ist zum Teil echt; selbstverständlich macht ihn das Gefühl, daß er unter keinen Umständen kämpfen oder konkurrieren könne, tatsächlich schwächer. Außerdem gibt er seine Hilflosigkeit sich selbst und andern gegenüber ganz offen zu. Sie kann auch in seinen Träumen dramatisiert werden. Er nimmt oft seine Zuflucht zu ihr, wenn er um Hilfe bittet oder sich verteidigen muß: »Du mußt mich lieben, mich beschützen, mir verzeihen, du darfst mich nicht verlassen, *weil* ich so schwach und hilflos bin.«

Eine zweite typische Haltung erwächst aus seiner Tendenz, sich unterzuordnen. Er hält es für selbstverständlich, daß alle ihm überlegen sind, daß sie anziehender, intelligenter, gebildeter, wertvoller sind als er selber. Für dieses Gefühl gibt es tatsächlich einen Grund, weil sein Mangel an Selbstbewußtsein und Festigkeit seine Fähigkeiten beeinträchtigt; aber selbst auf Gebieten, in denen er zweifellos fähig ist, veranlaßt ihn sein Minderwertigkeitsgefühl dazu – ungeachtet seiner eigenen Verdienste – dem andern größere Fähigkeiten zuzuschreiben. In der Gegenwart aggressiver oder anmaßender Menschen schrumpft das Gefühl seines eigenen Wertes noch mehr zusammen. Aber auch wenn er allein ist, hat er die Tendenz, nicht nur seine Eigenschaften, Begabungen und Fähigkeiten, sondern auch seinen materiellen Besitz zu unterschätzen.

Ein drittes typisches Merkmal wird durch seine allgemeine

---

* Siehe Kapitel 6: Das idealisierte Ebenbild.

44

Abhängigkeit von andern bedingt. Es besteht in der unbewußten Tendenz, sich in der Beurteilung seiner selbst nach der Meinung anderer zu richten. Seine Selbstachtung steht und fällt mit ihrer Zustimmung oder Ablehnung, ihrer Zuneigung oder Abneigung. Daher ist für ihn jegliche Zurückweisung einfach eine Katastrophe. Wenn es jemand unterläßt, seine Einladung zu erwidern, kann er sich bewußt ganz vernünftig verhalten, aber entsprechend der Logik seiner gestörten Innenwelt fällt das Barometer seiner Selbstachtung unter die Normallinie. Mit andern Worten: jede Kritik, jede Abweisung oder Vernachlässigung ist eine erschreckende Gefahr, und er ist imstande, die erniedrigendste Anstrengung zu machen, um die Beachtung des Menschen zurückzugewinnen, der ihn so behandelt hat. Daß er die andre Wange hinhält, hat nichts zu tun mit einem mysteriösen »masochistischen« Zug, sondern es ist aufgrund seiner inneren Voraussetzungen das einzig logische Verhalten.

All dies trägt zu seiner besonderen Wertordnung bei. Selbstverständlich sind diese Werte – seiner allgemeinen Reife entsprechend – mehr oder weniger gefestigt. Sie liegen in der Richtung von Güte, Verständnis, Liebe, Großzügigkeit, Selbstlosigkeit und Demut; wohingegen Egoismus, Ehrgeiz, Härte, Skrupellosigkeit und die Ausübung von Macht verabscheut werden – obwohl gerade diese Eigenschaften gleichzeitig heimlich bewundert werden, weil sie als ein Zeichen von »Stärke« erscheinen.

All diese Elemente sind also mit einer neurotischen Hinwendung zu andern verbunden. Es sollte nun klar sein, wie unangebracht es wäre, sie mit *einem* Ausdruck zu bezeichnen, etwa als unterwürfig oder abhängig, denn sie enthalten eine ganze Reihe von Gedanken, Gefühlen und Taten – ja, eine ganze Lebensweise.

Ich habe versprochen, die Gegenfaktoren nicht zur Diskussion zu bringen. Aber wir können nicht verstehen, wie zäh an all diesen Haltungen und Überzeugungen festgehalten wird, solange wir uns nicht darüber klar sind, wie sehr die Unterdrückung der Gegentriebe die vorherrschenden Triebe verstärkt. So wollen wir also einen kurzen Blick auf die Kehrseite des Bildes werfen. Wenn wir einen nachgiebigen Menschen analysieren, so finden wir in diesem Typ eine ganze Anzahl eisern unterdrückter aggressiver Tendenzen. In ausgesprochenem Gegensatz zu der übergroßen Fürsorge stoßen wir auf eine gefühllose Interesselosigkeit an andern, auf herausfordernde Haltungen, auf unbewußt schmarotzerische oder ausbeuterische Tendenzen, auf den Hang, andere zu beherrschen oder zu dirigieren, und auf ein rücksichtsloses Bedürfnis, sich hervorzutun oder rachsüchtige Triumphe zu genießen. Selbstverständlich sind die unterdrückten Triebe in ihrer Art und Intensität sehr verschieden. Zum Teil entstehen sie als Reaktion auf frühe unglückselige Erfahrungen mit andern. Die Vorgeschichte wird zum Beispiel oft Wutanfälle bis zum Alter von fünf oder acht Jahren verzeichnen, die später verschwinden, um einer allgemeinen Fügsamkeit Platz zu machen. Aber aggressive Tendenzen werden auch verstärkt und durch spätere Erfahrung gespeist, zumal die Feindseligkeit fortgesetzt aus vielen Quellen genährt wird. Es würde hier zu weit führen, allen diesen Tendenzen nachzugehen; tatsächlich fordert das Bedürfnis, sich selbst unscheinbar zu machen und »gut« zu sein, ein Übergangenwerden und eine Übervorteilung heraus, was wiederum zu dem Gefühl verleitet, vernachlässigt, zurückgestoßen oder gedemütigt zu werden, sobald das beanspruchte übergroße Maß von Liebe und Billigung ausbleibt.

Wenn ich sage, die Gefühle, Triebe und Haltungen sind »unterdrückt«, so gebrauche ich den Ausdruck im Freudschen Sinne, das heißt, daß der Betreffende sich ihrer nicht nur nicht bewußt ist, sondern auch ein unbedingtes Interesse daran hat, ihrer niemals gewahr zu werden, und daß er aufs ängstliche aufpaßt, daß sich weder ihm noch andern auch nur die geringste Spur davon offenbart. Jede Unterdrückung stellt uns daher vor die Frage: Was für ein Interesse hat der Betreffende daran, gewisse Kräfte, die innerhalb seiner selbst wirksam sind, zu unterdrücken? Im Fall eines nachgiebigen Typus können wir verschiedene Antworten finden. Doch können wir die meisten erst später verstehen, wenn wir das idealisierte Ebenbild und die sadistischen Züge behandelt haben. Was wir jedoch schon jetzt verstehen können, ist, daß Gefühle oder Äußerungen von Feindseligkeit das Bedürfnis des Betreffenden nach Liebe und Gegenliebe gefährden würden. Außerdem würde ihm jede Form eines aggressiven oder sogar nur selbstbewußten Verhaltens eigennützig vorkommen. Er würde es selbst verurteilen und daher das Gefühl haben, andere verurteilten es auch. Und er kann sich eine solche Verurteilung nicht leisten, weil seine Selbstachtung viel zu abhängig ist von ihrer Billigung.

Die Unterdrückung aller rechthaberischen, rachsüchtigen und ehrgeizigen Gefühle und Impulse hat noch eine andere Funktion. Sie ist einer der vielen Versuche, die ein Neurotiker unternimmt, um seine Konflikte loszuwerden und statt dessen ein Gefühl von Harmonie, Einheitlichkeit und Ganzheit zu erlangen. Das Verlangen nach innerer Harmonie ist kein mystischer Wunsch, sondern entstammt dem nüchternen Zwang, im Leben bestehen zu müssen – was unmöglich ist, solange man dauernd in entgegengesetzte Richtungen getrieben wird, und wiederum die furchtbare Angst verursacht, zerrissen zu werden. Einer Richtung dadurch die Oberhand zu geben, daß man alle widerstrebenden Elemente unterdrückt, ist ein unbewußter Versuch, eine gewisse Ordnung in einer Persönlichkeit herzustellen. Er stellt einen der wichtigsten Versuche dar, neurotische Konflikte zur Lösung zu bringen.

Damit haben wir bereits ein zweifaches Interesse daran entdeckt, alle aggressiven Impulse aufs strengste im Zaum zu halten: Die gesamte Lebensweise des Betreffenden würde sonst in Gefahr gebracht und seine künstliche Harmonie gesprengt werden. Je destruktiver die aggressiven Triebe sind, desto zwingender wird die Notwendigkeit, sie auszuschließen. Der betreffende Mensch wird alles nur Mögliche tun, um nicht den Anschein zu erwecken, er wolle etwas für sich selbst erreichen; er wird niemals eine Bitte ablehnen, immer jeden Menschen gern haben, sich immer im Hintergrund halten und so weiter. Mit andern Worten: Die nachgiebigen, beschwichtigenden Tendenzen werden verstärkt; sie werden zwingender und wahlloser.*

Selbstverständlich halten alle diese unbewußten Anstrengungen die unterdrückten Impulse nicht davon ab, zu funktionieren oder sich durchzusetzen. Sie verhalten sich aber in einer Weise, die in die ganze Struktur hineinpaßt. Der betreffende Mensch wird Anforderungen stellen »weil er sich so elend fühlt«, oder er wird unter dem Mantel seiner »Liebe« heimlich die Oberhand gewinnen. Aufgestaute, unterdrückte Feindseligkeit kann in Form von mehr oder weniger heftigen Ausbrüchen in Erscheinung treten, angefangen mit gelegentlicher Reizbarkeit bis hin zu Wutanfällen. Obwohl diese Ausbrüche in das sanfte und gütige Gesamtbild keineswegs passen, kommen sie dem Betref-

* Siehe Kapitel 12: Sadistische Züge.

fenden selber völlig berechtigt vor. Und seinen Voraussetzungen entsprechend, hat er durchaus recht. Da er nicht weiß, daß seine Forderungen an andere zu weit gehen und zu egozentrisch sind, muß er ganz einfach gelegentlich den Eindruck haben, er würde so ungerecht behandelt, daß es nicht mehr länger auszuhalten sei. Wenn dann noch seine unterdrückte Feindseligkeit die Stärke blinder Wut annimmt, können allerhand funktionelle Störungen wie Kopfweh oder Magenbeschwerden auftreten.

Auf diese Weise haben die meisten Charakterzüge des entgegenkommenden Typus eine doppelte Motivierung. Wenn er sich zum Beispiel unterordnet, so geschieht das, um Reibungen zu vermeiden und dadurch Harmonie mit andern herzustellen; es kann aber auch gleichzeitig ein Mittel sein, alle Spuren seines Bedürfnisses nach Auszeichnung zu verwischen. Wenn er sich von andern übervorteilen läßt, so ist das ein Ausdruck seiner Nachgiebigkeit und »Güte«, es kann aber auch gleichzeitig eine Abkehr von seinen eigenen Ausbeutungsgelüsten sein. Um neurotische Nachgiebigkeit zu überwinden, müssen beide Seiten des Konflikts durchgearbeitet werden, und zwar in der richtigen Reihenfolge. Aus konservativen psychoanalytischen Veröffentlichungen gewinnen wir manchmal den Eindruck, eine »Befreiung von Aggressionen« sei das, worauf es in der psychoanalytischen Therapie ankomme. Ein solches Vorgehen zeigt geringes Verständnis für den komplexen Charakter und vor allem für die Mannigfaltigkeit der neurotischen Strukturen. Lediglich für den hier besprochenen Typus hat es eine gewisse Gültigkeit, und auch diese ist begrenzt. Das Aufdecken aggressiver Tendenzen ist befreiend, aber es kann der Entwicklung des betreffenden Menschen leicht schaden, wenn die »Befreiung« als das Ziel an sich angesehen wird. Es muß ein Durcharbeiten der Konflikte folgen, wenn man zu guter Letzt eine harmonische Einheit in einer Persönlichkeit erzielen will.

Wir müssen unsere Aufmerksamkeit noch der Rolle zuwenden, die Liebe und Geschlechtsleben für den nachgiebigen Typus spielen. Liebe erscheint ihm oft als das einzige erstrebens- und lebenswerte Ziel. Leben ohne Liebe erscheint flach, nichtig und leer. Nach einem Ausdruck von Fritz Wittels, den er auf diese zwanghaften Bestrebungen anwandte, wird die Liebe zu einem Phantom, hinter dem man unter Ausschluß aller andern Dinge herjagt.* Menschen, Natur, Arbeit oder auch Vergnügungen und Interessen jeglicher Art werden völlig bedeutungslos, wenn nicht eine Liebesbeziehung diesen Dingen Glanz und Würde verleiht. Die Tatsache, daß in unserer Zivilisation diese Besessenheit häufiger und deutlicher bei Frauen vorkommt als bei Männern, hat die Vermutung aufkommen lassen, daß dies ein typisch weibliches Verlangen sei. Aber es hat mit Weiblichkeit oder Männlichkeit nichts zu tun, sondern ist ein neurotisches Phänomen, weil es sich um einen irrationalen und zwanghaften Trieb handelt.

Wenn wir die Struktur des nachgiebigen Typus verstehen, können wir sehen, weshalb Liebe so überaus wichtig für ihn ist, weshalb »eine Methode in seinem Wahnsinn« ist. Im Hinblick auf seine sich widerstrebenden Zwangstendenzen ist dies tatsächlich die einzige Art, in der seine neurotischen Bedürfnisse erfüllt werden können. Sie befriedigt das Bedürfnis, geliebt zu werden und auch zu beherrschen (durch die Liebe), das Bedürfnis, sich zu bescheiden und sich hervorzutun (durch des Partners ungeteilte Beachtung). Sie gestattet ihm, alle seine aggressiven Triebe auf einer berechtigten, harmlosen, ja sogar lobenswerten Grundlage auszuleben, während er sogar noch gleichzeitig all die liebenswerten Eigenschaften zum Ausdruck bringen kann, die er gewonnen hat. Da er außerdem gar nicht weiß, daß seine Hemmungen und seine Leiden aus seinen eigenen inneren Konflikten stammen, verheißt ihm die Liebe sichere Heilung: Wenn er nur einen Menschen finden könnte, der ihn liebt, dann wäre *alles* in Ordnung. Man kann leicht sagen, daß diese Hoffnung trügerisch ist, aber wir müssen auch die Logik seiner mehr oder weniger unbewußten Gedankengänge verstehen. Er denkt: »Ich bin schwach und hilflos; meine Hilflosigkeit wird, solange ich allein in dieser feindlichen Welt bin, gefährlich und bedrohlich bleiben. Wenn ich aber jemanden finde, der mich vor allen andern liebt, werde ich nicht länger in Gefahr sein, denn er (oder sie) wird mich beschützen. Ihm gegenüber würde ich mich nicht durchzusetzen haben, denn er würde mich verstehen und mir geben, was ich möchte, ohne daß ich darum zu bitten oder es zu erklären brauchte. Meine Schwäche wäre sogar ein Vorteil für mich, weil er meine Hilflosigkeit lieben würde und ich mich

* FRITZ WITTELS, »*Unconscious Phantoms in Neurotics*«, Psychoanalytic Quarterly, Vol. VIII, Part 2, 1939.

auf seine Kraft stützen könnte. Meine Tatkraft, die ich für mich selbst nicht aufbringen kann, würde beflügelt, wenn ich damit etwas für ihn tun könnte, oder sogar für mich selber, weil er es so haben möchte.«

Er denkt – wenn wir in formulierten Gedankengängen wiedergeben, was nur zum Teil gedacht, zum Teil empfunden wird und zum Teil völlig unbewußt ist: »Es ist eine Qual für mich, allein zu sein. Es liegt nicht nur daran, daß ich ungeteilte Freuden nicht genießen kann; es ist mehr als nur dies: ich fühle mich verloren, ich habe Angst. Sicherlich könnte ich allein in ein Kino gehen oder an einem Sonnabend ein Buch lesen, aber das wäre eine Demütigung für mich, denn es wäre ein Beweis dafür, daß mich niemand haben will. Darum muß ich es mit Bedacht so einrichten, daß ich niemals an einem Sonnabend noch überhaupt je allein bin. Wenn ich jedoch die große Liebe fände, wäre ich frei von diesen Qualen; ich würde nie wieder allein sein, alles, was jetzt so gar keinen Sinn hat, ob es sich nun um Frühstücksvorbereitungen handelt oder um Arbeit oder um einen Sonnenuntergang, würde eine Freude sein.«

Und er denkt weiterhin: »Ich habe kein Selbstvertrauen. Ich denke immer, jeder andere sei tüchtiger, anziehender, begabter als ich selbst. Auch die Dinge, die ich zustande brachte, zählen nicht, weil ich selbst eigentlich gar kein Verdienst daran habe. Ich habe wahrscheinlich geblufft, oder es war reine Glückssache. Ich kann nicht sicher sein, ob ich sie nochmals fertig brächte. Und wenn die Menschen mich wirklich kennen würden, könnten sie mich ohnedies nicht gebrauchen. Wenn ich aber jemanden fände, der mich so liebt, wie ich bin, und für den ich an erster Stelle stünde, dann würde ich jemand sein.« Kein Wunder, daß Liebe für ihn alle Verlockungen einer Fata Morgana hat. Kein Wunder, daß er es vorzieht, sich daran festzuklammern, statt sich des mühseligen Prozesses einer Änderung von innen heraus zu unterziehen.

Der Geschlechtsverkehr hat – ganz abgesehen von seiner biologischen Funktion – den Wert des Beweises, begehrt zu sein. Je mehr der nachgiebige Typ dazu neigt, sich zu distanzieren – das heißt Angst davor hat, sich gefühlsmäßig zu binden – oder je mehr er die Hoffnung verliert, geliebt zu werden, desto eher wird bloße Sinnlichkeit anstelle von Liebe treten. Sie wird dann als der einzige Weg zu einem intimen Kontakt mit Menschen erscheinen und ebenso wie die Liebe als eine Macht, die alles in Ordnung bringen kann, überschätzt werden.

Wenn wir uns bemühen, beide Extreme zu vermeiden – die Überbetonung der Liebe als »nur natürlich« anzusehen oder aber als »neurotisch« beiseite zu schieben –, werden wir sehen, daß die diesbezüglichen Erwartungen des nachgiebigen Typus die logische Schlußfolgerung seiner ganzen Weltanschauung sind. Wie so häufig bei neurotischen Phänomenen – oder ist dies ganz allgemein der Fall? – zeigt sich auch hier, daß die bewußten oder unbewußten Begründungen des Patienten zwar lückenlos sind, aber auf falschen Voraussetzungen beruhen. Die falschen Voraussetzungen bestehen darin, daß er sein Bedürfnis nach Liebe und alles, was damit zusammenhängt, für die echte Fähigkeit zu lieben hält, und daß er die aggressiven und destruktiven Tendenzen völlig außer acht läßt. Er klammert – mit andern Worten – den ganzen neurotischen Konflikt aus. Er erwartet, die schädlichen Folgen der ungelösten Konflikte loszuwerden, ohne irgend etwas an den Konflikten selbst zu ändern – eine Haltung, die für jeden neurotischen Versuch einer Lösung typisch ist. Darum sind alle diese Versuche unweigerlich zum Fehlschlag verurteilt. Man muß allerdings folgendes zugunsten einer Lösung auf der Grundlage der Liebe sagen. Wenn der nachgiebige Typus das Glück hat, einen Partner zu finden, der zugleich Kraft und Warmherzigkeit besitzt, oder dessen Neurose zu seiner eigenen paßt, so können seine Leiden erheblich gemildert werden und er kann sogar ein bescheidenes Maß von Glück finden. Aber gewöhnlich taucht ihn die Beziehung, von der er den Himmel auf Erden erwartete, nur noch tiefer in sein Elend hinab. Die Gefahr liegt zu nahe, daß er alle seine Konflikte in die Beziehung hineinträgt und sie damit zerstört. Doch auch die günstigste Partnerschaft kann lediglich die akute Not erleichtern; solange seine Konflikte ungelöst bleiben, wird er keine Möglichkeit zu einer echten Entwicklung haben.

VIERTES KAPITEL

Die feindselige Einstellung gegen die Menschen

Bei der Erörterung der zweiten Erscheinungsform des Grundkonfliktes, der Tendenz, sich *gegen* die Menschen zu wenden,
werden wir auf die gleiche Weise vorgehen und hier den Typus
untersuchen, in dem die aggressiven Tendenzen vorherrschen.

Genau wie der nachgiebige Typ an dem Glauben festhält, daß
die Menschen »nett« seien, und angesichts des Gegenbeweises
dauernd außer Fassung gerät, so hält es der aggressive Typ für
selbstverständlich, daß jedermann feindselig gesinnt ist, und
weigert sich zuzugeben, daß das nicht immer so ist. Das Leben
ist für ihn ein Kampf aller gegen alle, der Teufel soll's holen!
Die wenigen Ausnahmen, die er gelten läßt, werden zögernd
und mit Vorbehalten anerkannt. Manchmal ist diese Haltung
ganz durchsichtig, aber häufiger ist sie unter dem Anstrich ver-
bindlichster Höflichkeit, Rechtlichkeit und Kameradschaftlich-
keit verborgen. Diese »Fassade« kann eine Konzession im Macchiavellischen Sinn aus Zweckmäßigkeitsgründen sein. Gewöhnlich ist sie jedoch eine Mischung von falschen Vorspiegelungen, echten Gefühlen und neurotischen Bedürfnissen. Der
Wunsch, in andern den Glauben zu erwecken, er sei ein guter
Kerl, kann mit einem gewissen Maß tatsächlichen Wohlwollens
vereint sein, solange seine Vorherrschaft überall fraglos anerkannt bleibt. Auch Elemente eines neurotischen Bedürfnisses
nach Liebe und Billigung können in den Dienst aggressiver Ziele
gestellt werden. Eine solche »Fassade« ist für den nachgiebigen
Typ nicht nötig, da seine Wertsetzungen ohnedies mit anerkannten sozialen und christlichen Tugenden zusammenfallen.

Um die Tatsache würdigen zu können, daß die Bedürfnisse
des aggressiven Typus genauso zwanghaft sind wie die des nachgiebigen, müssen wir uns darüber klar sein, daß sie genauso von
der Grundangst inspiriert werden wie jene. Dies muß mit allem
Nachdruck betont werden, da die Komponente von Furcht, die
in dem letzteren Typ so klar zutage tritt, von dem Typus, den

wir uns nun ansehen wollen, niemals zugegeben oder gezeigt wird. In ihm ist alles darauf abgestimmt, unnachgiebig hart zu sein, zu werden oder wenigstens zu erscheinen.

Seine Bedürfnisse wurzeln im Grunde in seinem Gefühl, daß die Welt ein Schauplatz sei, wo im Darwinschen Sinne nur die Geeignetsten überleben und die Starken die Schwachen vernichten. Das, was ein Überleben am ehesten ermöglicht, wird hauptsächlich von der Zivilisation bestimmt, in der ein Mensch lebt; auf alle Fälle jedoch ist ein kaltblütiges Verfolgen des eigenen Interesses das über allen andern stehende Gesetz. Daher ist es sein wichtiges Bedürfnis, die Herrschaft über andere zu erlangen. Es gibt unendlich viele Spielarten der Herrschaft über andere: Da gibt es die direkte Machtausübung oder indirekte Manöver durch übergroße Fürsorge oder die Methode, sich Menschen zu verpflichten. Man kann es vorziehen, die Rolle eines Drahtziehers hinter den Kulissen zu spielen. Oder man versucht es mit dem Verstand, indem man sich auf den Glauben beruft, daß mit Vernunft und Voraussicht alles bewältigt werden könne. Die besondere Form dieser Herrschaft beruht zum Teil auf einer natürlichen Begabung, zum Teil auf einer Verschmelzung entgegengesetzter Tendenzen. Wenn der Betreffende gleichzeitig dazu neigt, sich zu distanzieren, wird er jede direkte Form der Herrschaft vermeiden, weil ihn dies in zu nahen Kontakt mit andern Menschen bringen würde. Auch wo ein großes verborgenes Liebesbedürfnis vorhanden ist, werden die indirekten Methoden bevorzugt werden. Wenn sein Wunsch darauf ausgeht, die Rolle des Drahtziehers zu übernehmen, läßt dies auf die Gegenwart sadistischer Züge schließen, da es bedeutet, daß andere zur Erreichung der eigenen Ziele benutzt werden[*].

Gleichzeitig muß er sich auszeichnen, Erfolg haben und Prestige oder Anerkennung in irgendeiner Form gewinnen. Derartige Bemühungen sind zum Teil auf den Gewinn von Macht gerichtet, da Erfolg und Ansehen in einer Welt des allgemeinen Wettbewerbs Macht verleihen. Sie verleihen aber auch ein subjektives Gefühl von Kraft durch äußere Bestätigung, Beifall und das Gefühl der tatsächlichen Überlegenheit. Wie bei dem nachgiebigen Typus liegt auch hier der Schwerpunkt außerhalb des betreffenden Menschen; nur die Art der von andern erwarteten

---

[*] Vergleiche Kapitel 12: Sadistische Züge.

Bestätigung ist unterschiedlich. In Wirklichkeit ist die eine so sinnlos wie die andere. Wenn sich die Menschen darüber wundern, warum ihr Erfolg es nicht vermocht hat, ihr Gefühl von Unsicherheit zu vermindern, beweisen sie damit nur ihre psychologische Ahnungslosigkeit, aber ihr Streben nach Erfolg zeigt, wie sehr Erfolg und Ansehen allgemein als Maßstäbe betrachtet werden.

Ein starkes Bedürfnis, andere auszunutzen, zu überlisten, sie sich nutzbar zu machen, gehört zu diesem Bild. Jede Situation und Beziehung wird danach eingeschätzt: »Was kann dabei für mich herauskommen?« – ob es sich nun um Geld, Prestige, Beziehungen oder Ideen handelt. Der Betreffende selber ist halb bewußt, halb unbewußt davon überzeugt, daß jedermann sich so benimmt; daher kommt es darauf an, tüchtiger zu sein als die andern. Die Eigenschaften, die er entwickelt, sind fast diametral entgegengesetzt denen des nachgiebigen Typus. Er wird hart und zäh oder erweckt wenigstens diesen Anschein. Er sieht alle Gefühle, eigene sowohl als die anderer, als »schlappe Sentimentalität« an. Liebe spielt für ihn keine bedeutende Rolle. Nicht, daß er sich nicht auch einmal »verliebt« oder eine flüchtige Beziehung hätte oder heiratet, aber am wichtigsten ist ihm, einen ganz besonders begehrenswerten Partner zu finden, durch dessen Anziehungskraft, gesellschaftliches Ansehen oder Vermögen er seine eigene Position verbessern kann. Er sieht keinen Grund, auf andre Rücksicht zu nehmen: »Was geht das mich an, laß die andern für sich selber sorgen!« Zu dem alten ethischen Problem von zwei Menschen auf einem Rettungsboot, von denen nur einer überleben kann, würde er sagen, daß er ganz selbstverständlich versuchen würde, sich zu retten – es zu unterlassen, wäre dumm und verlogen. Er haßt es, irgendwelche Gefühle von Furcht zuzugeben, und wird drastische Wege finden, sie zu beherrschen. Er kann sich zum Beispiel dazu zwingen, in einem leeren Haus zu bleiben, obwohl er große Angst vor Einbrechern hat; er kann darauf bestehen, solange auf einem Pferd zu reiten, bis er seine Angst vor Pferden überwunden hat.

Während der nachgiebige Typ geneigt ist, zu beschwichtigen, setzt der aggressive Typ alles daran, ein guter Kämpfer zu sein. Er ist geistesgegenwärtig, benutzt scharfe Argumente und ist imstande, einen Streit vom Zaun zu brechen, nur um zu beweisen, daß er recht hat. Er kann sich selbst übertreffen, wenn er, in die Enge gedrängt, keine andere Wahl hat, als zu kämpfen. Im Gegensatz zu dem nachgiebigen Typ, der Angst davor hat, im Spiel zu gewinnen, ist er kein guter Verlierer und macht kein Hehl daraus, daß er gewinnen will. Er ist genauso bereit, andere anzuklagen, wie der nachgiebige Typ bereit ist, einen Vorwurf auf sich zu nehmen. In keinem der beiden Fälle spielt die Schuldfrage eine Rolle. Wenn der nachgiebige Typ sich für schuldig erklärt, so ist er noch lange nicht davon überzeugt, auch wirklich schuldig zu sein, sondern er fühlt sich dazu getrieben, Frieden zu stiften. Genausowenig ist der aggressive Typ im Grunde davon überzeugt, daß der andere im Unrecht ist; er setzt ganz einfach voraus, daß er selber im Recht ist, da er den Boden subjektiver Sicherheit genauso benötigt, wie eine Armee eine sichere Stellung braucht, aus der sie angreifen kann. Einen Fehler zuzugeben, wenn dies nicht absolut unerläßlich ist, erscheint ihm als ein unverzeihliches Zeichen von Schwäche, wenn nicht gar von schmählicher Dummheit.

Im Einklang mit seiner Überzeugung, gegen eine bösartige Welt kämpfen zu müssen, entwickelt er – auf seine Art – ein starkes Realitätsgefühl. Er würde niemals so »naiv« sein, Äußerungen von Ehrgeiz, Habsucht, Unwissenheit oder dergleichen bei andern zu übersehen, die seinen eigenen Zielen im Weg stehen könnten. Da in einer Welt des Wettbewerbs derartige Eigenschaften viel häufiger vorkommen als wahrer Anstand, fühlt er sich berechtigt, sich für einen ausgesprochenen Realisten zu halten. In Wirklichkeit ist er natürlich genauso einseitig wie der nachgiebige Typ. Eine andere Seite seines Realismus besteht in dem Wert, den er darauf legt, alles vorher zu planen und vorauszusehen. Wie jeder gute Stratege, erwägt er in jeder Situation seine eigenen Chancen, die Stärke seiner Gegner und die möglichen Fallen aufs sorgfältigste.

Weil es ihn dazu treibt, sich immer als der Stärkste, Schlaueste, Begehrenswerteste zu erweisen, versucht er die dazu nötige Tüchtigkeit und Umsicht zu entfalten. Die Mühe und Intelligenz, die er dabei betätigt, können ihn zu einem geschätzten Angestellten oder zu einem erfolgreichen selbständigen Geschäftsmann machen. Dennoch wird der Eindruck, daß ihn das Interesse an seiner Arbeit voll und ganz beanspruche, in gewisser Weise irreführend sein, weil die Arbeit für ihn lediglich ein Mittel zum Zweck ist. Er ist nicht mit Liebe bei seiner Arbeit und hat keine richtige Freude an ihr – eine Tatsache, die mit seinen Versuchen, Gefühle völlig aus seinem Leben auszuschließen, in Einklang steht. Diese Unterdrückung aller Gefühle hat ihre zwei Seiten. Einerseits ist sie, vom Standpunkt eines Erfolgs, tatsächlich förderlich, da sie den Menschen dazu befähigt, wie eine gut-geölte Maschine ohne Ermüdung das zu leisten, was seine Macht und sein Ansehen zunehmend vermehrt. Gefühle könnten ihn dabei stören. Sie könnten ihn dazu bestimmen, ein anderes Arbeitsgebiet mit weniger vorteilhaften Möglichkeiten zu übernehmen, sie könnten ihn veranlassen, vor den Methoden, die auf dem Weg zum Erfolg so oft benutzt werden, zurückzuweichen, sie könnten ihn von der Arbeit weglocken zu Natur- oder Kunstgenuß oder dazu verleiten, Geselligkeit mit Freunden zu pflegen, statt lediglich mit Menschen, die seinen Zwecken nütz-lich sind. Auf der andern Seite wird die emotionelle Sterilität, die das Resultat seiner abgedrosselten Gefühle ist, die Qualität seiner Arbeit beeinflussen; auf alle Fälle muß sie seine Schöpfer-kraft beeinträchtigen.

Der aggressive Typus wirkt wie ein ausgesprochen hemmungs-loser Mensch. Er kann seine Wünsche durchsetzen, Befehle ge-ben, Ärger ausdrücken und sich verteidigen. In Wirklichkeit hat er jedoch genauso viele Hemmungen wie der nachgiebige Typ. Es spricht nicht gerade für die Zivilisation, daß seine besonderen Hemmungen uns nicht sofort auffallen. Sie liegen auf dem Gebiet der Gefühle und beziehen sich auf seine Fähigkeit zu Freund-schaft, Liebe, Zuneigung, zu mitfühlendem Verständnis und un-eigennützigem Genießen. Letzteres wäre für ihn eine Zeitver-schwendung.

Er empfindet sich selber als stark, ehrlich und realistisch, was alles stimmt, wenn man die Dinge mit seinen Augen ansieht. Seinen Voraussetzungen entsprechend, ist seine Selbstbeurtei-lung durchaus logisch, da Unerbittlichkeit für ihn Kraft, Rück-sichtslosigkeit andern gegenüber Ehrlichkeit und unbeugsames Verfolgen der eigenen Ziele Realismus bedeuten. Seine Einstel-lung zur Ehrlichkeit ist zum Teil geprägt von dem Vergnügen, das es ihm bereitet, sich über allgemein übliche Heucheleien lu-stig zu machen. Begeisterung für eine Sache, menschenfreundli-che Gefühle und dergleichen sieht er als eine bloße Vorspiege-lung falscher Tatsachen an, und es fällt ihm nicht schwer,

Äußerungen eines sozialen Gewissens oder christlicher Tugend als das, was sie oft wirklich sind, zu enthüllen. Seine Wertsetzungen sind auf einer Philosophie des Dschungels aufgebaut. Macht verschafft Recht. Fort mit Menschenliebe und Mitleid. *Homo homini lupus.*

In der Tendenz des aggressiven Typs, ehrliches Mitgefühl und Freundlichkeit genauso abzulehnen wie deren Imitationen, Nachgiebigkeit und Versöhnlichkeitsbedürfnis, ist eine objektive Logik enthalten. Aber es wäre falsch zu denken, er könne keine Unterschiede machen. Wenn er einer über jeden Zweifel erhabenen freundlichen Gesinnung begegnet, die gleichzeitig auf Stärke beruht, ist er durchaus imstande, sie sofort zu erkennen und zu respektieren. Aber er glaubt, es sei gegen sein Interesse, zu genaue Unterschiede in dieser Hinsicht zu machen. Beide Haltungen erscheinen ihm als Belastungen im Lebenskampf.

Warum weist er die sanfteren menschlichen Gefühle mit solcher Heftigkeit von sich? Weshalb kann warmherziges Betragen anderer Menschen ihn derart anekeln? Warum reagiert er so verächtlich, wenn sich jemand teilnahmsvoll erweist zu einer Zeit, die ihm unangebracht erscheint? Er benimmt sich wie jener Mann, der Bettler von seiner Tür wegjagte, weil sie sein Herz brachen. Er ist sogar wirklich imstande, Bettler zu beschimpfen; er kann die einfachste Bitte mit einer völlig unangebrachten Heftigkeit abschlagen. Derartige Reaktionen sind typisch für ihn und können leicht beobachtet werden, wenn die aggressiven Tendenzen durch die Analyse weniger hartnäckig werden. In Wirklichkeit sind seine Gefühle für alles, was mit »Sanftmut« bei andern zu tun hat, zwiespältig. Zwar verachtet er sie deswegen, aber irgendwie paßt ihm diese Sanftmut auch, weil er sich dadurch frei fühlt, seinen eigenen Zielen nachzugehen. Aus welch anderem Grund sollte er sich sonst so oft von einem nachgiebigen Typ angezogen fühlen – genauso, wie jener sich zu ihm hingezogen fühlt? Der Grund dafür, daß seine Reaktionen so besonders stark sind, liegt darin, daß sie durch sein Bedürfnis, alle sanften Gefühle in sich selber zu bekämpfen, veranlaßt werden. Nietzsche benutzt ein gutes Bild für diese Kräfte, wenn er seinen Übermenschen jegliche Form von Sympathie als eine Art Spitzel, einen von innen her arbeitenden Feind ansehen ließ. »Sanftmut« bedeutet für einen solchen Menschen nicht nur echte Herzlichkeit, Mitleid und dergleichen, sondern alles, was in den

Bedürfnissen, Gefühlen und Maßstäben des nachgiebigen Typus enthalten ist. Im Fall des Bettlers, zum Beispiel, könnte er wirkliches Mitgefühl empfinden, ein Bedürfnis, auf die Forderung einzugehen, ein Gefühl der Hilfsbereitschaft. Aber das bei weitem stärkere Bedürfnis, diese Regungen von sich wegzuschieben, führt zu dem Ergebnis, daß er sich nicht nur weigert, etwas zu tun, sondern den Bettler auch noch beschimpft.

Die Hoffnung auf eine Verschmelzung seiner auseinanderstrebenden Triebe, die der nachgiebige Typ von der Liebe erwartet, wird von dem aggressiven Menschen in der Anerkennung gesucht. Anerkennung verspricht ihm nicht nur die Bestätigung seiner selbst, die er braucht, sondern sie enthält außerdem die verlockende Aussicht, von andern für liebenswert gehalten zu werden und sie daher auch seinerseits sympathisch finden zu können. Da also Anerkennung auf diese Weise die Lösung seiner Konflikte zu enthalten scheint, wird sie die rettende Fata Morgana, der er nachjagt.

Die innere Logik dieses Kampfes ist im Prinzip dieselbe wie die, die wir im Fall des nachgiebigen Typs beschrieben haben, und braucht daher hier nur kurz angedeutet zu werden. Sympathiegefühle oder die Verpflichtung zur »Güte« oder eine nachgiebige Haltung sind unvereinbar mit der Struktur des Lebens, die der aggressive Mensch sich errichtet hat, und würden deren Grundlagen erschüttern. Außerdem würde das Auftauchen solcher entgegengesetzter Tendenzen ihn seinem Grundkonflikt gegenüberstellen und damit die innere Struktur, die er so sorgfältig aufgebaut hat – die Struktur einer Einheit –, zerstören. Die Folge davon wird sein, daß die Unterdrückung der sanfteren Triebe die aggressiven verstärken und nur noch zwanghafter machen wird.

Wenn wir die beiden bisher besprochenen Typen jetzt klar erkannt haben, können wir sehen, daß sie zwei einander diametral gegenüberstehende Pole darstellen. Was dem einen begehrenswert erscheint, ist für den andern abstoßend. Der eine muß alle Menschen liebenswert finden, der andere alle als potentielle Feinde betrachten. Der eine versucht, mit allen Mitteln einem Kampf aus dem Wege zu gehen, der andere sieht darin sein natürliches Element. Der eine hält sich an seine Furcht und Hilflosigkeit, der andere versucht, sie loszuwerden. Der eine strebt, wenn auch in neurotischer Weise, nach humanen Idealen, der andere nach einer Philosophie des Dschungels. Aber keine dieser Haltungen ist frei gewählt: Jede ist zwanghaft und unbiegsam, von inneren Notwendigkeiten bestimmt. Es gibt keine Mitte, in der sie sich treffen könnten.

Wir sind nun soweit, den nächsten Schritt zu tun, zu dem uns die Darstellung dieser Typen geführt hat. Wir fingen damit an aufzudecken, was in dem Grundkonflikt enthalten ist, und haben bisher zwei seiner Aspekte als die vorherrschenden Tendenzen in zwei voneinander verschiedenen Typen sich auswirken sehen. Nun wollen wir einen Menschen betrachten, in dem diese beiden Haltungsgruppen und Wertanordnungen gleichermaßen stark wirksam sind. Ist es nicht klar, daß ein solcher Mensch unweigerlich in zwei so diametral entgegengesetzte Richtungen getrieben würde, daß er kaum noch imstande wäre, im Lebenskampf zu bestehen? Es ist sicher, daß er über jegliche Fähigkeit zu handeln hinaus gespalten und gelähmt sein würde. Er bemüht sich deshalb, eine der Haltungsweisen, die ihn in die eine oder andere beschriebene Kategorie stellt, auszuschalten; es ist dies einer der Wege, durch die er versucht, seine Konflikte zu lösen.

In einem solchen Fall von einer einseitigen Entwicklung zu sprechen, wie Jung das tut, erscheint mir durchaus unangemessen. Es ist bestenfalls eine formal richtige Feststellung. Da sie jedoch auf einer falschen Auffassung der Triebkräfte beruht, sind die Schlußfolgerungen falsch. Wenn Jung, von der Idee der Einseitigkeit ausgehend, fortfährt, daß man dem Patienten durch die Therapie helfen müsse, seine Gegenseite zu akzeptieren, fragen wir: Wie ist dies möglich? Der Patient kann sie nicht akzeptieren, er kann sie höchstens erkennen. Wenn Jung erwartet, daß dieser Schritt den Patienten zu einem einheitlichen Menschen mache, müßten wir ihm erwidern, daß der Schritt sicherlich nötig ist, um zu einem inneren Ausgleich zu kommen, daß er aber an sich nichts anderes bedeutet, als daß der Patient seinen Konflikten ins Auge sieht, was er bisher vermieden hat. Was Jung nicht richtig bewertet hat, ist die zwanghafte Natur neurotischer Triebe. Zwischen einer Hinwendung *zu* den Menschen und einer Einstellung *gegen* die Menschen besteht nicht nur einfach ein Unterschied wie der zwischen Schwäche und Stärke – oder, wie Jung sagen würde, zwischen Weiblichkeit und

Männlichkeit. In jedem von uns stecken die Möglichkeiten zu beidem: Nachgiebigkeit und Aggressivität. Und wenn ein Mensch, der nicht zwanghaft getrieben ist, sich ernsthaft genug bemüht, so kann er auch zu irgendeiner anderen Art des Ausgleichs kommen. Wenn jedoch beide Richtungen neurotisch sind, so sind sie beide unserem Wachstum gefährlich. Wenn zwei unerwünschte Dinge zusammenkommen, entsteht noch kein erwünschtes Ganzes, ebensowenig wie zwei unvereinbare Dinge zusammen eine harmonische Einheit ergeben.

FÜNFTES KAPITEL

Die Abwendung von den Menschen

Die dritte Seite des Grundkonflikts ist das Bedürfnis nach Distanzierung, nach der Abwendung von den Menschen. Ehe wir es bei dem Typus untersuchen, für den es der vorherrschende Zug geworden ist, müssen wir verstehen, was mit dem Ausdruck neurotische Distanzierung gemeint ist. Bestimmt handelt es sich dabei nicht lediglich um die Tatsache, daß man sich gelegentlich nach Einsamkeit sehnt. Jeder Mensch, der sich und das Leben ernst nimmt, hat manchmal das Bedürfnis, allein zu sein. In unserer Zivilisation werden wir von Reizen derart überschwemmt, daß wir wenig Verständnis mehr für dieses Bedürfnis haben, und doch ist seine Bedeutung für die Erfüllung unserer Persönlichkeit in den Philosophien und Religionen aller Zeiten immer wieder betont worden. Der Wunsch nach sinnvoller Einsamkeit ist keineswegs neurotisch; im Gegenteil, die meisten Neurotiker scheuen das Alleinsein, und die Unfähigkeit zu einer fruchtbaren Einsamkeit ist in sich selber das Anzeichen einer Neurose. Nur wenn der Kontakt mit andern Menschen eine unerträgliche Spannung erzeugt und die Einsamkeit lediglich dazu dient, ihn zu vermeiden, wird der Wunsch nach Alleinsein auf ein neurotisches Distanzierungsbedürfnis schließen lassen.

Bestimmte Eigenheiten eines besonders distanzierten Menschen sind derart charakteristisch, daß Psychiater dazu neigen, sie ausschließlich diesem Typus zuzuschreiben. Am auffälligsten ist eine allgemeine Menschenscheu. Sie fällt bei diesem Typ darum besonders auf, weil er sie so stark betont, aber in Wirklichkeit ist seine Entfremdung nicht größer als die anderer Neurotiker. Im Fall der beiden Typen, die wir besprochen haben, wäre es zum Beispiel unmöglich, ganz allgemein festzustellen, welcher von beiden der menschenscheuere ist. Wir können lediglich sagen, daß diese Eigenschaft in dem nachgiebigen Typ überdeckt ist, daß er überrascht und erschrocken ist, wenn er sie bemerkt, weil sein leidenschaftliches Bedürfnis nach Kontakten ihn dazu treibt, zu glauben, daß zwischen ihm und andern keine Kluft besteht. Schließlich ist eine gewisse Menschenscheu nur ein Hinweis darauf, daß menschliche Beziehungen eine Störung erlitten haben. Dies aber ist in jeder Neurose der Fall. Das Maß dieser Entfremdung hängt mehr von der Schwere der Störung ab als von der besonderen Form der Neurose.

Ein anderes Charakteristikum, das oft als ein typisches Zeichen von Distanzierung angesehen wird, ist die Entfremdung vom eigenen Ich, das heißt, eine Dumpfheit in bezug auf gefühlsmäßige Erlebnisse. Sie äußert sich als Unsicherheit über das, was man ist, liebt, haßt, wünscht, hofft, fürchtet, übel nimmt oder glaubt. Aber solch eine Entfremdung vom eigenen Ich ist wiederum allen Neurosen gemeinsam. Jeder Mensch ist, dem Grad seiner Neurose entsprechend, wie ein ferngelenktes Flugzeug und muß daher den Kontakt mit sich selbst verlieren. Distanzierte Menschen können den Zombies in haitischen Legenden gleichen, die zwar tot sind, aber durch Hexerei wieder belebt werden können; sie können arbeiten und funktionieren wie lebendige Menschen, aber es ist kein Leben in ihnen. Andere wieder können ein relativ reiches Gefühlsleben haben. Da derartige Verschiedenheiten existieren, läßt sich auch die Entfremdung vom eigenen Ich nicht ausschließlich auf den distanzierten Typ beschränken. Etwas ganz anderes aber ist allen distanzierten Menschen gemeinsam. Es ist ihre Fähigkeit, sich selbst mit einer Art objektiven Interesses zu betrachten, als ob sie sich ein Kunstwerk ansähen. Am besten läßt sich diese Haltung beschreiben, wenn man sagt, daß sie dieselbe »Zuschauer«-Haltung, die sie dem Leben im allgemeinen gegenüber haben, auch gegen sich selbst einnehmen. Sie können daher oft ausgezeichnete Beobachter dessen sein, was in ihrem eigenen Innern vor sich geht, und haben ein fast unheimliches Verständnis für Traumsymbole.

Was für sie unbedingt notwendig ist, ist ihr inneres Bedürfnis, gefühlsmäßige Distanz zwischen sich und anderen zu halten. Deutlicher ausgedrückt, sie sind bewußt und unbewußt fest dazu entschlossen, sich unter keinen Umständen gefühlsmäßig mit anderen einzulassen, sei es in Liebe oder Kampf, Zusammenarbeit oder Wettbewerb. Sie umgeben sich mit einer Art magischem Kreis, den keiner durchdringen kann. Dies ist der Grund, weshalb sie auf der Oberfläche mit den Menschen »auskommen« können. Der zwangsmäßige Charakter ihrer Bedürfnisse zeigt sich in ihren Angstreaktionen, wenn die Umwelt störend auf sie eindringt.

Alle Bedürfnisse und Eigenschaften, die sie sich zulegen, richten sich auf ihr Hauptbestreben, in Ruhe gelassen zu werden. Am auffallendsten ist das Bedürfnis nach Selbstgenügsamkeit, deren positivste Äußerung in einer gewissen Findigkeit besteht. Der aggressive Typ neigt auch dazu, findig zu sein – aber dahinter steht eine andere Gesinnung; für ihn bedeutet diese Eigenschaft ein notwendiges Mittel, um sich durch eine feindliche Welt hindurchzukämpfen und andere in diesem Kampf zu besiegen. Der distanzierte Typ dagegen erinnert an Robinson Crusoe: er muß findig sein, um leben zu können. Es ist das einzige Mittel, das seine Isolierung kompensieren kann.

Ein gefährlicher Weg, die Selbstgenügsamkeit aufrechtzuerhalten, besteht darin, bewußt oder unbewußt seine Bedürfnisse einzuschränken. Wir werden die verschiedenen derartigen Bestrebungen besser verstehen, wenn wir uns daran erinnern, daß das zugrundeliegende Prinzip darin besteht, sich niemals an einen Menschen oder eine Sache so zu hängen, daß sie unentbehrlich werden. Dies würde die Ungebundenheit aufs Spiel setzen. Es ist viel besser, wenn einem alles mehr oder weniger gleichgültig ist. Ein Beispiel: Ein distanzierter Mensch kann durchaus genußfähig sein, wenn aber der Genuß in irgendeiner Form von andern abhängt, verzichtet er lieber darauf. Er kann gelegentlich einen Abend mit ein paar Freunden durchaus genießen, aber er hat einen Widerwillen gegen Geselligkeit und soziale Verpflichtungen. Ebenso vermeidet er Wettbewerb, Prestige und Erfolg. Er ist geneigt, seine Essens-, Trink- und Lebensgewohnheiten einzuschränken, damit er es nicht nötig hat, zuviel Zeit und Energie auf den dafür nötigen Geldverdienst zu verwenden. Er kann eine Krankheit bitter übelnehmen und sie als eine Demütigung betrachten, weil sie ihn zu Abhängigkeit von andern zwingt. Er kann darauf bestehen, sich sein Wissen über irgendeinen Gegenstand an der Quelle zu verschaffen: statt die schriftlichen oder mündlichen Äußerungen anderer zu akzeptieren, will er sich nur persönlich durch den Augenschein belehren lassen. Diese Haltung könnte zu einer großartigen inneren Unabhängigkeit führen, wenn sie nicht viel zu weit getrieben würde, zum Beispiel bis zu der Weigerung, in einer fremden Stadt nach der Richtung zu fragen.

Sehr stark ist sein Bedürfnis, in Ruhe gelassen zu werden. Er benimmt sich wie ein Mensch in einem Hotelzimmer, der das Schild »Nicht stören« so gut wie nie von seiner Tür entfernt. Sogar Bücher können als Eindringlinge aus der Außenwelt empfunden werden. Jede Frage über sein persönliches Leben kann ihm einen Schock versetzen; er hüllt sich gern in eine Wolke von Verschwiegenheit. Ein Patient hat mir einmal erzählt, daß er noch mit 45 Jahren ein Ressentiment über die Allwissenheit Gottes empfand, das noch genauso stark war wie zu der Zeit, als seine Mutter ihm erzählte, Gott könne durch die geschlossenen Fensterläden hindurch sehen, daß er an seinen Fingernägeln herumkaut. Dies war ein Patient, der auch hinsichtlich der trivialsten Belanglosigkeiten seines Lebens außerordentlich zurückhaltend war. Ein distanzierter Mensch kann außerordentlich irritiert sein, wenn andre sein Vorhandensein als etwas Selbstverständliches betrachten – es gibt ihm das Gefühl, als trampelten sie auf ihm herum. In der Regel zieht er es vor, allein zu arbeiten, zu schlafen und zu essen. In scharfem Gegensatz zu dem nachgiebigen Typ ist es ihm unangenehm, eine Erfahrung mit andern zu teilen – der andere könnte stören. Wenn er mit andern zusammen Musik hört, spazieren geht oder spricht, kommt er zu dem eigentlichen Genuß erst später, in der Erinnerung.

Selbstgenügsamkeit und Abgeschlossenheit stehen beide im Dienste seines allerwichtigsten Bedürfnisses, nämlich dem nach absoluter Unabhängigkeit. Er selber sieht seine Unabhängigkeit als eine durchaus wertvolle Sache an. Und sie hat auch zweifellos einen bestimmten Wert. Welche andre Mängel er auch haben mag, der distanzierte Mensch ist sicherlich kein automatischer Jasager. Seine Weigerung, blind zuzustimmen, zusammen mit der Tatsache, daß er sich von jeglichem Wettbewerb völlig fernhält, verleihen ihm eine gewisse Integrität. Sein Irrtum besteht darin, daß er Unabhängigkeit als ein Ziel an sich betrachtet und die Tatsache ignoriert, daß ihr Wert letzten Endes in dem liegt, was er damit anfängt. Seine Unabhängigkeit sowie das ganze Phänomen seiner Distanziertheit hat eine negative Grundrichtung: ihr Ziel ist, *nicht* beeinflußt, gezwungen, gebunden oder verpflichtet zu werden.

Wie jeder andere neurotische Zug, so ist auch das Bedürfnis nach Unabhängigkeit zwanghaft und wahllos. Es offenbart sich in einer Überempfindlichkeit gegenüber allem, was auch nur entfernt einem Zwang oder einer Beeinflussung oder einer Verpflichtung und so weiter ähnelt. Der Grad der Empfindlichkeit ist ein guter Maßstab für die Intensität seiner Distanziertheit. Jeder einzelne empfindet dabei etwas anderes als Zwang. Sogar der physische Druck von Kragen, Krawatte, Mieder oder Schuhen kann als Zwang empfunden werden. Eine versperrte Aussicht kann das Gefühl erregen, eingeengt zu sein; der Aufenthalt in einem Tunnel oder einem Bergwerk kann Angst erzeugen. Empfindlichkeit in dieser Richtung ist nicht die einzige Erklärung für Platzangst, aber sie ist auf alle Fälle deren Hintergrund. Langfristige Verpflichtungen werden, wenn irgend möglich, vermieden; einen Kontrakt oder einen Mietsvertrag für länger als ein Jahr zu unterschreiben oder gar zu heiraten, fällt schwer. Eine Heirat ist natürlich für einen distanzierten Typ auf alle Fälle eine riskante Angelegenheit wegen der damit verbundenen menschlichen Nähe – wenn auch ein gewisses Schutzbedürfnis und der Glaube, daß der Partner völlig den persönlichen Eigenheiten entsprechen wird, das Risiko mildern kann. Ein Panikanfall vor dem Heiratsvollzug ist nichts Seltenes. Die Zeit in ihrer Unerbittlichkeit wird meistens als unerträglicher Zwang empfunden; die Gewohnheit, fünf Minuten zu spät zur Arbeit zu kommen, kann als ein Ausweg empfunden werden, der wenigstens die Illusion von Freiheit aufrechterhält. Ein Fahrplan stellt eine Drohung dar; distanzierte Patienten haben viel Vergnügen an der Geschichte eines Mannes, der lieber zur Bahn ging, wann es ihm gerade paßte, und dort auf den nächsten Zug wartete, als in einem Fahrplan nachzusehen und sich nach ihm zu richten. Die Erwartung anderer Menschen, daß er irgend etwas Bestimmtes tue oder sich in einer bestimmten Weise verhalte, macht diesen Typus nervös und widerspenstig, ganz gleich, ob solche Erwartungen tatsächlich ausgesprochen werden, oder ob er sie sich nur einbildet. Auch wenn er zum Beispiel gewöhnlich gern Geschenke macht, wird er Geburtstags- oder Weihnachtsgeschenke vergessen, weil man sie von ihm erwartet. Er lehnt es ab, sich anerkannten Verhaltungsmaßregeln oder traditionellen Wertsetzungen zu fügen. Er wird sich äußerlich anpassen, um Reibungen zu vermeiden, aber innerlich weigert er sich hartnäckig, konventionelle Regeln und Maßstäbe zu akzeptieren. Schließlich wird sogar ein bloßer Ratschlag als Versuch, ihn zu beherrschen, empfunden, und er widersetzt sich ihm auch dann, wenn er seinen eigenen Wünschen entspricht. Der Widerstand kann in einem solchen Fall mit der bewußten oder unbewußten

Absicht zusammenhängen, die Erwartungen anderer zu vereiteln.

Das Bedürfnis, sich überlegen zu fühlen, muß hier besonders betont werden, obwohl es allen Neurosen gemeinsam ist, weil es so unmittelbar mit dem Verlangen, sich zu isolieren, verbunden ist. Die Ausdrücke »Elfenbeinturm« und »*splendid isolation*« sind ein Beweis dafür, daß auch im Sprachgebrauch Einzelgängertum und Überlegenheitsgefühle fast ausnahmslos zusammengehören. Wahrscheinlich kann niemand ein isoliertes Leben aushalten, wenn er nicht entweder besonders stark und findig *ist*, oder aber sich als einzigartig bedeutend *empfindet*. Dies wird durch die klinische Erfahrung noch bestätigt. Wenn das Überlegenheitsgefühl des distanzierten Menschen vorübergehend erschüttert wird, sei es durch konkreten Mißerfolg oder die Anhäufung innerer Konflikte, kann er die Einsamkeit nicht aushalten und ist imstande, verzweifelt nach Liebe und Geborgenheit zu suchen. Derartige Schwankungen tauchen in seiner Lebensgeschichte oft auf. Als Schulkind oder mit Zwanzig mag er ein paar lauwarme Freundschaftsbeziehungen gehabt haben, lebte aber im großen ganzen ziemlich für sich und fühlte sich dabei verhältnismäßig wohl. In seinen Phantasien zimmerte er sich eine Zukunft zurecht, in der er hervorragende Leistungen vollbringen würde. Später jedoch erlitten diese Träume Schiffbruch. Obwohl er im Gymnasium unbestritten den ersten Platz behauptete, schreckte er auf der Universität vor ernsthafterem Wettbewerb zurück. Seine ersten Bemühungen um eine Liebesbeziehung mißlangen. Oder es wurde ihm klar, als er älter wurde, daß seine Träume sich nicht verwirklichten. Seine Isolierung wurde ihm dann unerträglich, und ein zwingendes Verlangen nach menschlicher Nähe, nach Geschlechtsbeziehungen oder Heirat verzehrte ihn. Er war bereit, sich jeder Demütigung zu unterziehen, wenn er nur dafür geliebt würde. Wenn ein solcher Mensch zur analytischen Behandlung kommt, so kann man seine Distanziertheit, obwohl sie noch ganz deutlich und klar vorhanden ist, nicht sogleich angreifen. Alles, was er zunächst möchte, ist, daß man ihm hilft, Liebe in irgendeiner Form zu finden. Erst, wenn er sich bedeutend stärker fühlt, wird er mit großer Erleichterung entdecken, daß er viel lieber still und zufrieden allein leben möchte. Man bekommt den Eindruck, er sei lediglich zu seiner früheren Distanziertheit zurückgekehrt. In Wirklichkeit aber handelt es sich darum, daß er jetzt zum erstenmal auf genügend festem Boden steht, um – auch vor sich selber – zugeben zu können, daß er sich ein isoliertes Dasein wünscht. Dies wäre der rechte Zeitpunkt, an seiner Distanziertheit zu arbeiten.

Das Überlegenheitsbedürfnis im Fall eines distanzierten Menschen hat gewisse besondere Merkmale. Da er einen Wettbewerb verabscheut, will er sich gar nicht durch beharrliche Bemühungen auf dem Boden der Wirklichkeit auszeichnen. Er hat vielmehr das Gefühl, daß die in ihm verborgenen Schätze ohne jegliche eigene Anstrengung erkannt werden sollten. Seine verborgene Größe sollte, ohne daß er einen Finger dafür zu rühren brauchte, gespürt werden. In seinen Träumen kann er zum Beispiel an einem entlegenen kleinen Ort verborgene Schätze sehen, die zu bewundern Kenner von weither kommen. Wie alle Überlegenheitsgefühle enthält auch dieses ein realistisches Element. Der verborgene Schatz symbolisiert sein intellektuelles und Gefühlsleben, das er innerhalb eines Zauberkreises bewacht.

Weiter drückt sein Überlegenheitsgefühl sich in dem Gefühl seiner Einzigartigkeit aus. Dies stammt daher, daß er sich als etwas Besonderes und als anders als die andern empfindet. Er kann sich mit einem Baum vergleichen, der allein auf einem Hügel steht, während die Bäume im Wald weiter unten durch ihre Umgebung am Wachstum gehindert sind. Wo der nachgiebige Typ seinen Nächsten mit der unausgesprochenen Frage ansieht: »Wird er mich mögen?« – und der aggressive Typ wissen möchte: »Wie stark er wohl als Gegner ist?« oder »Ob er mir wohl nützlich sein kann?« – wird die erste Sorge des distanzierten Menschen sein: »Wird er mich stören? Wird er versuchen wollen, mich zu beeinflussen, oder wird er mich in Ruhe lassen?« Die Szene, in der Peer Gynt den Knopfmacher trifft, ist eine vollkommene symbolische Darstellung des Entsetzens, das den distanzierten Typ packt, wenn er unter andere Menschen gestoßen wird. Seine eigene Kammer in der Hölle wäre ihm schon recht, aber zusammen mit anderen in einen Schmelztiegel geworfen zu werden, das ist ein furchtbarer Gedanke. Er vergleicht sich einem orientalischen Teppich, einmalig in seinem Muster und seiner Farbenkompensation und unverwüstlich. Er ist ungeheuer stolz darauf, daß es ihm gelungen ist, sich von den nivellierenden Einflüssen seiner Umgebung freizuhalten, und ist fest entschlossen, es auch weiterhin dabei zu belassen. Dadurch, daß er seine

Unveränderlichkeit bewahrt, erhebt er die allen Neurosen an-
haftende starre Unnachgiebigkeit zu der Würde eines geheiligten
Prinzips. Bereit, ja sogar begierig, seine eigene Lebensform zu
vervollkommnen, ihr größere Klarheit und Deutlichkeit zu verleihen, besteht er darauf, daß kein äußerer Einfluß an sie herankommt. In all ihrer Einfachheit und Unzulänglichkeit gilt die
Maxime Peer Gynts: »Sei dir selbst genug.«

Das Gefühlsleben des distanzierten Menschen folgt nicht so genau einem gegebenen Muster wie das der anderen Typen, die
wir beschrieben haben. Individuelle Verschiedenheiten sind in
seinem Fall größer, besonders weil im Gegensatz zu den beiden
anderen, deren hauptsächliche Triebe sich auf positive Ziele richten – wie Zuneigung, Kontakt und Liebe in dem einen, Überleben, Herrschen und Erfolg in dem andern –, seine eigenen Ziele
negativ sind: er möchte unbeteiligt bleiben, *niemanden* benöti-
gen, andern *nicht* gestatten, ihn zu stören oder zu beeinflussen.
Daher hängen die Gefühle des einzelnen von den besonderen
Wünschen ab, die er entwickelt oder denen er gestattet hat, innerhalb dieses negativen Systems am Leben zu bleiben, und es
kann sich bei dem ausgeprägten Absonderungsbedürfnis nur eine
beschränkte Anzahl von Neigungen entwickeln.
　Es besteht eine allgemeine Tendenz, alle Gefühle zu unterdrücken, ja ihre Existenz zu leugnen. Ich möchte hier eine Stelle
aus einem unveröffentlichten Roman der Dichterin Anna Maria
Armi zitieren, weil darin nicht nur diese Tendenz so treffend
ausgedrückt wird, sondern auch andere typische Haltungen eines
distanzierten Menschen. Der Held, in Erinnerung an seine Kindheit, sagt folgendes: »»Ich konnte mir eine starke physische Bindung (wie ich sie zu meinem Vater hatte) und eine starke geistige
Bindung (wie ich sie zu meinen Helden hatte) vorstellen, aber
Gefühle hatten nichts damit zu tun; Gefühle existierten einfach
nicht – die Menschen logen in dieser wie in so vielen anderen
Beziehungen.‹ B. war entsetzt. ›Aber wie erklärst du dann ein
Opfer?‹ sagte sie. Einen Augenblick war ich erstaunt über die
Wahrheit dieser Bemerkung; doch dann entschied ich mich dafür, daß Aufopferung einfach eine andere Lüge war, und wenn
es keine Lüge war, dann war es entweder ein physischer oder
ein geistiger Vorgang. Damals träumte ich davon, allein zu leben,
niemals zu heiraten, ein starker, friedliebender und schweigsa-

mer Mensch zu werden und niemals um Hilfe zu bitten. Ich wollte an mir arbeiten, um immer freier zu werden, meine Träume aufgeben, um klar sehen und leben zu können. Ich dachte, Moral habe keine Bedeutung; es sei gleichgültig, ob man gut oder böse sei, wenn man nur wahr sei. Die große Sünde bestand darin, sich nach Teilnahme zu sehnen oder Hilfe zu erwarten. Seelen erschienen mir wie Tempel, die bewacht werden müßten; innen gingen stets seltsame Zeremonien vor sich, von denen nur ihre Hüter, die Priester, etwas wußten.«

Die Ablehnung von Gefühlen bezieht sich hauptsächlich auf Empfindungen andern Menschen gegenüber und gilt sowohl für Liebe als auch für Haß. Das ist eine logische Folge des Bedürfnisses, sich gefühlsmäßig andern fern zu halten, weil große Liebe oder starker Haß, bewußt als solche empfunden, einen entweder zu nah an andre heranbringen oder einen Konflikt mit ihnen erzeugen würden. Daraus folgt nicht ohne weiteres, daß Gefühle auch außerhalb der menschlichen Beziehungen unterdrückt werden und ihren Ausdruck nicht im Umgang mit Büchern, Tieren, Natur, Kunst, Nahrung und so weiter finden können. Aber es besteht eine beträchtliche Gefahr in dieser Hinsicht. Für einen Menschen, der tiefer und leidenschaftlicher Gefühle fähig ist, wird es unmöglich sein, nur ein Teilgebiet seiner Empfindungen zu unterdrücken – und noch dazu das wichtigste –, ohne damit sämtliche Gefühle zu unterdrücken. Dies ist lediglich eine Vermutung, aber folgendes ist sicher wahr: Künstler, die dem distanzierten Typus angehören und in ihren schöpferischen Perioden bewiesen haben, daß sie nicht nur tiefer Empfindungen fähig sind, sondern sie auch ausdrücken können, sind oft, meist in ihrer Jugend, durch Zeiten gegangen, wo sie ihre Gefühle entweder völlig betäubten oder sie leidenschaftlich ableugneten – wie in der zitierten Romanstelle. Die schöpferischen Perioden scheinen dann einzusetzen, wenn sie – nach dem unglückseligen Versuch einer engen Beziehung – ihr Leben entweder absichtlich oder ganz spontan ihrem Distanzierungsbedürfnis angepaßt haben, das heißt, wenn sie sich bewußt oder unbewußt entschlossen haben, zwischen sich und andern Abstand zu halten oder sich in einer anderen Form mit einem isolierten Leben abzufinden. Die Tatsache, daß sie nun – aus sicherer Ferne – eine Fülle nicht unmittelbar an menschliche Beziehungen gebundener Gefühle freilassen und ausdrücken können, läßt die Erklärung zu, daß das frühere Ableugnen aller Gefühle notwendig war, um den Status der Distanzierung herzustellen.

Ein anderer Grund dafür, daß die Unterdrückung von Gefühlen über die Sphäre menschlicher Beziehungen hinausgehen kann, wurde bereits in unserer Betrachtung der Selbstgenügsamkeit angedeutet. Jeder Wunsch, jedes Interesse und jeder Genuß, der den distanzierten Menschen von andern abhängig machen kann, wird als innerer Verrat angesehen und kann deshalb zurückgestellt werden. Es macht den Eindruck, als müßte jede Situation vom Standpunkt eines möglichen Freiheitsverlustes aus geprüft werden, ehe sich Gefühle voll entfalten dürfen. Jede Gefahr einer Abhängigkeit wird zum Anlaß, sich gefühlsmäßig sofort zurückzuziehen. Aber wenn ihm eine Situation in dieser Hinsicht sicher scheint, kann er sie vollauf genießen. Thoreaus *Walden* ist ein gutes Beispiel für die Tiefe der emotionellen Erfahrungen, die unter solchen Umständen möglich sind. Die immer wache Furcht, sich von einem Vergnügen zu stark angezogen zu fühlen oder eine direkte Bedrohung seiner Freiheit darin zu erkennen, wird ihn manchmal an die Grenze des Asketentums bringen. Aber es ist ein Asketentum eigener Art – nicht auf Selbstverleugnung und Selbstquälerei gerichtet. Wir könnten es eher als Selbstbeherrschung ansehen, die – in Anbetracht der Voraussetzungen – nicht unweise ist.

Es ist für das seelische Gleichgewicht überaus wichtig, daß es Gebiete gibt, die für spontane Gefühlserlebnisse zugänglich bleiben. Zum Beispiel kann eine schöpferische Begabung zur Rettung werden. Wenn ihre Entfaltung gehemmt war und dann durch Analyse oder ein anderes Erlebnis befreit wurde, kann die wohltätige Wirkung auf den distanzierten Menschen so groß sein, daß sie wie eine Wunderkur wirkt. Aber Vorsicht ist bei der Bewertung derartiger Kuren am Platze. Erstens wäre es falsch, ihre Wirkung zu verallgemeinern: was für einen distanzierten Menschen die Rettung sein kann, muß nicht unbedingt auch für andere dasselbe bedeuten. Und für den distanzierten Typ ist es keine »Kur« im Sinne einer radikalen Änderung der neurotischen Grundlagen. Sie gestattet ihm lediglich eine befriedigendere und ungestörtere Lebensweise.

Je besser die Gefühle im Zaum gehalten werden, desto wahrscheinlicher wird auf Intelligenz besonderer Wert gelegt. Es wird dann erwartet, daß sich alles nur durch die Kraft der Vernunft lösen läßt, als ob das bloße Wissen um die eigenen Probleme schon genüge, sie zu lösen. Oder als ob Vernunft allein alle Drangsal der Welt heilen könnte!

Im Hinblick auf alles, was wir über die menschlichen Beziehungen eines distanzierten Menschen gesagt haben, wird es klar sein, daß jede nahe und stetige Beziehung sein Absonderungsbedürfnis aufs Spiel setzt und daher verhängnisvoll werden kann – wenn nicht der Partner ebenso distanziert ist und daher aus freien Stücken das Bedürfnis nach Absonderung respektiert oder aber aus andern Gründen willig und dazu bereit ist, sich einem derartigen Bedürfnis anzupassen. Eine Solveig, die in liebevoller Ergebenheit geduldig auf Peer Gynts Rückkehr wartet, erscheint als der ideale Partner. Solveig stellt keine Erwartungen an ihn. Erwartungen von ihrer Seite würden ihn ebenso erschrecken* wie ein Mangel an Beherrschung seiner eigenen Gefühle. Meist weiß er gar nicht, wie wenig er selbst gibt, und er meint, er habe den Partner mit allen seinen ungeformten und ungelebten, ihm selbst so wichtigen Gefühlen überschüttet. Vorausgesetzt, daß die innere Distanz genügend gesichert bleibt, ist er durchaus zu ausdauernder Treue fähig. Er kann auch imstande sein, intensive, kurzlebige Beziehungen zu haben, Beziehungen, in denen er auftaucht und wieder verschwindet. Sie sind sehr subtil, und jeder nur mögliche Anlaß kann seinen Rückzug beschleunigen.

Geschlechtsbeziehungen können ihm als Brücke zu andern unverhältnismäßig viel bedeuten. Wenn sie flüchtig sind und in sein Leben nicht störend eingreifen, wird er sie entsprechend genießen. Sie sollten allerdings innerhalb des für sie bestimmten Gebietes bleiben. Auf der andern Seite kann er seine Teilnahmslosigkeit so weitgehend kultiviert haben, daß sie keine Ausschweifungen gestattet. In einem solchen Fall können an die Stelle wirklicher ganz und gar eingebildete Beziehungen treten.

All die beschriebenen Absonderlichkeiten tauchen während des analytischen Prozesses auf. Natürlich empfindet der distanzierte Typ ein großes Ressentiment gegen die Analyse, weil sie ja tatsächlich das denkbar größte Eindringen in sein Privatleben bedeutet. Aber gleichzeitig ist er daran interessiert, sich selbst zu beobachten, und kann von den weiteren Ausblicken, die sich

* Siehe DANIEL SCHNEIDER, »*The Motion of the Neurotic Pattern, Its Distortion of creative Mastery an Sexual Power*«, Vorlesung vom 26. März 1943.

ihm auf die Vorgänge in seinem Innern eröffnen, fasziniert sein. Die künstlerische Qualität seiner Träume oder die Richtigkeit seiner unbeabsichtigten Assoziationen können ihn völlig fesseln. Seine Freude, eine Bestätigung für seine Vermutungen zu finden, ähnelt der eines Wissenschaftlers. Er erkennt die Aufmerksamkeit des Analytikers und seinen Hinweis auf dies oder jenes durchaus an, aber er verabscheut es, in eine Richtung gedrängt oder »gezwungen« zu werden, die er nicht vorausgesehen hat. Er wird während der Analyse oft die Gefahren der Suggestion erwähnen – obwohl gerade diese Gefahr in seinem Fall viel geringer ist als bei anderen Typen, weil er gegen »Einflüsse« völlig gewappnet ist. Weit davon entfernt, seine Position auf rationale Weise zu verteidigen, indem er die Suggestion des Analytikers einer Prüfung unterzieht, neigt er dazu, wie dies auch seine sonstige Gewohnheit ist, alles, was nicht mit seinen eigenen Ideen über sich und das Leben im allgemeinen übereinstimmt, blindlings, wenn auch auf indirekte und höfliche Weise, von sich abzuweisen. Besonders verhaßt ist ihm der Gedanke, daß der Analytiker von ihm irgendeine Änderung erwarten könnte. Natürlich möchte er seine Störungen loswerden; aber das darf keine Änderung in seiner Persönlichkeit nach sich ziehen. Er ist bewußt fast ebensosehr dazu bereit, sich selbst zu erkennen, wie er unbewußt entschlossen ist, zu bleiben, wie er ist. Seine Abwehr gegen jeden Einfluß ist nur eine der Erklärungen für seine Haltung und sicher nicht die wichtigste; wir werden später noch andere kennenlernen. Natürlich hält er zwischen sich und dem Analytiker eine große Distanz. Für lange Zeit wird er den Analytiker nur als eine Stimme wahrnehmen. In Träumen kann die analytische Situation als ein Ferngespräch zwischen zwei Berichterstattern auf zwei verschiedenen Kontinenten erscheinen. Auf den ersten Blick würde ein solcher Traum den weiten Abstand, den er von dem Analytiker und der analytischen Situation hat, andeuten – lediglich eine genaue Darstellung der Haltung, die im Bewußtsein existiert. Da aber Träume mehr ein Suchen nach einer Lösung als eine bloße Schilderung bestehender Gefühle sind, so ist die tiefere Bedeutung eines solchen Traumes der *Wunsch*, sich die Beziehung zum Analytiker und dem ganzen analytischen Prozeß fernzuhalten – sich auf keine Weise durch die Analyse berühren zu lassen.

Ein letztes Charakteristikum, das sowohl in der Analyse als

auch außerhalb beobachtet werden kann, ist der ungeheuere Nachdruck, mit dem die distanzierte Stellung im Fall eines Angriffs verteidigt wird. Dasselbe könnte man über jede neurotische Situation sagen. Aber der Kampf in diesem Fall scheint hartnäckiger zu sein, fast ein Kampf auf Leben und Tod, für den alle verfügbaren Hilfsmittel mobilisiert werden müssen. Der Kampf fängt in Wirklichkeit auf eine unmerkliche, unterwühlende Weise an, lange ehe die Distanziertheit angegriffen wird. Eine derartige Phase besteht darin, keinerlei Beziehung zu dem Analytiker zu akzeptieren. Wenn der Analytiker versucht, dem Patienten klar zu machen, daß eine gewisse Beziehung zwischen ihnen bestehe und daß der Patient darauf wahrscheinlich irgendwie reagiere, stößt er auf eine mehr oder weniger ausführliche, höfliche Ablehnung. Bestenfalls wird der Patient einige rationale Gedanken, die er sich über den Analytiker gemacht hat, äußern. Sollte eine spontane Reaktion auftauchen, so wird er sie nicht weiter verfolgen. Dazu kommt, daß häufig ein tiefeingewurzelter Widerstand dagegen besteht, Dinge, die in das Gebiet menschlicher Beziehungen gehören, analysieren zu lassen. Die Beziehungen des Patienten zu anderen werden oft so vage gelassen, daß es schwer für den Analytiker ist, sich ein klares Bild davon zu machen. Und diese Zurückhaltung ist begreiflich. Der Patient hat sich einen sicheren Abstand von andern bewahrt; darüber zu reden, könnte sich nur als störend und aufregend erweisen. Wiederholte Versuche, den Gegenstand zu verfolgen, können zu offenem Mißtrauen führen. Hat der Analytiker die Absicht, den Patienten zu einem Herdentier zu machen? (Diese Vorstellung stößt auf offene Verachtung.) Wenn es dem Analytiker zu einem späteren Zeitpunkt gelingt, ihm einige deutliche Nachteile seiner Absonderung nachzuweisen, wird der Patient angsterfüllt und gereizt. Er kann zu diesem Zeitpunkt daran denken, die ganze Sache aufzugeben. Seine Reaktionen außerhalb der Analyse sind womöglich noch heftiger. Diese gewöhnlich so ruhigen und nüchternen Menschen können vor Wut außer sich geraten und sogar tatsächlich beleidigend werden, wenn ihre Ungebundenheit und Unabhängigkeit bedroht wird. Der Gedanke, sich einer Bewegung oder Berufsgruppe anzuschließen, wo wirkliche Beteiligung und nicht nur das Zahlen von Beiträgen erwartet wird, kann eine tatsächliche Panik hervorrufen. Wenn sie dennoch in eine derartige Situation hineingeraten, können sie wie wild um sich schlagen, um loszukommen. Sie können geschickter im Erfinden von Fluchtmitteln sein als ein Mann, dessen Leben bedroht ist. Stünden sie vor der Wahl zwischen Liebe oder Unabhängigkeit, wie es ein Patient einst formuliert hat, so würden sie, ohne zu zögern, die Unabhängigkeit wählen. Das führt zu einem weiteren Punkt: Sie sind nicht nur bereit, ihre Distanziertheit mit allen verfügbaren Mitteln zu verteidigen, es ist ihnen auch kein Opfer dafür zu groß. Äußere Vorteile und innere Werte werden gleichermaßen aufgegeben – bewußt, indem jedes Verlangen, das seine Unabhängigkeit gefährden könnte, beiseite geschoben wird, oder unbewußt, durch automatische Verbote.

Was so leidenschaftlich verteidigt wird, muß einen überwältigenden subjektiven Wert haben. Nur wenn wir uns dessen bewußt bleiben, können wir hoffen, die Funktionen einer solchen Distanziertheit zu verstehen und schließlich therapeutisch helfen zu können. Wie wir sahen, hat jede der Grundhaltungen gegen andere einen positiven Wert: Durch seine Hinwendung zu den Menschen versucht der einzelne eine freundliche Beziehung zu seiner Welt herzustellen. Durch seine Einstellung gegen die Menschen verschafft er sich die Möglichkeit, um in der Welt des allgemeinen Wettbewerbs bestehen zu können. Durch seine Abkehr von den Menschen hofft er, sich eine gewisse Einheitlichkeit und heitere Gelassenheit erhalten zu können. Tatsächlich sind alle diese drei Haltungen nicht nur wünschenswert, sondern notwendig für unsere Entwicklung als menschliche Wesen. Nur, wenn sie in einem neurotischen Rahmen auftreten und wirken, werden sie zwanghaft, unnachgiebig, ohne Unterscheidungsvermögen und schließen sich gegenseitig aus. Dies vermindert ihren Wert zwar beträchtlich, vernichtet ihn aber nicht. Die Vorteile, die durch Distanzierung erlangt werden können, sind in der Tat beträchtlich. Es ist wichtig, zu wissen, daß in allen orientalischen Philosophien in der Abkehr von der Welt die Grundlage für eine große geistige Entwicklung gesucht wird. Selbstverständlich können wir derartige Bestrebungen nicht mit denen einer neurotischen Absonderung vergleichen. Dort ist die Abkehr freiwillig gewählt als bestes Mittel zur Selbstverwirklichung und wurde von Menschen vollzogen, die, wenn sie es gewollt hätten, ein anderes Leben hätten führen können; neurotische Absonderung dagegen ist keine Angelegenheit der freien Wahl, sondern eines

inneren Zwanges und die einzig mögliche Lebensweise. Trotzdem können daraus einige ähnliche wohltätige Wirkungen erwachsen, allerdings nur soweit der gesamte neurotische Prozeß
es zuläßt. Trotz der verheerenden Kraft einer Neurose kann sich
ein distanzierter Mensch eine gewisse Integrität bewahren. Dies
würde in einer Gesellschaft, in der menschliche Beziehungen
ganz allgemein freundlich und aufrichtig sind, kaum eine Rolle
spielen. Aber in einer Gesellschaft voller Heuchelei, Betrug,
Neid, Grausamkeit und Habgier leidet die Integrität eines nicht
allzu starken Menschen leicht; sich abseits zu halten, hilft dazu,
sie sich zu bewahren. Da außerdem eine Neurose gewöhnlich
den Betroffenen um seinen Seelenfrieden bringt, kann das Abge-
sondertsein, entsprechend seiner Opferbereitschaft, die Möglichkeit einer gewissen Abgeklärtheit schaffen. Außerdem gestattet ihm die Distanziertheit ein gewisses Maß origineller
Gedanken und Gefühle, vorausgesetzt, daß sein Gefühlsleben
innerhalb seines Zauberkreises noch nicht völlig abgestorben ist.
Und zu guter Letzt tragen alle diese Faktoren, zusammen mit
seiner Zuschauerhaltung der Welt gegenüber und der relativen
Abwesenheit von Ablenkungen, zu der Entwicklung und dem
Ausdruck seiner schöpferischen Fähigkeiten bei, soweit er solche
besitzt. Ich möchte damit allerdings nicht gesagt haben, daß neurotische Distanziertheit die Vorbedingungen schöpferischer
Leistung sei, sondern nur, daß unter dem Druck einer Neurose
Distanzierung die größte Möglichkeit zur Äußerung vorhande-
ner schöpferischer Begabung bietet.

So wesentlich auch alle diese Vorteile sein mögen, sie scheinen
dennoch nicht der Hauptgrund dafür zu sein, daß die Distanziertheit so leidenschaftlich verteidigt wird. In Wirklichkeit ist
die Verteidigung genauso leidenschaftlich, wenn aus irgendeinem Grund die Vorteile minimal sind oder durch gleichzeitige
andere Störungen stark überschattet werden. Diese Beobachtung
führt in tiefere Schichten. Wenn ein distanzierter Typ gezwun-
genermaßen in zu nahe Berührung mit anderen gebracht wird,
kann er daran leicht zerbrechen oder, um einen gebräuchlichen
Ausdruck zu benutzen, einen nervösen Zusammenbruch erleiden. Ich benutze diesen Ausdruck hier absichtlich, weil er ein
großes Gebiet von inneren Störungen in sich schließt – Funk-
tionsstörungen, Trunksucht, Selbstmordversuche, Depressionen, Arbeitsunfähigkeit und vorübergehende Geistesgestörtheit.

Der Patient selbst, und manchmal auch der Psychiater, neigt dazu, die Störung einem erregenden Erlebnis zuzuschreiben, das sich kurz vor dem »Zusammenbruch« ereignet hat. Die ungerechte Benachteiligung durch einen Vorgesetzten, die amourösen Nebenwege eines Gatten und dessen Ableugnen, das neurotische Verhalten einer Ehefrau, eine homosexuelle Episode, Unbeliebtheit in der Schule, die Notwendigkeit, Geld zu verdienen, wenn dies früher nicht nötig war, und andres mehr, werden verantwortlich gemacht. Selbstverständlich ist jedes einzelne dieser Probleme wichtig. Der Analytiker muß sie ernst nehmen und versuchen zu verstehen, was durch die besondere Schwierigkeit in dem Patienten so stark in Aufruhr gebracht wurde. Aber damit ist kaum genug getan, da die Frage offen bleibt, *warum* der Patient so besonders betroffen und *warum* sein ganzes seelisches Gleichgewicht durch eine Schwierigkeit erschüttert wurde, die im großen und ganzen nicht für schwerwiegender gehalten werden kann als gewöhnliche Enttäuschungen und Aufregungen. Mit andern Worten: auch wenn der Analytiker versteht, *wie* der Patient auf eine bestimmte Schwierigkeit reagiert hat, muß er darüber hinaus noch verstehen, warum solch ausgesprochenes Mißverhältnis zwischen Ursache und Wirkung besteht.

Bei der Beantwortung dieser Frage können wir auf die Tatsache hinweisen, daß die in der Distanziertheit enthaltenen neurotischen Züge, wie andere neurotische Züge auch, solange sie funktionieren, dem Betreffenden ein Gefühl von Sicherheit geben, und daß umgekehrt Angst einsetzt, sowie sie nicht mehr funktionieren. Solange ein distanzierter Mensch Abstand von andern halten kann, fühlt er sich verhältnismäßig sicher; wenn aus irgendeinem Grund der magische Kreis zerstört wird, ist seine Sicherheit in Gefahr. Diese Art der Betrachtung bringt uns dem Verständnis der Ursache näher, die den distanzierten Menschen in eine Panik treibt, sobald er den gefühlsmäßigen Abstand von andern nicht länger aufrechterhalten kann – und wir sollten hinzufügen, daß seine Panik so groß ist, weil er kein Geschick hat, mit dem Leben fertig zu werden. In einer solchen Situation kann er sich lediglich abseits halten und dem Leben, wie es ist, auszuweichen suchen. Hier ist es wieder die negative Eigenschaft der Distanziertheit, die dem Bild seine besondere Färbung gibt und es von andern neurotischen Zügen unterscheidet. Um es deutlicher zu sagen, der distanzierte Mensch kann in einer schwierigen Situation weder beschwichtigen noch kämpfen, weder Bedingungen stellen noch sich anpassen, weder lieben noch unbarmherzig sein. Er ist hilflos wie ein Tier, das nur einen Weg hat, mit einer Gefahr fertig zu werden – nämlich zu flüchten und sich zu verbergen. Hier sind einige treffende Bilder und Analogien, die in Assoziationen und Träumen auftauchen: Er ist wie die Zwerge auf Ceylon, unbesiegbar, solange sie in den Wäldern verborgen bleiben, aber äußerst verwundbar, sobald sie auftauchen. Er ist wie eine mittelalterliche Stadt, nur von einer Mauer geschützt – sobald diese Mauer genommen wird, ist die Stadt hilflos gegen den Feind. Eine solche Einstellung rechtfertigt durchaus die Angst vor dem Leben im allgemeinen. Dieses Verständnis hilft uns, seine abseitige Stellung als eine allgemeine Schutzmaßnahme zu verstehen, an der er aufs zäheste festhalten und die er unter allen Umständen verteidigen muß. Alle neurotischen Züge sind letzten Endes Schutzmaßnahmen, doch sie stellen auch einen Versuch dar, mit dem Leben auf positive Weise fertig zu werden. Sobald Distanzierung der vorherrschende Zug ist, wird der Betreffende der Realität des Lebens gegenüber so wehrlos, daß im Verlauf der Zeit der defensive Charakter die Oberhand gewinnt.

Doch die verzweifelte Zähigkeit, mit der die Distanziertheit verteidigt wird, hat noch eine andere Erklärung. Die Drohung, die für den abgesonderten Menschen darin besteht, daß »die Mauer durchbrochen« werden könnte, bedeutet oft noch mehr als nur vorübergehende Panik. Das Ergebnis kann auch sein, daß die ganze Persönlichkeit in zeitweiliger Geistesgestörtheit zersetzt wird. Wenn die Distanzierung in der Analyse anfängt, schwächer zu werden, so wird der Patient nicht nur ganz allgemein ängstlicher, sondern äußert auch direkt oder indirekt ganz bestimmte Befürchtungen. Er kann zum Beispiel befürchten, in der formlosen Masse menschlicher Wesen untertauchen zu müssen, eine Furcht, die sich hauptsächlich darauf richtet, seine Einmaligkeit zu verlieren. Da ist ferner die Furcht, dem Zwang und der Ausbeutung aggressiver Menschen hilflos ausgesetzt zu sein – ein Ergebnis seiner völligen Wehrlosigkeit. Doch besteht auch immer noch eine dritte Furcht, nämlich die, geisteskrank zu werden, die so stark werden kann, daß der Patient eine ausdrückliche Beruhigung über eine solche Möglichkeit braucht. Geistesgestört zu werden, bedeutet in diesem Zusammenhang nicht, Tobsuchtsanfälle zu bekommen, noch ist es eine Reaktion auf das Auftauchen des Wunsches, nicht mehr verantwortlich gemacht werden zu können. Es ist vielmehr ein klarer Ausdruck der ganz bestimmten Furcht, völlig aufgerissen zu werden, wie sie oft in Träumen und Assoziationen zum Vorschein kommt. Es würde bedeuten, daß er sich durch die Aufgabe seiner Distanzierung seinen eigenen Konflikten gegenübergestellt sehen würde; daß er dies nicht überstehen könnte, sondern wie ein vom Blitz getroffener Baum auseinandergespalten würde, um ein von einem Patienten gewähltes Bild zu benutzen. Diese Annahme wird von anderen Beobachtungen bestätigt. Besonders stark distanzierte Menschen haben eine fast unüberwindliche Abneigung gegen die Möglichkeit innerer Konflikte. Später kann es vorkommen, daß sie dem Analytiker erzählen, daß sie keine Ahnung hatten, wovon er redete, wenn er von Konflikten sprach. Sooft es dem Analytiker gelingt, ihnen einen in ihrem Innern vor sich gehenden Konflikt nachzuweisen, werden sie unmerklich und mit einer erstaunlichen unbewußten Geschicklichkeit ein anderes Thema ansteuern. Wenn sie unvermeidlicherweise, noch ehe sie soweit sind, es zuzugeben, in plötzlicher Erleuchtung einen Konflikt erkennen, werden sie von einer akuten Panik betroffen. Wenn sie später auf einer solideren Grundlage an ihre Konflikte herankommen, so wird sich danach stets ein verstärktes Absonderungsbedürfnis bemerkbar machen.

So kommen wir zu einem Schluß, der auf den ersten Blick verwirrend gewesen wäre. Distanziertheit ist ein innerer Teil des Grundkonfliktes, aber sie ist gleichzeitig auch ein Schutz gegen ihn. Das Rätsel löst sich jedoch von selbst, wenn wir noch etwas deutlicher werden. Sie ist ein Schutz gegen die beiden aktiveren Bestandteile des Grundkonflikts. Wir müssen hier die Feststellung wiederholen, daß das Vorherrschen *einer* Grundhaltung die ihr entgegengesetzten anderen nicht hindert, zu existieren und zu funktionieren. Wir können dieses Kräftespiel in dem distanzierten Typ noch deutlicher sehen als in den beiden andern bereits geschilderten Gruppen. Zunächst einmal zeigen sich die einander entgegengesetzten Bestrebungen oft in der Lebensgeschichte. Ehe er seine Distanziertheit bewußt akzeptierte, kann ein solcher Typ oft sowohl durch Episoden von Nachgiebigkeit und Abhängigkeit gegangen sein als auch durch Perioden von Aggressivität und rücksichtsloser Aufsässigkeit. Im Gegensatz zu den deutlich bestimmten Wertkategorien der beiden andern Typen sind seine eigenen Wertsetzungen außerordentlich uneinheitlich. Zu seiner ständigen hohen Bewertung dessen, was für ihn Freiheit und Unabhängigkeit bedeuten, kommt noch hinzu, daß er während seiner Analyse einmal Bewunderung für menschliche Güte, Sympathie, Großzügigkeit, selbstverleugnende Opfer äußert, und ein andermal völlig für die Dschungelphilosophie brutalen Eigennutzes eintritt. Derartige Widersprüche können ihm gelegentlich verwunderlich vorkommen, aber sofort setzt die Rationalisierung ein, und er wird versuchen, ihren entgegengesetzten Charakter abzuleugnen. Wenn der Analytiker kein klares Bild des ganzen Aufbaus hat, kann er leicht verwirrt werden. Er kann erst den einen, dann einen andern Weg probieren, ohne voranzukommen, weil sich der Patient immer wieder in seine Distanziertheit zurückzieht und damit jeden Zugang unmöglich macht, wie wenn einer die wasserdichten Schotten eines Schiffes verschließt.

Dem besonderen »Widerstand« eines distanzierten Menschen liegt eine vollkommen einfache Logik zugrunde. Er möchte keinerlei Beziehung zu dem Analytiker haben noch ihn überhaupt als ein menschliches Wesen ansehen müssen; er möchte überhaupt seine menschlichen Beziehungen nicht analysieren. Er möchte seine Konflikte nicht sehen. Und wenn wir seine Voraussetzungen verstehen, können wir erkennen, daß es ihn noch nicht einmal interessieren kann, einen dieser Faktoren zu analysieren. Seine Voraussetzung ist die bewußte Überzeugung, daß ihn seine Beziehung zu andern nicht zu kümmern braucht, solange er einen sicheren Abstand von ihnen hält; daß eine Störung in diesen Beziehungen ihn nicht aufzuregen braucht, wenn er sich nur von andern Menschen fern hält; daß sogar die Konflikte, von denen der Analytiker spricht, in Ruhe gelassen werden könnten und sollten, weil sie ihn nur stören könnten, und daß es gar nicht nötig ist, die Dinge ins rechte Licht zu setzen, weil er seine Absonderung doch nicht aufgeben würde. Wie gesagt, diese unbewußte Beweisführung ist bis zu einem gewissen Punkt logisch. Was er übersieht und solange wie möglich nicht erkennen will, ist aber, daß er unmöglich in einem Vakuum wachsen und sich entwickeln kann.

Die wichtigste Funktion neurotischer Distanzierung also besteht darin, größere Konflikte um ihre Wirkung zu bringen. Sie ist das radikalste und wirkungsvollste Bollwerk, das gegen sie errichtet werden kann. Als einer von vielen neurotischen Wegen zur Herstellung künstlicher Harmonie ist diese Haltung der Versuch einer Lösung durch Ausweichen. Aber es ist keine wahre Lösung, weil das zwanghaft heftige Verlangen nach Kontakten sowohl als nach aggressiver Herrschsucht, Ausnützung und Auszeichnung bestehen bleibt und nicht nachläßt, den Betroffenen zu quälen, wenn nicht gar zu lähmen. Solange die einander entgegengesetzten Wertkategorien aufrechterhalten bleiben, können wahrer innerer Friede oder Freiheit nicht erreicht werden.

Sechstes Kapitel

Das idealisierte Ebenbild

Unsere Betrachtung der Grundhaltungen des Neurotikers anderen gegenüber machte uns mit zwei der wesentlicheren Versuche vertraut, seine Konflikte zu lösen, oder besser gesagt, sie los zu werden. Einer dieser Wege besteht darin, bestimmte Aspekte der Persönlichkeit zu unterdrücken und die entgegengerichteten voll zu entwickeln; ein anderer zielt auf Errichtung einer derartigen Distanz zwischen sich und den anderen Menschen, daß die Konflikte keine Gelegenheit haben, sich auszuwirken. Beide Prozesse rufen ein Gefühl der Einheitlichkeit hervor, das dem Individuum gestattet, sein Leben zu führen, wenn auch unter beträchtlichen Opfern.*

Ein weiterer Versuch, den wir hier beschreiben wollen, ist die Schaffung eines Bildes dessen, was der Neurotiker zu sein glaubt, oder dessen, was er gerade sein könnte oder sein sollte. Bewußt oder unbewußt bleibt dieses Bild immer beträchtlich von der Wirklichkeit entfernt, obwohl der Einfluß, den es auf das Leben des Betreffenden ausübt, real genug ist. Darüber hinaus ist es immer schmeichelhaft, wie es ein Bild in der Zeitschrift »Der New Yorker« einst so treffend illustrierte, das eine Frau in mittleren Jahren zeigte, die sich selbst im Spiegel als schlankes junges Mädchen sieht. Die einzelnen Züge des Bildes sind durch den Charakter der betreffenden Persönlichkeit bestimmt: man kann sich entweder für hervorragend schön halten oder für einflußreich, intelligent, genial, für einen Heiligen, für aufrichtig und dergleichen mehr. In genau dem gleichen Maß, in dem ein Ebenbild unwirklich ist, veranlaßt es den Betreffenden zu Anmaßungen im wahrsten Sinn des Wortes; denn obwohl das Wort Anmaßung oft als Synonym für Hochmut gebraucht wird, bedeutet es, sich selber Eigenschaften zuzumessen, die man nicht oder höchstens im Ansatz besitzt. Je weiter von der Wirklichkeit entfernt das Ebenbild ist, desto verletzlicher und desto gieriger

---

* HERMAN NUNBERG beschäftigte sich mit diesem Problem des Strebens nach Einheitlichkeit in seiner Schrift »*Die synthetische Funktion des Ich*«, Internationale Zeitschrift für Psychoanalyse 1930.

nach äußerlicher Bestätigung und Anerkennung macht es seinen Erzeuger. Wir brauchen keine Bestätigung für Eigenschaften, deren wir sicher sind, aber wir sind außerordentlich empfindlich, wenn falsche Ansprüche in Frage gestellt werden.

Am deutlichsten können wir dieses idealisierte Ebenbild in den eindrucksvollen Vorstellungen von Psychopathen beobachten; aber im Prinzip sind die typischen Merkmale bei den Neurotikern die gleichen. Ihr Idealbild ist vielleicht etwas weniger phantastisch, doch erscheint es ihnen ebenso real. Wenn wir den Grad der Entfernung von der Wirklichkeit als Maßstab für den Unterschied zwischen einer Psychose und einer Neurose betrachten, könnten wir das idealisierte Ebenbild als ein Stückchen Psychose in dem Gewebe einer Neurose ansehen.

In allen seinen wesentlichen Merkmalen ist das idealisierte Ebenbild ein unbewußtes Phänomen. Wenn auch die Selbsttäuschung sogar dem ungeübten Beobachter sofort auffällt, ist sich der Neurotiker keineswegs darüber klar, daß er sich selbst idealisiert, noch weiß er, welch eine bizarre Anhäufung von Charakterzügen in diesem Bild zusammenkommt. Er kann ein unklares Gefühl dafür haben, daß er zu hohe Ansprüche an sich stellt, aber er verwechselt derartige Ansprüche an Vollkommenheit mit echten Idealen und bezweifelt ihre Gültigkeit nicht im geringsten, ja, er ist sogar sehr stolz darauf.

Der Einfluß dieser Schöpfung der Phantasie auf die Haltung gegen sich selbst ist bei jedem verschieden und hängt in der Hauptsache von der Art und Richtung seiner Interessen ab.

Wenn das Interesse des Neurotikers darin besteht, sich selbst davon zu überzeugen, daß er sein idealisiertes Ebenbild *ist*, entwickelt er den Glauben, daß er tatsächlich der allen überlegene Geist und das auserlesene Menschenwesen *ist* und daß sogar seine Fehler großartig sind.* Wenn der Brennpunkt des Interesses auf das wirkliche Selbst gerichtet ist, das, mit dem idealisierten Ebenbild verglichen, äußerst kümmerlich wirkt, dann steht eine herabsetzende Selbstkritik im Vordergrund des Bildes. Da das durch eine solche Abwertung entstandene Bild des eigenen Selbst ebenso weit von der Wirklichkeit entfernt ist wie das idealisierte Ebenbild, könnte es passenderweise das verachtete Ebenbild genannt werden. Wenn, als letzte Möglichkeit, der Brenn-

---

* Siehe ANNE PARISH, »*All Kneeling*«, The Second Woollcott Reader, 1939.

punkt des Interesses sich auf die Verschiedenheit zwischen dem Idealbild und dem tatsächlichen Selbst konzentriert, dann besteht alles, dessen er sich bewußt wird und das wir beobachten können, in seinen unermüdlichen Versuchen, die Kluft zu überbrücken und sich zu größerer Vollkommenheit aufzuschwingen. In diesem Fall wiederholt er das Wort »sollte« mit erstaunlicher Häufigkeit. Er erzählt immer wieder, was er gefühlt, gedacht, getan haben *sollte*. Im Grunde ist er von seiner inneren Vollkommenheit ebenso überzeugt wie ein naiv »narzißtischer« Mensch und offenbart diese Haltung in seinem Glauben, daß er tatsächlich vollkommen sein könnte, wenn er sich nur ein bißchen strenger anfassen, sich besser zusammennehmen, besser aufpassen und sich umsichtiger verhalten würde.

Das idealisierte Ebenbild hat im Gegensatz zu echten Idealen eine statische Eigenschaft. Es ist kein Ziel, nach dessen Erfüllung gestrebt, sondern eine fixe Idee, die angebetet wird. Ideale haben eine dynamische Eigenschaft: der Mensch entwickelt den notwendigen Antrieb, um ihnen näherzukommen; sie sind eine unentbehrliche und unschätzbare Quelle des Wachstums und der Entwicklung. Das idealisierte Ebenbild ist ein ausgesprochenes Hindernis des Wachstums, weil es Unzulänglichkeiten entweder ableugnet oder einfach verachtet. Echte Ideale machen einen Menschen demütig, das idealisierte Ebenbild macht anmaßend. Dieses Phänomen – wie auch immer man es benannte – ist schon seit langem erkannt worden. Die philosophischen Schriften aller Zeiten beziehen sich darauf. Freud führte es in die Neurosentheorie ein, indem er ihm verschiedene Namen gab: Ich-Ideal, Narzißmus, Über-Ich. Es ist die zentrale Idee der Adlerschen Psychologie und wird dort als ein Streben nach Überlegenheit bezeichnet. Es würde zu weit führen, die Unterschiede und Ähnlichkeiten zwischen diesen und meinen eigenen Auffassungen in allen Einzelheiten darzulegen.* Kurz gesagt, beschäftigen sich alle diese Theorien immer nur mit dem einen oder dem andern Aspekt des idealisierten Ebenbildes und lassen das Phänomen an sich außer acht. Daher wurden seine volle Bedeutung und seine Funktionen trotz aufschlußreicher Kommentare und

---

* Siehe eine kritische Betrachtung der Freudschen Auffassung von Narzißmus, Über-Ich und Schuld-Gefühlen in KAREN HORNEY: »*Neue Wege in der Psychoanalyse*«, 1938; und ERICH FROMM: »*Selfishness and Self-Love*«, Psychiatry, 1939.

Argumente nicht erkannt, nicht nur bei Freud und Adler, sondern auch bei vielen anderen Schriftstellern. Welches aber sind diese Funktionen? Ganz offensichtlich entsprechen sie lebenswichtigen Bedürfnissen. Wie auch immer die verschiedenen Schriftsteller sie theoretisch begründen, sie stimmen alle in einem Punkt überein, daß es sich hier um ein neurotisches Bollwerk handelt, das schwer zu erschüttern oder auch nur zu schwächen ist. Zum Beispiel sah Freud in einer tief verankerten »narzißtischen« Haltung eines der schwerwiegendsten Hindernisse für eine Heilung.

Um mit der vielleicht elementarsten Wirkung zu beginnen, so ist das idealisierte Ebenbild ein Ersatz für nüchternes Selbstvertrauen und berechtigten Stolz. Ein Mensch, der allmählich neurotisch wird, hat wenig Gelegenheit, ein echtes Selbstvertrauen zu entwickeln, weil er niederdrückenden Erfahrungen unterworfen war. Das bißchen Selbstvertrauen, das ihm geblieben ist, wird im Verlauf seiner neurotischen Entwicklung noch mehr geschwächt, weil die für sein Selbstvertrauen nötigen Vorbedingungen in Gefahr sind, vernichtet zu werden. Es ist schwer, diese Bedingungen kurz zu formulieren. Das bei weitem Wichtigste ist die innere Lebendigkeit und das Vorhandensein gefühlsmäßiger Energien, die Entwicklung echter eigener Ziele, die Fähigkeit, sich aktiv an seinem eigenen Leben zu beteiligen. Wie auch immer eine Neurose sich entwickelt, es sind immer gerade diese Dinge, die notwendigerweise zu Schaden kommen. Neurotische Tendenzen gefährden die Selbstbestimmung, weil ein Mensch durch sie getrieben wird, statt daß er selber als treibende Kraft wirkt. Außerdem ist die Fähigkeit des Neurotikers, seinen eigenen Weg zu bestimmen, durch seine Abhängigkeit von Menschen dauernd geschwächt, in welcher Form sie sich auch äußern mag – als blinde Rebellion, blinder Drang nach Auszeichnung oder ein blindes Bedürfnis, sich von andern fernzuhalten; alles dies sind Formen von Abhängigkeit. Indem er ferner wichtige Teile seiner gefühlsmäßigen Energien an ihrer Wirkung hindert, legt er sie völlig lahm. Alle diese Faktoren machen es ihm beinahe unmöglich, seine eigenen Ziele zu entwickeln. Zu guter Letzt reibt ihn noch der Grundkonflikt innerhalb seiner eigenen vier Wände auf. Da er auf diese Weise einer wesentlichen Grundlage beraubt wird, kann der Neurotiker gar nicht anders, als die Gefühle seiner Wichtigkeit und Macht zu übertreiben. Aus diesem Grunde ist der Glaube an seine Allmacht ein nie fehlender Bestandteil des idealisierten Ebenbildes.

Eine weitere Funktion ist eng mit der ersten verbunden. Der Neurotiker empfindet seine Schwäche nicht in einem Vakuum, sondern in einer Welt voller Feinde, die nur darauf warten, ihn zu betrügen oder zu demütigen, zu versklaven oder zu besiegen. Er muß sich dauernd mit andern messen und vergleichen, nicht aus Eitelkeit oder Laune, sondern aus bitterer Notwendigkeit. Und da er sich im Grunde schwach und verächtlich findet – wie wir später sehen werden –, so muß er nach etwas suchen, das ihn dazu bringt, sich besser zu fühlen und für wertvoller zu halten als die andern. Ob dies nun dazu führt, daß er sich für makelloser oder rücksichtsloser, für liebevoller oder zynischer hält, auf alle Fälle muß er sich vor sich selber in irgendeiner Form überlegen fühlen – ganz gleich, in welcher Richtung er sich auszeichnet. Meist enthält ein solches Bedürfnis Elemente des Wunsches, über andere zu triumphieren; denn, welche Form seine Neurose auch angenommen hat, sie verursacht stets Verletzlichkeit und die Bereitschaft, sich verachtet und gedemütigt zu fühlen. Das Bedürfnis nach rachsüchtigem Triumph als Gegengift gegen das Gefühl der Demütigung kann zu Aktivität führen oder auch nur im Innern des Neurotikers bestehen; es kann bewußt oder unbewußt vorhanden sein, aber es ist immer eine der Triebkräfte des neurotischen Überlegenheitsbedürfnisses und gibt diesem seine besondere Färbung.* Der Geist des Wettbewerbs in unserer Zivilisation begünstigt nicht nur das Entstehen von Neurosen im allgemeinen durch die von ihm veranlaßte Störung menschlicher Beziehungen, sondern er schürt noch ganz besonders das Verlangen nach Auszeichnung.

Wir haben gesehen, wie das idealisierte Ebenbild ein Ersatz für wahres Selbstvertrauen und Stolz ist. Es dient aber noch auf eine andere Weise als Surrogat. Da die Ideale des Neurotikers einander widersprechen, können sie unmöglich eine bindende Macht haben; sie bleiben nebelhaft und unklar und können ihm keinen Halt geben. Wenn daher nicht wenigstens seine Bemühungen, sich in ein von ihm selbst erschaffenes Idol zu verwandeln, seinem Leben einen gewissen Sinn geben würden, so würde er sich völlig zwecklos vorkommen. Dies wird im Verlauf der

---

* Siehe Kapitel 12: Sadistische Tendenzen.

Analyse ganz besonders klar, wenn er sich durch die Unterminierung seines idealisierten Ebenbildes für eine Weile völlig verloren vorkommt. Und erst dann erkennt er seine Begriffsverwirrung in bezug auf Ideale, und diese Tatsache beginnt, ihm unerwünscht zu werden. Vorher war dieses ganze Gebiet jenseits seines Verständnisses und Interesses, auch wenn er noch so viel darüber geredet hatte; jetzt bemerkt er zum erstenmal, daß Ideale eine Bedeutung haben, und möchte entdecken, was denn nun eigentlich seine eigenen Ideale sind. Diese Erfahrung scheint mir zu beweisen, daß das idealisierte Ebenbild ein Ersatz für echte Ideale bedeutet. Das Verständnis für diese Funktion ist für die Therapie sehr wichtig. Der Analytiker kann den Patienten schon zu einem früheren Zeitpunkt auf die Widersprüche in seinen Wertsetzungen hinweisen. Er kann jedoch kein fruchtbares Interesse an dem Gegenstand erwarten und daher auch nicht daran arbeiten, ehe nicht das idealisierte Ebenbild entbehrlich geworden ist.

Eine ganz bestimmte Funktion des Ebenbildes kann in viel stärkerem Maß als jede andere für seine Starrheit verantwortlich gemacht werden. Wenn wir uns in unserm Privatspiegel als Muster von Tugend und Intelligenz sehen, so werden sogar unsere alleraufallendsten Fehler und Nachteile verschwinden oder aber eine vorteilhafte Färbung annehmen – genau, wie in einem guten Bild eine schäbige, abbröckelnde Wand nicht mehr schäbig wirkt und abbröckelt, sondern eine wunderschöne Einheit aus braunen, grauen und rötlichen Farbtönen bildet.

Wir können zu einem tieferen Verständnis dieser Verteidigungsfunktion kommen, wenn wir die einfache Frage stellen: Was sieht ein Mensch als seine Fehler und Nachteile an? Zunächst scheint diese Frage zu nichts zu führen, weil einem sofort unendlich viele Möglichkeiten einfallen. Dennoch gibt es eine ziemlich konkrete Antwort darauf. Was ein Mensch als Fehler oder Nachteil ansieht, hängt von den Eigenschaften ab, die er in sich selbst bejaht oder ablehnt. Dies jedoch wieder wird – unter gleichen kulturellen Bedingungen – davon bestimmt, welche Seite des Grundkonfliktes die vorherrschende ist. Der nachgiebige Typ zum Beispiel hält seine Befürchtungen und seine Hilflosigkeit nicht für einen Makel, wohingegen der aggressive Typ jedes derartige Gefühl als beschämend ansehen würde, als etwas, das er vor sich selbst und andern verbergen müßte. Der nachgiebige Typ hält feindselige Aggressivität für eine Sünde; der aggressive Typ betrachtet seine sanfteren Gefühle als Zeichen verächtlicher Schwäche. Dazu kommt, daß jeder Typ sich dazu gezwungen fühlt zu leugnen, daß in Wirklichkeit alles nur eine bloße Fiktion der Seite seiner Persönlichkeit ist, die er selber bevorzugt. So muß zum Beispiel der nachgiebige Typ die Tatsache ableugnen, daß er kein wahrhaft liebevoller und großzügiger Mensch ist; der distanzierte Typ will nicht erkennen, daß sein Unbeteiligtsein nicht aus seiner eigenen freien Wahl stammt, sondern daß er abseits stehen muß, weil er mit andern nicht fertig werden kann, und so weiter. Beide Typen lehnen in der Regel sadistische Züge ab (wovon später noch die Rede sein wird). Wir würden also auf diese Weise zu der Schlußfolgerung gelangen, daß alles, was nicht logisch in das Bild paßt, das von der vorherrschenden Haltung gegen andere erzeugt wird, als Nachteil angesehen und daher abgelehnt wird. Wir könnten außerdem sagen, daß die Verteidigungsfunktion des idealisierten Ebenbildes darin besteht, die Existenz von Konflikten zu verneinen. Ehe mir dies klar wurde, wunderte ich mich oft, warum es einem Patienten so unmöglich erschien, sich auch als ein bißchen weniger bedeutend und überlegen zu akzeptieren. Aber so gesehen, scheint die Antwort klar. Er kann nicht um Haaresbreite nachgeben, weil die Erkenntnis gewisser Nachteile ihm seine Konflikte vor Augen führen und auf diese Weise die künstliche Harmonie, die er errichtet hatte, aufs Spiel setzen würde. Wir können daraus den Schluß einer positiven Wechselwirkung zwischen der Intensität der Konflikte und der starren Unbeugsamkeit des idealisierten Ebenbildes ziehen: Ein ganz besonders sorgfältig ausgearbeitetes und festgelegtes Ebenbild erlaubt uns, auf besonders gefährliche Konflikte zu schließen.

Über die bereits erwähnten vier Funktionen hinaus hat das idealisierte Ebenbild noch eine fünfte Funktion, die auch mit dem Grundkonflikt zusammenhängt. Das Ebenbild hat noch eine positivere Aufgabe, als lediglich der Tarnung der unerwünschten Seiten eines Konfliktes zu dienen. Es stellt eine Art künstlicher Schöpfung dar, in der Gegensätze scheinbar ausgeglichen sind oder in der sie auf alle Fälle dem Betreffenden selbst nicht mehr als Konflikte erscheinen. Ein paar Beispiele werden zeigen, wie das vor sich geht. Um ausführliche Darstellungen zu vermeiden, werde ich lediglich die vorhandenen Konflikte aufzählen und zeigen, in welcher Form sie in dem idealisierten Ebenbild auftraten.

Der vorherrschende Zug in dem Konflikt von X war seine Nachgiebigkeit – ein großes Bedürfnis nach Liebe, Zustimmung und Fürsorge und der Drang, sich mitfühlend, großzügig, rücksichtsvoll und liebevoll zu benehmen. An zweiter Stelle folgte dann sein Distanzierungsbedürfnis, mit der üblichen Abneigung dagegen, sich einer Gruppe anzuschließen, dem Nachdruck auf Unabhängigkeit, der Furcht vor Bindungen und der Empfindlichkeit gegen Zwang. Das Absonderungsbedürfnis kollidierte beständig mit dem Verlangen nach menschlicher Nähe und verursachte wiederholte Störungen in seinen Beziehungen zu Frauen. Außerdem waren auch aggressive Triebe deutlich sichtbar, die sich darin zeigten, daß er glaubte, in jeder Situation der erste sein zu müssen, daß er versuchte, andere indirekt zu beherrschen und gelegentlich auszunutzen, und daß er keinerlei Einmischung vertrug. Selbstverständlich beeinträchtigten diese Tendenzen seine Fähigkeit zu Liebe und Freundschaft ganz beträchtlich und kollidierten außerdem mit seinem Absonderungsbedürfnis. Ohne sich dieser Züge bewußt zu sein, hatte er sich ein idealisiertes Ebenbild zurechtgemacht, das aus drei Figuren zusammengesetzt war. Er war der große Liebhaber und Freund – unausdenkbar, daß irgendeine Frau sich jemals noch für einen anderen Mann würde interessieren können; keiner war so gut und freundlich wie er selbst. Er war der größte Führer seiner Zeit, ein politisches Genie, allseitig gefürchtet und verehrt. Und schließlich war er auch noch der große Philosoph, der Mann der Weisheit, einer der ganz wenigen, die die Gabe tiefster Einsicht in die Bedeutung des Lebens und seine letzte Nichtigkeit besaßen.

Das Ebenbild war nicht ganz und gar phantastisch. Er hatte in all diesen Richtungen reiche Möglichkeiten. Aber die Möglichkeiten wurden auf die Höhe vollendeter Tatsachen erhoben und zu großen und bedeutenden Leistungen gemacht. Darüber hinaus wurde die zwanghafte Natur dieser Züge verdunkelt und durch den Glauben an angeborene Eigenschaften und Begabungen ersetzt. Sein neurotisches Bedürfnis nach Liebe und Anerkennung wurde zu einer natürlichen Liebesfähigkeit, sein Verlangen nach Auszeichnung wurde zu einer überragenden Begabung und das Distanzierungsbedürfnis verwandelte sich in

Unabhängigkeit und Weisheit. Und, was am wichtigsten ist, die Konflikte wurden schließlich folgendermaßen bereinigt: Die Triebe, die sich in Wirklichkeit gegenseitig störten, wurden in den Bereich abstrakter Vollendung erhoben, wo sie dann als einige wohl zu vereinende Möglichkeiten einer vielseitig begabten reichen Persönlichkeit in Erscheinung traten; und die drei Seiten des Grundkonfliktes, die sie vertraten, wurden in den drei Figuren, aus denen sein idealisiertes Ebenbild bestand, auseinandergehalten.

Ein anderes Beispiel macht es noch deutlicher, wie wichtig es ist, die miteinander in Konflikt liegenden Elemente zu isolieren.* Im Fall Y war der vorherrschende Zug Distanzierung in ziemlich extremer Form mit allen im vorhergegangenen Kapitel beschriebenen Folgeerscheinungen. Seine Tendenz zum Nachgeben war ebenfalls sehr deutlich, obwohl Y selber sie seinem Bewußtsein fernhielt, weil sie mit seinem Unabhängigkeitsbedürfnis nicht zu vereinbaren war. Das Bedürfnis, ganz besonders gut zu sein, durchbrach gelegentlich mit Macht den Wall seiner unterdrückten Gefühle. Ein Verlangen nach menschlicher Nähe war ihm bewußt und kollidierte dauernd mit seinem Distanzierungsbedürfnis. Er konnte allerdings nur in seiner Vorstellung unbarmherzig aggressiv sein; in der Phantasie schwelgte er in der Zerstörung ganzer Menschenmassen und wünschte sich ganz offen, jeden, der es wagte, sich in sein Leben einzumischen, vernichten zu können; er gestand, daß er an eine Philosophie des Dschungels glaubte, dessen Evangelium »Macht verleiht Recht« in rücksichtsloser Verfolgung des Eigeninteresses die einzig intelligente und ehrliche Lebensweise repräsentiert. Tatsächlich war er jedoch ziemlich schüchtern; Ausbrüche von Heftigkeit traten nur unter gewissen Bedingungen auf.

Sein idealisiertes Ebenbild bestand aus folgender seltsamer Zusammensetzung: Meist war er ein Eremit, der auf einem Ber-

* In dem klassischen Beispiel einer dualistischen Persönlichkeit in Robert Louis Stevensons *Dr. Jekyll and Mr. Hyde* ist der Hauptgedanke auf der Möglichkeit aufgebaut, die miteinander in Konflikt liegenden Elemente im Menschen trennen zu können. Nachdem er erkannt hat, wie radikal die Spaltung zwischen Gut und Böse in ihm ist, sagt Dr. Jekyll: »Von früher Jugend an . . . hatte ich gelernt, in einer Art geliebten Wachtraumes mit Vergnügen dem Gedanken nachzugehen, diese Elemente voneinander zu trennen. Wenn nur jedes einzelne in getrennten Einheiten untergebracht werden könnte, so sagte ich zu mir selbst, würde das Leben von all den Dingen, die es so unerträglich machen, befreit sein.«

gesgipfel lebte und sich grenzenlose Weisheit und Abgeklärtheit errungen hatte. Bei seltenen Gelegenheiten konnte er sich in einen Werwolf verwandeln, der ohne jegliche menschlichen Gefühle nur den Wunsch kannte, zu töten. Und als ob diese beiden unvereinbaren Figuren nicht schon genug wären, war er auch noch der ideale Freund und Liebhaber.

Wir sehen hier das gleiche Ableugnen neurotischer Züge, diese Selbstverherrlichung, die gleiche Verwechslung von Möglichkeiten mit der Wirklichkeit. In dem hier erwähnten Beispiel wurde allerdings kein Versuch gemacht, die Konflikte auszugleichen; die Widersprüche bleiben bestehen. Aber sie treten – im Gegensatz zu dem wirklichen Leben – rein und unverfälscht auf. Weil sie so isoliert sind, stören sie einander nicht. Und darauf scheint es anzukommen. Die Konflikte als solche sind verschwunden.

Noch ein letztes Beispiel für ein etwas einheitlicheres idealisiertes Ebenbild: Die Neigung zur Aggressivität, begleitet von sadistischen Tendenzen, trat im Benehmen von Z stark hervor. Er war herrschsüchtig und neigte dazu, andere auszunützen. Zerfressen von seinem Ehrgeiz, drängte er sich rücksichtslos vorwärts. Er konnte Pläne machen, organisieren und kämpfen und bekannte sich ganz bewußt zu einer erbarmungslosen Dschungelphilosophie. Er hatte außerdem ein ganz besonders starkes Distanzierungsbedürfnis; während ihn jedoch seine aggressiven Triebe dazu veranlaßten, stets mit vielen Menschen Kontakte einzugehen, war er nicht imstande, die für ihn nötige Distanz einzuhalten. Zwar paßte er scharf auf, daß er nicht in eine persönliche Beziehung verwickelt würde, noch sich gestattete, eine Sache zu genießen, an der andere Menschen wesentlich beteiligt waren. Darin war er ziemlich erfolgreich, zumal er positive Gefühle für andere stark unterdrückte; sein Verlangen nach menschlicher Nähe wurde hauptsächlich in sexuelle Bahnen geleitet. Trotzdem war sowohl eine ausgesprochene Tendenz zur Nachgiebigkeit vorhanden als auch ein Bedürfnis nach Anerkennung, die beide seinem Verlangen nach Macht im Wege standen. Außerdem waren noch irgendwelche puritanischen Maßstäbe wirksam, die er hauptsächlich gegen andere benutzte – die er aber auch auf sich selbst anwenden mußte –, und die dann mit seiner Dschungelphilosophie zusammenstießen.

In seinem idealisierten Ebenbild war er der Ritter in funkelnder Rüstung, der Kreuzfahrer mit den alles umfassenden, unfehlbaren Visionen, der stets nur der Bahn des Rechten folgte. Wie dies sich für einen weisen Führer gehört, stand er niemandem persönlich nahe, sondern übte strenge, wenn auch gerechte Disziplin. Er war ehrlich, ohne Heuchelei. Die Frauen liebten ihn, und er konnte ein vollendeter Liebhaber sein, ohne sich an irgendeine Frau gebunden zu fühlen. Hier wurde genau das gleiche Ziel erreicht wie in den andern Beispielen: die Elemente des Grundkonfliktes gehen ineinander über.

Die Schaffung eines idealisierten Ebenbildes ist also ein Versuch, den Grundkonflikt zu lösen, ein mindestens ebenso wichtiger Versuch wie die andern bisher beschriebenen. Es hat den ungeheuren subjektiven Wert, als ein Band zu dienen, das ein mit sich selbst entzweites Individuum zusammenhält. Und, wenn es auch nur im Geist des Betreffenden existiert, so übt es dennoch einen entscheidenden Einfluß auf seine Beziehungen zu andern aus.

Das idealisierte Ebenbild könnte ein ausgedachtes oder illusorisches Ich genannt werden, doch wäre dies nur halbwahr und daher irreführend. Das Wunschdenken, das seine Erzeugung bewirkt, ist sicherlich auffallend, besonders, da es sich in Personen äußert, die im übrigen fest auf dem Boden der Wirklichkeit stehen. Damit wird es nicht zu einer bloßen Erfindung. Es ist eine mit sehr realen Faktoren durchsetzte und durch sie beeinflußte Phantasieschöpfung. Gewöhnlich sind Spuren echter Ideale darin enthalten. Während die großartigen Leistungen nur eine Illusion sind, sind die zugrunde liegenden Möglichkeiten des Individuums oft wirklich vorhanden. Wichtiger noch, das idealisierte Ebenbild ist aus einer durchaus realen inneren Notwendigkeit heraus geschaffen worden, erfüllt sehr reale Funktionen und hat einen sehr realen Einfluß auf seinen Schöpfer. Der Prozeß, der bei seiner Erzeugung vor sich geht, ist von solch eindeutigen Gesetzen bestimmt, daß eine Kenntnis der besonderen Merkmale es uns ermöglicht, genaue Schlüsse auf den wahren Charakter der betreffenden Person zu ziehen.

Aber ganz abgesehen davon, wieviel Phantasie in das idealisierte Ebenbild hineingewoben wird, es hat für den Neurotiker selber Wirklichkeitswert. Je solider er es ausgebaut hat, desto mehr *wird* er zu seinem idealisierten Ebenbild, während das wirkliche Selbst entsprechend verblaßt. Diese Umkehrung des tatsächlichen Bildes muß erfolgen wegen der wesentlichen Funktion, die das Ebenbild zu erfüllen hat. Jede einzelne ist auf das Verwischen der wahren Persönlichkeit ausgerichtet und darauf, das Ebenbild in den Vordergrund zu stellen. Im Hinblick auf die Lebensgeschichte gar mancher Patienten gelangen wir zu der Ansicht, daß die Errichtung eines idealisierten Ebenbildes oft buchstäblich lebensrettend war, und aus diesem Grund ist der Widerstand, den ein Patient bei einem Angriff auf das Ebenbild äußert, durchaus gerechtfertigt oder wenigstens begreiflich. Solange sein Ebenbild für ihn real und unversehrt bleibt, kann er sich wichtig, überlegen und ausgeglichen vorkommen trotz der illusorischen Natur dieser Gefühle. Er kann sich für berechtigt halten, auf Grund der von ihm beanspruchten Überlegenheit alle möglichen Befehle und Forderungen auszusprechen. Aber wenn er es zuläßt, daß diese Überlegenheit erschüttert wird, so bedroht ihn sofort die Erkenntnis aller seiner Schwächen und er wird, ohne den Anspruch auf besondere Forderungen, zu einer relativ unbedeutenden Figur oder sogar – in seinen eigenen Augen – zu einer verächtlichen. Was noch schlimmer ist, er steht plötzlich seinen Konflikten gegenüber und erlebt die schreckliche Furcht, entzweigerissen zu werden. Daß ihm dies Erlebnis eine Gelegenheit gibt, ein viel besserer Mensch zu werden, der bei weitem wertvoller ist als sein so glänzend idealisiertes Ebenbild, ist eine Botschaft, die er wohl vernimmt, die jedoch lange Zeit nicht das geringste für ihn bedeutet. Es ist ein Sprung ins Dunkle, vor dem er sich fürchtet.

Aufgrund so großer subjektiver Werte würde die Stellung des Ebenbildes unangreifbar sein, hätte es nicht auch einige große Nachteile, die nicht von ihm zu trennen sind. Zunächst einmal steht das ganze Gebäude auf sehr schwachen Füßen, weil es aus fingierten Elementen besteht. Es gleicht einem prächtigen Palast, in dem sich Dynamit befindet, und macht seinen Besitzer äußerst leicht verwundbar. Jede Frage oder Kritik seitens der Außenwelt, jede auftauchende Erkenntnis eines Versagens bei einem Vergleich mit dem idealisierten Ebenbild und jede wirkliche Einsicht in die Kräfte, die in seinem Innern wirksam sind, kann zu einer Explosion oder einem Zusammenbruch führen. Er muß sein Leben einengen, wenn er sich derartigen Gefahren nicht aussetzen will. Situationen, in denen er der Bewunderung und

Anerkennung nicht sicher ist, müssen vermieden werden. Er muß Aufgaben, denen er sich nicht gewachsen fühlt, aus dem Weg gehen. Er kann sogar eine intensive Abneigung gegen jegliche Anstrengung entwickeln. Für ihn, den außerordentlich Begabten, ist bereits die bloße Konzeption eines Bildes, das er malen könnte, das vollendete Kunstwerk. Jeder Durchschnittsmensch kann durch harte Arbeit etwas erreichen; aber wenn *er* sich wie jeder beliebige benehmen würde, würde er ja zugeben, daß er kein Genie ist, und das wäre demütigend. Da aber in Wirklichkeit nichts ohne Arbeit erreicht werden kann, macht er es sich durch diese Haltung unmöglich, das Ziel zu erreichen, zu dem er sich so getrieben fühlt. Und die Kluft zwischen dem idealisierten Ebenbild und dem wirklichen Ich wird immer größer.

Er hängt von immer neuen Bestätigungen anderer ab, von Billigung, Bewunderung und Schmeichelei – wobei jedoch nichts imstande ist, ihn mehr als nur vorübergehend zu beruhigen. Er kann, ohne dies zu wissen, jeden Menschen hassen, der sich hervortut oder in irgendeiner Form besser ist als er selbst, sich besser durchsetzen kann, ausgeglichener oder erfahrener ist und damit seine eigene Vorstellung von sich selbst zu untergraben droht. Je verzweifelter er an dem Glauben festhält, er *sei* sein idealisiertes Ebenbild, desto wilder wird sein Haß sein. Falls seine eigene Arroganz unterdrückt wird, ist er imstande, Personen, die ganz offen von ihrer Wichtigkeit überzeugt sind und dies durch anmaßendes Betragen äußern, blind anzubeten. Er liebt sein eigenes Ebenbild in ihnen und muß unweigerlich einer schweren Enttäuschung anheimfallen, wenn er (was irgendwann einmal unvermeidlich ist) merkt, daß die Götter, die er so anbetet, nur ihr eigenes Interesse im Auge haben und daß sie an ihm nur der Weihrauch interessiert, den er an ihrem Altar abbrennt.

Die daraus entstehende Entfremdung vom eigenen Ich ist wahrscheinlich der größte Nachteil des idealisierten Ebenbildes. Wir können nicht wesentliche Teile unseres Selbst unterdrücken oder ausschalten, ohne von uns selbst entfremdet zu werden. Es ist dies eine der Veränderungen, die sich während des neurotischen Prozesses allmählich entwickeln und die trotz ihrer elementaren Natur sich ganz unmerklich vollziehen. Der Betreffende selbst weiß nicht mehr, was er wirklich fühlt, gern hat, ablehnt, glaubt – kurz, was er wirklich ist. Ohne es zu wissen, kann er das Leben seines Ebenbildes leben. Natürlich ist es unmöglich, sich derart zu benehmen, ohne völlig hoffnungslos in dem Spinnennetz unbewußter Vorspiegelungen und Rationalisierungen eingefangen zu werden, die zu einem ungesicherten Leben führen. Der Betroffene verliert sein Interesse am Leben, weil nicht er es ist, der es lebt; er kann keine Entscheidungen treffen, weil er nicht weiß, was er eigentlich will; wenn Schwierigkeiten sich anhäufen, kann ihn ein Gefühl von Unwirklichkeit überkommen, ein Gefühl, das den Zustand dauernder Unwirklichkeit vor sich selbst nur noch stärker zum Ausdruck bringt. Um einen solchen Zustand verstehen zu können, müssen wir uns darüber klar werden, daß der Schleier der Unwirklichkeit, der seine innere Welt verdeckt, sich auch auf die äußere erstrecken muß. Eine Patientin faßte die ganze Situation einmal in folgendem Satz zusammen: »Wenn es nicht um die Wirklichkeit ginge, wäre ich vollkommen in Ordnung.«

Obwohl das idealisierte Ebenbild geschaffen wurde, um den Grundkonflikt zu beseitigen und damit auch teilweise erfolgreich war, so erzeugt es doch gleichzeitig einen neuen Riß in der Persönlichkeit, der fast noch gefährlicher ist als der ursprüngliche. Ganz allgemein gesagt, errichtet sich ein Mensch sein idealisiertes Ebenbild, weil er sich so, wie er ist, nicht ertragen kann. Das Ebenbild rettet ihn anscheinend aus dieser Gefahr; weil er sich jedoch selber auf ein Piedestal erhoben hat, kann er sein wirkliches Ich noch weniger ertragen und fängt an, gegen sich selbst zu toben, sich zu verachten und sich unter dem Joch seiner unerfüllbaren Forderungen an sich selbst aufzureiben. Dann schwankt er zwischen Selbstanbetung und Selbstverachtung hin und her, ohne einen soliden Halt in der Mitte finden zu können.

Auf diese Weise wurde ein neuer Konflikt geschaffen zwischen sich widerstrebenden Zwangstendenzen auf der einen Seite und einer Art Diktatur, die ihm durch die innere Verwirrung auferlegt wurde, auf der anderen. Seine Reaktionen auf diese Diktatur entsprechen genau dem Verhalten eines Menschen in einer vergleichbaren politischen Diktatur; er kann sich mit ihr identifizieren, das heißt, das Gefühl haben, daß er genauso ideal ist, wie es ihm der Diktator gesagt hat, oder er mag sich auf den Kopf stellen vor lauter Anstrengung, den an ihn gestellten Forderungen zu genügen, oder aber er kann gegen den Zwang rebellieren

und sich weigern, die ihm auferlegten Verpflichtungen anzuerkennen. Wenn er auf die erste Weise reagiert, so bekommen wir den Eindruck einer jeder Kritik unzulänglichen »narzißtischen« Persönlichkeit; die bestehende Kluft wird dann nicht bewußt als solche empfunden. Im zweiten Fall haben wir den perfektionistischen Typ, Freuds Über-Ich. Und im dritten sieht es so aus, als ob der Betreffende sich für nichts und vor niemandem verantwortlich fühle; er neigt zu einer ziel- und haltlosen, völlig negativen Einstellung. Ich spreche absichtlich von Eindrücken und Anschein, weil er, wie auch immer er reagiert, im Grunde fortgesetzt widerspenstig bleibt. Sogar der rebellierende Typ, der sich gewöhnlich für »frei« hält, leidet sehr unter den ihm auferlegten Maßstäben, die er abzuschütteln sucht; obwohl die Tatsache, daß er noch immer in der Gewalt des idealisierten Ebenbildes ist, sich lediglich darin zu äußern braucht, daß er seine Maßstäbe andern gegenüber als ein Druckmittel benutzt.*
Zu Zeiten kann eine Person zwischen einem Extrem und einem andern hin und her schwanken. Für eine Weile kann sie zum Beispiel versuchen, übermenschlich »gut« zu sein und, wenn ihr das nicht hilft, sich auf die Gegenseite begeben und wütend gegen solche Maßstäbe rebellieren. Oder sie kann von einer anscheinend rückhaltlosen Selbstbewunderung plötzlich zum Perfektionismus übergehen. Öfter noch finden wir eine Kombination derart verschiedener Haltungen. Alles dies weist darauf hin, daß keiner dieser Versuche befriedigend ist – verständlich genug im Lichte unserer Theorie –, daß sie zum Mißlingen verurteilt sind und daß wir sie als verzweifelte Anstrengung, einer unerträglichen Situation zu entfliehen, ansehen müssen; und wie in jeder unerträglichen Situation werden die verschiedensten Mittel angewandt – wenn das eine versagt, versucht man ein anderes.

Alle diese Folgeerscheinungen zusammen bilden ein mächtiges Bollwerk gegen eine echte Entwicklung. Der Betreffende kann von seinen Fehlern nichts lernen, weil er sie nicht sieht. Trotz seiner gegenteiligen Versicherung muß er ganz einfach das Interesse an seinem eigenen Wachstum verlieren. Was er damit meint, wenn er von Wachstum spricht, ist der unbewußte Gedanke, ein vollkommeneres idealisiertes Ebenbild zu schaffen, eines, das gar keine Nachteile für ihn hat.

* Siehe Kapitel 12: Sadistische Züge.

Die Aufgabe des Analytikers ist es daher, den Patienten auf sein idealisiertes Ebenbild aufmerksam zu machen, ihn in seinen Bemühungen, seine Funktionen und subjektiven Werte verstehen zu lernen, zu unterstützen, und ihn auf die untrennbar damit verbundenen Leiden hinzuweisen. Er wird dann anfangen, sich zu fragen, ob er für all das keinen zu hohen Preis zu zahlen hat. Doch kann er sich von dem Ebenbild erst befreien, wenn die Bedürfnisse, die es erschufen, sich ganz erheblich vermindert haben.

Siebentes Kapitel

Das Externalisieren

Wir haben gesehen, wie alle Vorwände, zu denen der Neurotiker seine Zuflucht nimmt, um die Kluft zwischen seinem eigentlichen Selbst und seinem idealisierten Ebenbild zu überbrücken, letzten Endes nur dazu dienen, sie zu vergrößern. Weil jedoch das Ebenbild solch ungeheuren subjektiven Wert für ihn hat, muß er unermüdlich nach einem Ausgleich suchen. Er benutzt hierzu alle möglichen Mittel. Einige dieser Mittel wollen wir im nächsten Kapitel beschreiben. Hier jedoch wollen wir uns darauf beschränken, eines zu untersuchen, das weniger bekannt ist als die übrigen und das eine ganz besonders einschneidende Wirkung auf die Struktur einer Neurose hat.

Wenn ich diesen Versuch »Externalisieren« nenne, meine ich damit die Tendenz, innere Vorgänge so zu erleben, als ob sie sich in der Außenwelt abspielten, und diese äußeren Faktoren dann gewöhnlich für die persönlichen Schwierigkeiten verantwortlich zu machen. Diese Tendenz hat das Bestreben, vom eigenen Ich loszukommen, mit dem Idealisierungsprozeß gemeinsam. Während jedoch der Prozeß der Umgestaltung und Neuschaffung der tatsächlich existierenden Persönlichkeit sozusagen innerhalb des eigenen Bezirks bleibt, bedeutet das Externalisieren die völlige Preisgabe des Ich. Um es einfach zu sagen: Ein Mensch kann sich vor seinem Grundkonflikt in sein idealisiertes Ebenbild flüchten; wenn aber die Kluft zwischen dem wirklichen und dem idealisierten Selbst einen Punkt erreicht hat, wo die Spannung unerträglich wird, kann er nicht länger innerhalb seiner selbst eine Zuflucht finden. Ihm bleibt dann nichts anderes übrig, als vor sich selbst davonzulaufen und alles so zu sehen, als ob es außerhalb seiner selbst geschähe.

Einige der Phänomene, die sich hierbei ereignen, werden durch den Ausdruck Projektion gekennzeichnet, wobei die Objektivierung persönlicher Schwierigkeiten gemeint ist.* Darunter

---

* Diese Definition wurde vorgeschlagen von EDWARD A. STRECKER und KENNETH E. APPEL, »Discovering Ourselves«, 1943.

versteht man gewöhnlich den Vorgang, Schuld und Verantwortung für subjektiv mißliebige Züge und Eigenschaften jemandem andern zuzuschieben; dies kann sich zum Beispiel darauf beziehen, andere der eigenen Tendenz zu Betrug, Ehrgeiz, Herrschsucht, Selbstgerechtigkeit, Überbescheidenheit und so weiter zu bezichtigen. So verstanden ist der Ausdruck völlig zutreffend. Externalisieren jedoch ist ein viel umfassenderes Phänomen; das Abwälzen von Verantwortung ist nur ein Teil davon. Man erlebt nicht nur die eigenen Fehler, sondern mehr oder weniger sämtliche Gefühle auf dem Umweg über andere. Ein Mensch, der die Neigung zu externalisieren hat, kann sich durch die Unterdrückung kleiner Länder aufs tiefste beunruhigt fühlen, ohne zu merken, wie sehr er sich selbst unterdrückt fühlt. Er fühlt seine eigene Verzweiflung gar nicht, sondern erlebt sie gefühlsmäßig in andern. Was in diesem Zusammenhang besonders wichtig ist, ist die Tatsache, daß er sich seiner Haltung sich selbst gegenüber gar nicht bewußt ist; zum Beispiel wird er das Gefühl haben, ein anderer Mensch sei ärgerlich auf ihn, wenn er sich in Wirklichkeit über sich selber ärgert. Oder er wird in seinem Bewußtsein den Ärger, den er in Wirklichkeit gegen sich selbst richtet, anderen gegenüber empfinden. Außerdem wird er nicht nur alle Störfaktoren, sondern auch seine gute Stimmung oder gute Leistungen auf äußere Umstände schieben. Während er seine Mißerfolge als vom Schicksal gewollt ansieht, schreibt er seine Erfolge günstigen Umständen, guter Laune, dem Wetter und so weiter zu.

Wenn ein Mensch die Empfindung hat, sein Leben sei sowohl im Guten als auch im Bösen durch andere bestimmt, ist es nur logisch, daß er völlig damit beschäftigt ist, sie zu ändern, zu verbessern oder zu strafen, sich ihren Übergriffen zu entziehen oder sie zu beeindrucken. Auf diese Weise verursacht das Externalisieren Abhängigkeit von andern – allerdings ist diese Abhängigkeit sehr verschieden von derjenigen, die aus einem neurotischen Liebesbedürfnis stammt. Es verursacht außerdem auch eine übergroße Abhängigkeit von äußeren Umständen. Ob der Betreffende in der Stadt oder auf dem Lande lebt, ob er diese oder jene Diät hält, ob er früh oder spät zu Bett geht, zu diesem oder jenem Komitee gehört, all dies gewinnt eine übermäßige Wichtigkeit. Er bekommt auf diese Weise all die Merkmale, die Jung mit dem Wort Extraversion bezeichnet. Während Jung jedoch glaubt, Extraversion sei die einseitige Entwicklung konstitutionell vorhandener Züge, so sehe ich diese Haltung als das Ergebnis eines Versuches an, ungelöste Konflikte durch Externalisieren loszuwerden.

Ein anderes unvermeidliches Ergebnis des Externalisierens ist ein bohrendes Gefühl von Leere und Seichtigkeit. Auch dieses Gefühl wird falsch eingeschätzt. Statt die gefühlsmäßige Leere als solche zu empfinden, kann es dem Betreffenden so vorkommen, als ob sein Magen leer sei, und er versucht, dieses Gefühl durch zwanghaftes Überessen zu überwinden. Oder er kann das Gefühl haben, daß sein Mangel an Körpergewicht bewirken könnte, daß er wie eine Feder hin und her geweht würde – jeder Windstoß könnte ihn davontragen. Er kann sogar so weit gehen, zu sagen, er sei nichts als eine leere Hülle, wenn er erst ganz und gar analysiert sei. Je gründlicher der Externalisierungsprozeß vor sich geht, desto mehr erinnert der Neurotiker an das gespenstische Zerrbild eines Menschen und desto mehr läßt er sich treiben.

Soviel über die inneren Folgen dieses Prozesses. Wir wollen nun sehen, wie er ganz speziell hilft, die Spannung zwischen dem Selbst und dem idealisierten Ebenbild zu mildern. Ganz gleich, wie ein Mensch sich wissentlich sieht, die Ungleichheit zwischen den beiden wird im Unbewußten ihr Opfer fordern; und je besser es ihm gelungen ist, sich mit seinem Ebenbild zu identifizieren, desto tiefer wird die Reaktion im Unbewußten bleiben. Am häufigsten drückt sie sich in Selbstverachtung aus, in Wut gegen sich selbst und einem Gefühl, unter Zwang zu stehen; all dies ist nicht nur außerordentlich schmerzhaft, sondern es macht einen Menschen auch in vieler Hinsicht lebensunfähig.

Das Externalisieren von Selbstverachtung kann sich in zwei verschiedenen Formen äußern: entweder in Verachtung anderer oder in dem Gefühl, daß andere auf einen herabsehen. Gewöhnlich sind beide Formen vorhanden; es hängt von dem ganzen Aufbau der neurotischen Struktur ab, welche von beiden die Oberhand hat oder zumindest klarer ins Bewußtsein tritt. Je aggressiver ein Mensch ist, je unfehlbarer und überlegener er sich fühlt, desto leichter wird er andere verachten und desto weniger wird ihm der Gedanke kommen, daß andere ihn verachten könnten. Umgekehrt, je nachgiebiger er ist, desto mehr werden ihn seine Vorwürfe gegen sich selber, daß er nicht imstande sei, seinem idealisierten Ebenbild zu entsprechen, zu dem Glauben veranlassen, daß andere sich nichts aus ihm machten. Die Wirkung dieser letzteren Überzeugung ist ganz besonders unangenehm. Sie macht einen Menschen scheu, unnatürlich und veranlaßt ihn, sich in sich selbst zurückzuziehen. Sie macht ihn überdankbar – geradezu kriecherisch dankbar – für jede ihm erwiesene Freundlichkeit oder Anerkennung. Gleichzeitig kann er aber auch wahre Freundschaft nicht so empfangen, wie sie gemeint ist, sondern er hält sie für eine Art unverdienter Wohltätigkeit. Er ist arroganten Menschen hilflos ausgeliefert, weil ein Teil seines Selbsts ihnen recht gibt und er denkt, daß es ganz in Ordnung sei, wenn sie ihn mit Verachtung behandeln. Selbstverständlich erzeugen derartige Reaktionen Groll, der zu explosiver Kraft anwachsen kann, wenn er unterdrückt und aufgestapelt wird.

Trotz allem hat es ausgesprochen subjektiven Wert, wenn die Selbstverachtung in externalisierter Form erlebt wird. Dem Gefühl der eigenen Verachtung ausgesetzt zu sein, würde auch noch das letzte bißchen unechten Selbstgefühls, das der Neurotiker haben mag, vernichten und ihn an den Rand des Abgrunds bringen. Es ist schlimm genug, von andern verachtet zu werden, aber es besteht doch immer noch die Hoffnung, sie dahin zu bringen, ihre Haltung zu ändern, oder die Aussicht, sich gelegentlich an ihnen rächen zu können, oder der innere Vorbehalt, sie seien ungerecht. Wenn man sich jedoch selber verachten muß, so ist dies alles wertlos. Es gibt keine Instanz auf der Welt, an die man appellieren könnte. All die unbewußt gespürte Hoffnungslosigkeit in bezug auf die eigene Person käme klar zum Vorschein. Nicht nur, daß der Neurotiker anfangen würde, seine tatsächlichen Schwächen zu verachten, er würde auch das Gefühl haben, er sei ganz und gar verächtlich. Dadurch würden sogar seine guten Eigenschaften in den Abgrund seines Wertlosigkeitsgefühls geschleudert werden. Er würde sich mit andern Worten für sein verachtetes Ebenbild halten und dies als eine unabänderliche Tatsache erleben, für die es keine Hilfe gibt. Dies weist darauf hin, daß es beim therapeutischen Vorgehen ratsam ist, die Selbstverachtung des Patienten nicht anzutasten, ehe nicht seine Hoffnungslosigkeit geringer wurde und der eiserne Griff des idealisierten Ebenbilds sich etwas gelockert hat. Erst dann wird der Patient eine solche Konfrontierung vertragen können und einsehen, daß seine Wertlosigkeit keine objektive Tatsache, sondern ein subjektives Gefühl ist, das aus seinen unbarmherzigen Maßstäben stammt. Sobald er eine etwas nachsichtigere Haltung gegen sich selbst einnimmt, wird er sehen, daß sein Zustand nicht unabänderlich ist, daß die so sehr beanstandeten Eigenschaften nicht wirklich verächtlich sind, sondern nur aus Schwierigkeiten herrühren, die er allmählich überwinden kann.

Wir können weder die Wut des Neurotikers gegen sich selbst noch die Dimensionen, die sie annehmen kann, verstehen, solange wir uns nicht bewußt bleiben, wie unendlich wichtig es für ihn ist, sich die Illusion zu erhalten, er sei sein idealisiertes Ebenbild. An der Tatsache, daß er nicht nur daran zweifelt, ihm je entsprechen zu können, sondern deswegen auch tatsächlich gegen sich wütet, ist das Gefühl seiner Allmacht schuld, das ein nie fehlender Bestandteil des Ebenbildes ist. Ganz gleich, wie unüberbrückbar die Kindheitsschwierigkeiten waren, er, der Allmächtige, sollte fähig gewesen sein, sie zu überwinden. Auch wenn er sich verstandesmäßig darüber klar ist, wie groß seine neurotischen Schwierigkeiten sind, fühlt er dennoch eine ohnmächtige Wut darüber, daß er unfähig war, sie zu überwinden. Diese Wut erreicht ihren Höhepunkt, wenn er sich vor divergierende Neigungen gestellt sieht und merkt, daß sogar er nicht mächtig genug ist, Ziele zu erreichen, die einander entgegengesetzt sind. Dies ist einer der Gründe, weshalb die plötzliche Erkenntnis eines Konfliktes eine akute Panik hervorrufen kann.

Die Wut gegen sich selbst wird in der Hauptsache auf drei verschiedene Weisen externalisiert. Wo in bezug auf Äußerungen von Feindseligkeit keine Hemmungen bestehen, kann Ärger ohne weiteres nach außen projiziert werden. Er richtet sich dann gegen andere und tritt entweder als eine allgemeine Gereiztheit auf oder als eine spezielle Entrüstung, die sich gegen genau die Fehler in andern richtet, die der Betreffende in sich selber haßt. Ein Beispiel soll dies klar machen: Eine Patientin beklagt sich über die Unentschlossenheit ihres Gatten. Da es sich um eine ganz triviale Angelegenheit handelte, war ihre Heftigkeit entschieden unangebracht. Da ich ihre eigene Unentschlossenheit kannte, deutete ich an, wie unbarmherzig sie diese Eigenschaft in sich selbst verurteilte. Daraufhin wurde sie plötzlich von einer geradezu hemmungslosen Wut erfüllt und hatte impulsiv den Wunsch, sich selbst in Stücke zu zerreißen. Die Tatsache, daß sie sich in ihrem idealisierten Ebenbild als den Gipfel der inneren Stärke empfand, machte es ihr unmöglich, auch nur die geringste Schwäche in sich selber zu ertragen. Typischerweise hatte sie diese Reaktion trotz ihres hochdramatischen Charakters bei unserer nächsten Sitzung total vergessen. Sie hatte ihr Externalisieren blitzartig erkannt, war aber noch nicht soweit, darauf verzichten zu können.

Die zweite Form der Wut gegen sich selbst äußert sich als stete bewußte oder unbewußte Furcht oder Erwartung, daß die für ihn selber so unerträglichen Fehler andere wütend machen würden. Ein Mensch kann derart davon überzeugt sein, daß ein bestimmtes Verhalten von seiner Seite tiefgehende Feindseligkeit erregen werde, daß er ehrlich verblüfft sein wird, wenn er keine feindselige Reaktion bemerken kann. Zum Beispiel war eine Patientin, deren idealisiertes Ebenbild zum Teil darin bestand, so gut zu sein wie der Priester in Victor Hugos »Les Misérables« – aufs äußerste darüber erstaunt, daß, sooft sie eine entschiedene Haltung einnahm oder ihrem Ärger Ausdruck verlieh, die Menschen sie lieber hatten, als wenn sie sich wie eine Heilige benahm. Wie man aus dieser Art des idealisierten Ebenbildes schließen kann, war die vorherrschende Eigenschaft dieser Patientin Nachgiebigkeit, die ursprünglich aus ihrem Bedürfnis nach menschlicher Nähe stammte und durch ihre Erwartung feindseliger Reaktionen sehr verstärkt wurde. Zunehmende Nachgiebigkeit ist tatsächlich eine der Hauptfolgen dieser Form des Externalisierens und zeigt, wie sich neurotische Züge fortgesetzt in einem *circulus vitiosus* verstärken. Zwangsmäßige Nachgiebigkeit wird verstärkt, weil das idealisierte Ebenbild, das in dieser Form Elemente von Heiligkeit enthält, die betreffende Person zu immer größerer Selbstverleugnung treibt. Die daraus sich ergebenden feindseligen Regungen veranlassen dann die Wut gegen sich selbst. Und das Externalisieren der Wut, das zu einer vermehrten Furcht vor andern führt, verstärkt wiederum die Nachgiebigkeit.

Die dritte Art und Weise, Wut zu externalisieren, besteht darin, alles auf körperliche Störungen zu schieben. Zunächst einmal kann die Wut gegen sich selbst, die nicht als solche erlebt wird, ganz offensichtlich körperliche Spannungen von beachtenswerter Stärke erzeugen, die als Magenbeschwerden, Kopfschmerzen, Müdigkeit und so weiter auftreten können. Es ist aufschlußreich zu sehen, wie alle diese Symptome mit Blitzesschnelle verschwinden, sobald die Wut als solche bewußt erlebt wird. Man kann es dahingestellt sein lassen, ob man diese physischen Manifestationen externalisieren nennen oder sie lediglich als physiologische Folgen unterdrückter Wut ansehen soll. Doch kann man die Äußerungen kaum von dem Gebrauch, den die Patienten davon machen, trennen. Gewöhnlich sind sie nur allzuschnell bereit, ihre seelische Beunruhigung auf ihre körperlichen Störungen zu schieben und diese wiederum auf äußere Anlässe. Es liegt ihnen sehr daran zu beweisen, daß seelisch alles mit ihnen in Ordnung ist; sie leiden lediglich an Magenbeschwerden infolge einer falschen Diät oder an Erschöpfung infolge zu großer Arbeit oder an Rheumatismus infolge von feuchter Luft und so weiter.

Der gleiche Vorgang, den wir im Fall der Selbstverachtung beschrieben haben, vollzieht sich auch in bezug auf das, was der Neurotiker durch ein Externalisieren seiner Wut erreicht. Es sollte jedoch noch auf einen weiteren Gesichtspunkt hingewiesen werden. Man kann die einzelnen Maßnahmen, die solche Patienten ergreifen werden, nicht ganz verstehen, wenn man sich nicht der wirklichen Gefahr bewußt ist, die mit solchen Selbstvernichtungstrieben verbunden ist. Die in dem ersten Beispiel erwähnte Patientin hatte nur vorübergehend den Impuls, sich selbst in Stücke zu reißen, doch ein psychotischer Patient kann einem solchen Impuls wirklich nachgeben und sich selbst verstümmeln.* Wahrscheinlich gäbe es viel mehr Selbstmorde, wenn der Externalisierungsprozeß nicht existierte. Man kann verstehen, daß Freud, da er sich der Macht dieser selbstzerstörerischen Tendenzen bewußt war, den Begriff des Selbstvernichtungsinstinktes (des Todestriebes) schuf, obwohl er durch diese Formulierung den Weg zu einem wirklichen Verständnis und dadurch zu einer wirkungsvollen Therapie versperrte.

Die Intensität des Gefühls eines inneren Zwanges hängt davon ab, wie stark der Betreffende durch die autoritative Kontrolle des idealisierten Ebenbildes unter Druck gesetzt wird. Es wäre schwer, diesen Druck zu überschätzen. Er ist schlimmer als jeder

---

* Viele Beispiele hierfür finden wir bei KARL MENNINGER, »Man against Himself«, 1938. Menninger nähert sich jedoch diesem Gebiet von einer ganz anderen Seite. Ebenso wie Freud gelangt er zu der Annahme eines selbstzerstörerischen Triebes.

Zwang von außen, weil ein solcher wenigstens das Gefühl innerer Freiheit gestattet. Patienten sind sich dieses Zustands meistens nicht bewußt, aber seine Macht läßt sich an der Erleichterung ermessen, die sie empfinden, sobald der Zwang weicht und ein gewisses Maß innerer Freiheit erlangt ist. Der Zwang kann einerseits dadurch externalisiert werden, daß man auf andere einen Druck ausübt. Dies kann dieselbe äußere Wirkung haben wie ein neurotisches Herrschbedürfnis, aber obwohl beide gleichzeitig vorhanden sein können, sind sie doch verschieden, weil ein Zwang, der das Externalisieren eines inneren Druckes darstellt, nicht in erster Linie eine Forderung nach persönlichem Gehorsam bedeutet. Er besteht hauptsächlich darin, dieselben Maßstäbe, unter denen der Betreffende sich selber quält, auf andere anzuwenden – mit derselben Gleichgültigkeit gegenüber ihrem Wohlbefinden. Die puritanische Psychologie ist ein allbekanntes Beispiel für diesen Vorgang.

Von gleicher Wichtigkeit ist das Externalisieren dieses inneren Zwanges in Gestalt einer Überempfindlichkeit gegenüber allem, was auch nur entfernt an eine Freiheitsbeeinträchtigung erinnert. Wie jeder gute Beobachter weiß, tritt eine solche Überempfindlichkeit ganz allgemein auf. Nicht alles kommt von einem selbstauferlegten Zwang. Meistens handelt es sich um die übel vermerkte Erkenntnis einer Ähnlichkeit des eigenen Machttriebs mit dem anderer. Bei distanzierten Menschen denken wir hauptsächlich an das zwanghafte Festhalten an ihrer Unabhängigkeit, das sie notwendigerweise empfindlich gegen äußeren Druck machen mußte. Externalisierung einer unbewußt selbstauferlegten Zurückhaltung kommt aus einer tiefer liegenden Quelle, die oft in einer Analyse vernachlässigt wird. Dies ist besonders bedauernswert, weil sie eine wichtige Unterströmung in der Beziehung zwischen dem Patienten und dem Analytiker darstellt. Der Patient ist imstande, jede ihm von dem Analytiker gegebene Anregung zu entkräften, sogar dann noch, wenn die weniger verborgenen Quellen seiner Empfindlichkeit auf diesem Gebiet schon analysiert sind. Der unterirdische Kampf, der in diesem Fall beginnt, ist um so ernsthafter, als der Analytiker ja tatsächlich eine Änderung in seinem Patienten hervorrufen will. Seine aufrichtige Versicherung, daß er dem Patienten lediglich dazu verhelfen will, sich selbst und seine inneren Lebensquellen wieder zu finden, hilft nur wenig. Könnte er, der Patient, nicht einem unbeabsichtigten Beeinflussungsversuch unterliegen? Da er ja nicht weiß, wer er »eigentlich« ist, kann er zwischen dem, was er annimmt oder ablehnt, nicht wählen, und auch die größte Sorgfalt seitens des Analytikers, sich jeder persönlichen Beeinflussung zu enthalten, wird daran nichts ändern. Und da er auch nicht weiß, daß er unter einem inneren Zwang leidet, der eine ganz bestimmte Form angenommen hat, so kann er nur ohne Unterscheidungsvermögen gegen jede von außen kommende Absicht, ihn zu ändern, rebellieren. Es erübrigt sich zu sagen, daß dieser sinnlose Kampf nicht nur in der analytischen Situation stattfindet, sondern auch in jeder mehr oder weniger engen Beziehung auftreten muß. Nur eine Analyse dieses inneren Vorganges kann schließlich diese Überempfindlichkeit gegen äußeren Zwang beseitigen.

Dazu kommt noch folgendes: Je bereitwilliger ein Mensch sich den anspruchsvollen Forderungen seines idealisierten Ebenbildes unterwirft, desto mehr wird er diese Nachgiebigkeit externalisieren. Er wird voll guten Willens versuchen, den vermeintlichen Erwartungen des Analytikers – oder irgendeines andern Menschen – zu entsprechen. Er kann zugänglich, ja sogar gutgläubig erscheinen, aber er wird gleichzeitig einen geheimen Groll gegen diesen »Zwang« ansammeln. Dies kann zu dem Ergebnis führen, daß er schließlich jeden anderen Menschen in einer dominierenden Rolle sieht und von einer allgemeinen Feindseligkeit erfüllt wird.

Was aber gewinnt ein Mensch dadurch, daß er seinen inneren Zwang externalisiert? Solange er daran glaubt, daß er von außen kommt, kann er sich dagegen wehren, wenn auch oft nur durch inneren Vorbehalt. Genauso kann ein von außen auferlegter Zwang vermieden werden; man kann die Illusion von Freiheit aufrechterhalten. Bedeutsamer ist jedoch der oben erwähnte Faktor: Durch das Zugeständnis eines inneren Zwangs würde er gleichzeitig zugeben, und zwar mit allen damit zusammenhängenden Konsequenzen, daß er nicht sein idealisiertes Ebenbild ist.

Es wäre interessant zu sehen, ob und wie weit auch die Spuren dieses inneren Zwanges sich in körperlichen Symptomen äußern. Ich habe den Eindruck, daß er zu Asthma, hohem Blutdruck und Verstopfung beiträgt, doch ist meine Erfahrung auf diesem Gebiet beschränkt.

Wir müssen noch das Externalisieren der verschiedenen Erscheinungen betrachten, die zu dem idealisierten Ebenbild im Gegensatz stehen. Dies wird im großen ganzen durch einfache Projektion erreicht – das heißt dadurch, daß man diese Erscheinungen in andern erlebt oder andere für sie verantwortlich macht. Diese beiden Prozesse müssen sich nicht unbedingt gleichzeitig vollziehen. Wir werden in den folgenden Beispielen eine oder die andere bereits erwähnte oder allgemein bekannte Tatsache zu wiederholen haben, aber sie werden uns zu einem tieferen Verständnis der Bedeutung dessen, was eine Projektion ist, verhelfen.

Ein alkoholischer Patient A beklagte sich über die Rücksichtslosigkeit seiner Freundin. Soweit ich den Fall übersah, war diese Klage nicht berechtigt, wenigstens nicht annähernd in dem Maß, wie der Patient es andeutete. Er selber litt unter dem für einen Außenstehenden durchaus sichtbaren Konflikt, einerseits nachgiebig, gutartig und großzügig zu sein, andererseits aber herrschsüchtig, anspruchsvoll und anmaßend. Hier fand also eine Projektion aggressiver Tendenzen statt. Was aber machte diese Projektion nötig? In seinem idealisierten Ebenbild waren aggressive Tendenzen lediglich ein völlig natürlicher Bestandteil einer starken Persönlichkeit. Die hervorragendste Eigenschaft des Ebenbildes war indessen Güte – seit dem heiligen Franziskus gab es keinen so guten Menschen mehr wie ihn, und nie noch gab es solch einen idealen Freund. Sollte also die Projektion sein idealisiertes Ebenbild beschwichtigen wollen? Sicherlich! Jedoch erlaubte sie ihm außerdem, seine aggressiven Tendenzen auszuleben, ohne sich ihrer bewußt zu werden und ohne daher seine Konflikte sehen zu müssen. Er war in ein unlösbares Dilemma verstrickt. Er konnte seine aggressiven Tendenzen nicht aufgeben, denn sie waren zwanghafter Natur. Ebensowenig konnte er sein idealisiertes Ebenbild aufgeben, denn es war das, was ihn zusammenhielt. Die Projektion war ein Ausweg aus seinem Dilemma. Sie war eine Art von *unbewußter Doppelzüngigkeit:* sie ermöglichte ihm, alle seine anmaßenden Forderungen durchzusetzen und dennoch gleichzeitig der ideale Freund zu bleiben.

Dafür, daß der Patient seine Freundin auch noch der Treulosigkeit verdächtigte, war nicht der geringste Beweis vorhanden – sie war ihm auf etwas mütterliche Weise ergeben. Tatsächlich war er es, der gelegentlich Affären hatte, die er geheimhielt. Man könnte hierbei an eine Art von Vergeltungsfurcht denken, die daher rührte, daß er andere nach sich selbst beurteilte. Sicherlich war ein Bedürfnis, sich zu rechtfertigen, mit im Spiel. Die Erwähnung der Möglichkeit einer Projektion homosexueller Tendenzen trug nicht zur Klärung der Situation bei. Der Anhaltspunkt lag in seiner seltsamen Haltung in bezug auf seine eigene Untreue. Die Affären, die er hatte, wurden nicht gerade vergessen, aber sie spielten in der Erinnerung keine wesentliche Rolle. Sie waren kein lebendiges Erlebnis mehr, die vermutete Treulosigkeit der Frau dagegen etwas durchaus Reales. Es handelte sich also hier um das Externalisieren einer Erfahrung, das die gleiche Funktion hatte wie bei dem vorhergegangenen Beispiel: sie gestattete ihm, sein idealisiertes Ebenbild aufrechtzuerhalten und trotzdem zu tun, was er wollte.

Machtpolitik in ihrer Anwendung innerhalb politischer und Berufsgruppen kann als ein anderes Beispiel dienen. Eine derartige Taktik wird oft ganz bewußt dazu benutzt, den Rivalen zu schwächen und die eigene Position zu stärken. Sie kann aber auch aus einem unbewußten Zwiespalt stammen, der dem vorher erwähnten ähnlich ist. In diesem Fall würde es sich um den Ausdruck eines unbewußten Doppelspiels handeln. Alle Intrigen und Manipulationen, die mit einer derartigen Angriffsweise verbunden sind, wären erlaubt, ohne daß dadurch dem idealisierten Ebenbild Abbruch getan würde, während sich andererseits ein ausgezeichneter Weg eröffnete, allen Ärger und Verachtung gegen sich selbst auf eine andere Person zu richten – und zwar, was noch besser ist, auf einen Menschen, dem man eine Niederlage ganz besonders wünscht.

Ich will zum Schluß noch auf eine übliche Methode hinweisen, die dazu dient, eine Verantwortung auf andere abzuwälzen, ohne sie dadurch mit den eigenen Schwierigkeiten zu belasten. Viele Patienten kommen, sobald sie auf gewisse Probleme aufmerksam gemacht werden, sofort auf ihre Kindheit zu sprechen und erklären damit einfach alles. Sie sind empfindlich gegen Zwang, sagen sie, weil sie eine herrschsüchtige Mutter hatten. Sie fühlen sich so leicht gedemütigt, weil sie in ihrer Kindheit so viele Demütigungen zu erleiden hatten; sie sind rachsüchtig, weil sie schon so früh verletzt wurden; sie sind zurückhaltend, weil keiner sie verstanden hat, solange sie jung waren; sie haben Hemmungen in ihrem Geschlechtsleben, weil sie eine solch puritanische Erziehung hatten und so weiter. Ich meine damit nicht die Sitzungen, in denen Analytiker und Patient sich beide ernsthaft um das Verständnis früher Einflüsse bemühen, sondern die übergroße Bereitschaft, in Kindheitserinnerungen zu wühlen, die nur zu endlosen Wiederholungen führt und gewöhnlich mit einer ebenso großen Interesselosigkeit gegenüber den sich gegenwärtig in dem Patienten auswirkenden Kräften verbunden ist.

Da diese Haltung sich auf Freuds Überbetonung alles Genetischen stützt, wollen wir sorgfältig untersuchen, wieviel davon auf Wahrheit beruht und was daran falsch ist. Es stimmt, daß des Patienten neurotische Entwicklung in der Kindheit anfing und daß alle Angaben, die er darüber machen kann, wichtig sind zum Verständnis der besonderen Art seiner Entwicklung. Es stimmt auch, daß er für seine Neurose nicht verantwortlich ist. Der Druck der Umstände war so stark, daß er an der Art seiner Entwicklung nichts ändern konnte. Aus später zu besprechenden Gründen muß der Analytiker gerade diesen Punkt sehr klar hervorheben.

Der Fehler liegt in der Interesselosigkeit des Patienten allen jenen Kräften gegenüber, die sich aufgrund seiner Kindheit in ihm entwickelt haben. Dieses jedoch sind die Kräfte, die in der Gegenwart in ihm wirksam sind und die seinen augenblicklichen Schwierigkeiten zugrunde liegen. Zum Beispiel kann die Tatsache, daß er als Kind soviel Verlogenheit um sich herum erlebt hat, zu seiner zynischen Haltung beigetragen haben. Wenn er aber seinen Zynismus nur auf seine frühen Eindrücke zurückführt, übersieht er sein momentanes Bedürfnis, sich zynisch zu verhalten – ein Bedürfnis, das daher stammt, daß er von zwei divergierenden Idealen gespalten ist und in dem Bemühen um die Lösung dieses Konfliktes alle Werte über Bord wirft. Darüber hinaus neigt er dazu, Verantwortung da auf sich zu nehmen, wo er sie nicht auf sich nehmen kann, und sie zu verweigern, wo er sie übernehmen sollte. Er bezieht sich dauernd auf frühe Erlebnisse, nur um sich beruhigend zu versichern, daß er an gewissen Mängeln einfach keine Schuld hat, wobei er jedoch gleichzeitig die Empfindung hat, daß er aus seinen frühen Schwierigkeiten unversehrt hätte hervorgehen sollen – wie eine weiße Lilie, die unbefleckt dem Schlamm entwächst. Daran ist zum Teil sein idealisiertes Ebenbild schuld, da es ihm nicht gestattet, sich mit vergangenen oder mit gegenwärtigen Mängeln und Konflikten zu akzeptieren. Wichtiger ist noch, daß sein dauerndes Zurückgreifen auf seine Kindheit eine besondere Art der Flucht vor sich selber ist, die ihm jedoch erlaubt, die Illusion eines ehrlichen Bemühens, sich selber kennenzulernen, aufrechtzuerhalten. Weil er externalisiert, kann er die in ihm wirkenden Kräfte nicht wirklich erleben; und er kann sich nicht als aktiven Faktor in seinem eigenen Leben auffassen. Da er es aufgegeben hat, selbst die treibende Kraft zu sein, sieht er sich als einen Ball an, der, wenn er einmal abwärts ins Rollen gebracht worden ist, immer weiter rollen muß.

Die einseitige Betonung, die ein Patient auf seine Kindheit legt, ist ein solch deutlicher Ausdruck seiner Externalisierungstendenzen, daß ich, sobald ich auf diese Haltung stoße, erwarte, einen weitgehend sich selbst entfremdeten Menschen zu finden, der in zunehmendem Maß zentrifugal von sich selber weggetrieben wird. Und bisher habe ich mich in dieser Annahme noch nicht getäuscht.

Die Tendenz zu externalisieren wirkt sich auch in Träumen aus. Wenn der Analytiker in den Träumen als ein Gefängniswärter erscheint, wenn der Gatte die Tür, durch die die Träumerin gehen möchte, zuschlägt, wenn Unfälle sich ereignen oder Hindernisse einem sehr erwünschten Ziel im Wege stehen, stellen diese Träume den Versuch dar, den inneren Konflikt abzuleugnen und ihn äußeren Faktoren zuzuschreiben.

Ein Patient mit einer allgemeinen Externalisierungstendenz ist besonders schwer zu analysieren. Er benimmt sich, als ob er zum Zahnarzt ginge, und erwartet, daß der Analytiker seine Arbeit tut, die ihn selber kaum etwas angeht. Er interessiert sich für die Neurose seiner Frau, seines Freundes oder seines Bruders, aber nicht für seine eigene. Er spricht über die schwierigen Verhältnisse, in denen er lebt, und zögert, seinen eigenen Anteil daran zu untersuchen. Wenn seine Frau nicht so neurotisch wäre oder sein Beruf nicht so aufregend, wäre alles völlig in Ordnung. Lange Zeit sieht er durchaus nicht ein, daß vielleicht emotionelle Kräfte in ihm selber sein könnten; er fürchtet sich vor Geistern, Einbrechern, Gewittern, vor rachsüchtigen Menschen in seiner Umgebung, vor der politischen Situation, aber niemals vor sich selber. Höchstens ist er aus intellektuellen Gründen an seinen Problemen interessiert. Solange er jedoch sozusagen seelisch gar nicht existiert, kann er unmöglich eine dabei vielleicht gewonnene Einsicht auf sein tatsächliches Leben anwenden und sich daher trotz größerer Kenntnis seiner selbst nur wenig ändern.

Externalisieren ist somit im wesentlichen ein unbewußter Prozeß, der darauf abzielt, sich selber auszuschalten. Der Grund dafür, daß dies überhaupt möglich ist, liegt an der ohnedies im neurotischen Vorgang enthaltenen Entfremdung vom eigenen Ich. Wenn das Ich ausgeschaltet wird, ist es nur natürlich, daß damit auch die inneren Konflikte aus dem Bewußtsein verschwinden. Da das Externalisieren den Betreffenden seiner Umwelt gegenüber vorwurfsvoller, rachsüchtiger und ängstlicher macht, ersetzt es die inneren Konflikte durch äußere. Genauer gesagt, erschwert es den ursprünglich für den ganzen neurotischen Prozeß verantwortlichen Konflikt ungeheuer: den Konflikt zwischen dem Individuum und der Außenwelt.

ACHTES KAPITEL

Hilfsmittel zur Erreichung künstlicher Harmonie

Es ist eine Alltagsweisheit, daß eine Lüge in der Regel zu einer andern führt, die zweite braucht dann eine dritte zur Unterstützung und so weiter, bis man in einem verworrenen Netz gefangen ist. Etwas Ähnliches muß in jeder Situation, sowohl im Leben eines einzelnen als auch innerhalb einer Gruppe passieren, wo der Entschluß fehlt, den Dingen wirklich auf den Grund zu gehen. Flickwerk mag zwar helfen, aber es wird neue Probleme hervorrufen, die ihrerseits einen neuen Notbehelf erfordern. Genauso ist es mit den neurotischen Versuchen, den Grundkonflikt zu lösen; und hier wie anderswo nützt nichts anderes als eine radikale Änderung der Zustände, aus denen die ursprüngliche Schwierigkeit entstanden ist. Der Neurotiker statt dessen – und er kann auch nichts anderes tun – häuft eine Scheinlösung auf die andere. Wie wir sahen, kann er versuchen, einer Seite des Konflikts den Vorzug zu geben. Doch bleibt er im Innern genauso zerrissen wie vorher. Er kann zu der drastischen Maßnahme greifen, sich völlig von andern zu distanzieren; aber wenn sich dadurch auch der Konflikt nicht mehr äußern kann, so ist doch sein ganzes Leben auf einen schwankenden Grund gestellt. Er schafft sich ein idealisiertes Ebenbild, in dem er siegreich und einheitlich erscheint, aber dadurch erzeugt er gleichzeitig eine neue Kluft. Er versucht, diese Kluft zu beseitigen, indem er sein Ich ausschaltet, nur, um sich dadurch in einer noch unerträglicheren Lage zu befinden.

Ein solch unsicheres Gleichgewicht bedarf noch ganz anderer Stützen. Der Betreffende greift dann unbewußt zu irgendeiner von vielerlei Maßnahmen, die man als Verblendung, Fragmentierung, Rationalismus, übermäßige Selbstbeherrschung, eigenwillige Rechthaberei, ausweichendes Benehmen und Zynismus bezeichnen kann. Wir wollen nicht versuchen, diese Phänomene an sich zu besprechen – es würde ein zu weitgehendes Unterfangen sein –, sondern nur zeigen, wie sie im Zusammenhang mit Konflikten verwendet werden.

Die Diskrepanz zwischen dem tatsächlichen Benehmen des Neurotikers und dem idealisierten Ebenbild, das er sich zurechtgemacht hat, kann derart auffallend sein, daß man sich nur darüber wundert, wie es möglich ist, daß er selbst sie nicht sieht. Aber weit davon entfernt, dies zu tun, bringt er es fertig, auch einem schreienden Widerspruch gegenüber völlig ahnungslos zu bleiben. Diese Verblendung derart offensichtlichen Widersprüchen gegenüber war einer der ersten Umstände, die meine Aufmerksamkeit auf das Vorhandensein und die Bedeutung der hier beschriebenen Konflikte lenkte. Zum Beispiel erzählte mir ein Patient, der alle Charakterzüge eines nachgiebigen Typs hatte und sich für einen Menschen hielt, der große Ähnlichkeit mit Christus hatte, so nebenbei, daß er in einer Versammlung oft einen seiner Kollegen nach dem andern mit einer kleinen Fingerbewegung erschösse. Zwar war der Zerstörungsdrang, der dieses Töten *in figura* verursachte, zu jener Zeit völlig unbewußt; worauferlegten Zwang Meistens handelt es sich um die übel verdas er mit dem Wort »Spiel« bezeichnete, sein Christus verwandtes Ebenbild nicht störte.

Ein anderer Patient, ein Wissenschaftler, der von sich glaubte, er hänge ernsthaft an seinem Beruf, und sich für einen Erneuerer auf seinem Gebiet hielt, wurde in der Auswahl dessen, was er veröffentlichen wollte, völlig von opportunistischen Gründen gelenkt und schrieb nur Artikel, von denen er annahm, daß sie ihm größere Anerkennung bringen würden. Er machte auch gar keinen Versuch, dies zu verbergen; es bestand hier genau die gleiche glückliche Ahnungslosigkeit gegenüber dem in dieser Haltung liegenden Widerspruch. Und genauso dachte sich ein Mann, der in seinem idealisierten Ebenbild die Güte und Redlichkeit in Person war, nichts dabei, daß er Geld von einem Mädchen annahm, um es für ein anderes auszugeben.

Es ist klar, daß in jedem dieser Fälle die Verblendung die Funktion hatte, die zugrunde liegenden Konflikte nicht offenbar werden zu lassen. Erstaunlich war nur, bis zu welchem Grad dies möglich war, besonders da die betreffenden Patienten nicht nur intelligent, sondern auch psychologisch orientiert waren. Zu sagen, daß wir alle geneigt sind, dem, was wir nicht gern sehen wollen, den Rücken zu kehren, ist bestimmt keine ausreichende Erklärung. Wir sollten hinzufügen, daß der Grad, in dem wir die Dinge verwischen, von der Größe des Interesses, das wir an seiner Verwirklichung haben, abhängt. Alles in allem zeigt diese künstliche Blindheit auf ganz einfache Weise, wie groß unsere Abneigung dagegen ist, Konflikte zu erkennen. Doch das eigentliche Problem ist hier, wie wir es fertig bringen, solche offensichtliche Widersprüche, wie die soeben erwähnten, zu übersehen. Tatsächlich liegen hier besondere Bedingungen vor, ohne die es wirklich unmöglich wäre. Eine davon ist eine außergewöhnliche Stumpfheit emotionellen Erfahrungen gegenüber. Die andere, auf die schon Strecker hingewiesen hat, bezieht sich auf das Phänomen, nur in Abteilungen zu leben*. Strecker, der auch Beispiele für die blinden Flecke gibt, spricht von Bezirken und Abteilungen, die »logik-dicht« seien. Da gibt es eine Abteilung für Freunde und eine für Feinde, eine für die Familie und eine für Außenstehende, eine für das Berufsleben und eine für das Privatleben, eine für Standesgenossen und eine für Untergebene. Daher scheint dem Neurotiker das, was in einer Abteilung vor sich geht, dem, was sich in einer andern ereignet, nicht zu widersprechen. Ein Mensch kann nur dann auf diese Weise existieren, wenn er infolge seiner Konflikte das Gefühl für seine Einheitlichkeit verloren hat. Das Leben in Abteilungen ist daher gleichzeitig das Ergebnis einer Spaltung durch die eigenen Konflikte und ein Hilfsmittel gegen ihre Erkenntnis. Der Vorgang ähnelt dem, den wir in einem Fall des idealisierten Ebenbildes beschrieben haben: Widersprüche bleiben bestehen, aber die Konflikte selbst sind wie weggezaubert. Es ist schwer zu sagen, ob nun dieser Typ des idealisierten Ebenbildes für das Leben in Abteilungen verantwortlich ist oder umgekehrt. Doch scheint es wahrscheinlicher, daß das Leben in einzelnen Bezirken fundamentaler und daher für die Art des erschaffenen Ebenbildes verantwortlich ist.

Um dieses Phänomen ganz würdigen zu können, müssen kulturelle Faktoren in Betracht gezogen werden. Der Mensch wurde in so starkem Maß zu einem bloßen Zahnrad innerhalb des komplizierten Sozialgetriebes, daß die Entfremdung vom Ich beinahe etwas Allgemeines ist, eigentlich menschliche Werte haben an Bedeutung verloren. Als das Resultat unzähliger krasser Widersprüche in unserer Zivilisation entwickelte sich eine allgemeine Abstumpfung gegenüber den Moralbegriffen. Moralische Maß-

---

* Strecker, op. cit., vgl. Anm. S. 98.

stäbe werden so wenig wichtig genommen, daß sich niemand mehr darüber wundert, wenn ein Mensch sich heute wie ein frommer Christ oder ein liebevoller Vater benimmt und morgen wie ein Verbrecher*. Es gibt wenig vollwertige und einheitliche Menschen unter uns, die sich von unserer eigenen Zersplitterung genügend abheben. Die Tatsache, daß Freud Moralwerte innerhalb der analytischen Situation außer acht ließ – eine Folge seiner Überzeugung, daß Psychologie zu den Naturwissenschaften gehöre –, trug dazu bei, den Analytiker gegenüber Widersprüchen dieser Art genauso blind zu machen wie den Patienten. Der Analytiker denkt, es sei »unwissenschaftlich«, seine eigenen moralischen Wertsetzungen zu haben oder sich für diejenigen seiner Patienten zu interessieren. Tatsächlich scheint mir das stillschweigende Hinnehmen von Widersprüchen in vielen theoretischen Formulierungen nicht unbedingt nur auf das moralische Gebiet beschränkt zu sein.

Rationalisierungen können als eine Art von Selbstbetrug durch den Verstand definiert werden. Die allgemeine Ansicht, daß man sich ihrer hauptsächlich bedient, um sich selbst zu rechtfertigen oder seine Beweggründe und Handlungen mit allgemein anerkannten Ideologien in Einklang zu bringen, gilt nur bis zu einem gewissen Grad; die Schlußfolgerung liegt nahe, daß Menschen innerhalb der gleichen Zivilisation alle ungefähr auf die gleiche Weise vernunftgemäße Erklärungen suchen, während in Wirklichkeit sowohl in dem, was erklärt wird, als auch in den dabei angewandten Methoden ein großer Spielraum für individuelle Unterschiede bestehen bleibt. Daß dies so sein muß, ist nur dann selbstverständlich, wenn wir das vernunftgemäße Erklären als einen Weg zur Unterstützung der neurotischen Versuche, eine künstliche Harmonie herzustellen, ansehen. In jedem einzelnen Teil des Verteidigungsgerüstes, das um den Grundkonflikt herum errichtet wird, kann man diesen Vorgang beobachten. Die vorwiegende Haltung wird durch Vernunftgründe verstärkt – Faktoren, die den Konflikt auftauchen lassen könnten, werden entweder verkleinert oder entsprechend verändert. Wie diese selbstbetrügerische Verstandesarbeit der Persönlichkeit dienlich sein kann, zeigt sich, wenn man den nachgiebigen Typ dem ag-

---

* LIN YUTANG, »*Between Tears and Laughter*«, 1943.

gressiven gegenüberstellt. Der erstere schreibt seinen Wunsch, hilfsbereit zu sein, seinem Mitgefühl zu, auch wenn entschieden herrschsüchtige Tendenzen vorhanden sind, und wenn diese zu durchsichtig werden, versucht er sie vernunftgemäß als Besorgnis zu begründen. Wenn der letztere Typ einmal hilfsbereit ist, leugnet er jegliche Sympathiegefühle entschieden ab und schiebt seine Handlungsweise auf rein praktische Motive. Das idealisierte Ebenbild braucht stets ein großes Maß rationaler Erklärungen zu seiner Unterstützung; Widersprüche zwischen dem eigentlichen Ich und dem Ebenbild müssen wegdiskutiert werden. Durch Externalisieren ermöglicht man es, die Wichtigkeit äußerer Umstände zu beweisen oder zu zeigen, daß die dem Betreffenden selber unwillkommenen Züge lediglich eine »natürliche« Reaktion auf das Betragen anderer sind.

Die Tendenz zu *übertriebener Selbstbeherrschung* kann so stark sein, daß ich sie eine Zeitlang für einen der ursprünglichen neurotischen Züge hielt.* Ihre Aufgabe ist es, als Damm gegen ein Überhandnehmen sich widersprechender Gefühle zu dienen. Obwohl es sich dabei anfangs um eine Äußerung bewußter Willenskraft handelt, wird diese mit der Zeit immer automatischer. Menschen, die eine derartige Selbstbeherrschung ausüben, werden sich niemals gestatten, sich gehen zu lassen, weder in Begeisterung noch in sexueller Erregung, Selbstbemitleidung oder Wut. In der Analyse fällt es ihnen unsagbar schwer, frei zu assoziieren; sie vermeiden Alkohol, der ihre Stimmung heben könnte, und ziehen es sogar vor, Schmerzen auszuhalten, statt sich betäuben zu lassen. Kurzum, sie versuchen jeglicher spontanen Reaktion Einhalt zu gebieten. Dieser Zug ist besonders stark in Menschen entwickelt, deren Konflikte ziemlich deutlich an der Oberfläche liegen und die keinen der üblichen Schritte unternommen haben, diese Konflikte zu verbergen; weder wurde eine der sich widersprechenden Verhaltensweisen vorgezogen, noch ist der Distanzierungsprozeß stark genug, um die Konflikte lahmzulegen. Derartige Menschen werden lediglich von ihrem idealisierten Ebenbild zusammengehalten; offenbar ist aber dessen Bindekraft ungenügend, wenn ihr nicht der eine oder andere Versuch zur Herstellung innerer Einheit zu Hilfe kommt. Das

* KAREN HORNEY, »*Selbstanalyse*«, op. cit.

Ebenbild ist besonders dann unzulänglich, wenn es aus zusammengesetzten, gegensätzlichen Elementen besteht. Bewußt oder unbewußt ist dann die Anwendung von Willenskraft nötig, um die sich widersprechenden Impulse im Zaum zu halten. Da die explosivsten Impulse diejenigen einer durch Wut verursachten Gewalttätigkeit sind, wird der größte Energieaufwand für die Beherrschung der Wut benötigt; weil die Wut unterdrückt wird, nimmt sie eine Explosivkraft an, die ihrerseits noch größere Selbstbeherrschung zu ihrer Unterdrückung erfordert. Wenn der Patient auf das Übermaß seiner Selbstbeherrschung aufmerksam gemacht wird, wird er sich durch den Hinweis darauf verteidigen, wie verdienstvoll und notwendig es für jeden zivilisierten Menschen sei, sich selbst zu beherrschen. Was er übersieht, ist die zwanghafte Natur seiner Selbstbeherrschung. Er kann gar nicht anders, als sie aufs unnachgiebigste auszuüben, und wird von einer Panik ergriffen, wenn sie aus irgendeinem Grund nicht funktioniert. Diese Panik mag sich als Furcht, verrückt zu werden, äußern, was ganz deutlich beweist, daß die Funktion der Selbstbeherrschung darin besteht, der Gefahr einer inneren Spaltung vorzubeugen.

Eigenwillige Rechthaberei hat die doppelte Funktion, innere Zweifel und äußere Einflüsse auszuschalten. Zweifel und Unentschiedenheit sind unfehlbar Begleiterscheinungen ungelöster Konflikte, die so intensiv werden können, daß ihre Kraft imstande ist, jede Tätigkeit lahmzulegen. In einem solchen Zustand ist ein Mensch natürlich Einflüssen zugänglich. Wenn unsere Überzeugungen echt sind, dann ist es schwer, uns ins Schwanken zu bringen; wenn wir aber immerzu vor Scheidewegen stehen, ohne uns für eine bestimmte Richtung entschließen zu können, dann mögen irgendwelche äußeren Anlässe, wenn auch nur vorübergehend, ausschlaggebend werden. Darüber hinaus wirkt sich die Unentschiedenheit nicht nur auf mögliche äußere Handlungsweisen aus, sondern auch auf Zweifel an der eigenen Person, an ihren Rechten und ihrem Wert.

Alle diese Unsicherheiten verringern unsere Fähigkeit, mit dem Leben fertig zu werden. Doch sind sie offenbar nicht für jeden gleich unerträglich. Je mehr ein Mensch das Leben als einen unbarmherzigen Kampf ansieht, desto eher wird er Zweifel als ein Zeichen gefährlicher Schwäche betrachten. Je isolierter er ist und je entschiedener er auf seiner Unabhängigkeit besteht, desto mehr wird seine Bereitwilligkeit, fremde Einflüsse zu akzeptieren, zu einer ständigen Quelle des Ärgers. Alle meine Beobachtungen weisen darauf hin, daß die Kombination von vorwiegend aggressiven Zügen mit Distanziertheit der fruchtbarste Boden für die Entwicklung unnachgiebiger Rechthaberei ist; und je näher die Aggression an die Oberfläche kommt, desto aggressiver wird die Rechthaberei. Es handelt sich dabei um den Versuch, Konflikte ein für allemal durch die eigenwillige und unbestimmte Erklärung zu erledigen, daß man unfehlbar im Recht sei. In einem derart durch reine Vernunft beherrschten System sind Gefühle Verräter im eigenen Inneren und müssen durch unaufhörliche Kontrolle im Zaum gehalten werden. Wohl kann man auf diese Weise seinen Frieden erhalten, doch ist es ein Grabesfrieden. Wie nicht anders zu erwarten, verabscheuen solche Menschen den Gedanken an eine Analyse, weil dadurch ihr ganzes so sorgfältig errichtetes System bedroht würde.

Der starren Rechthaberei fast diametral entgegengesetzt, aber ebenfalls ein wirkungsvolles Verteidigungsmittel gegen das Erkennen von Konflikten, ist *die Tendenz auszuweichen*. Patienten, die diese Art der Verteidigung bevorzugen, ähneln oft Märchenfiguren, die sich, wenn sie verfolgt werden, in einem Fisch verwandeln; wenn sie in dieser Gestalt nicht mehr sicher sind, in ein Reh; und wenn der Jäger sie erreicht, fliegen sie als Vogel davon. Man kann sie niemals auf eine Behauptung festlegen; sie werden sie entweder ableugnen oder versichern, sie hätten es nicht so gemeint. Sie haben eine erstaunliche Fähigkeit, alles in der Schwebe zu halten. Es ist ihnen oft nicht möglich, einen konkreten Bericht über ein Geschehnis zu erstatten; wenn sie den Versuch machen, so bleibt der Zuhörer am Ende über das, was sich wirklich ereignet hat, im Ungewissen.

Genauso verworren geht es in ihrem Leben zu. Im einen Moment sind sie bösartig, im nächsten voller Freundlichkeit; manchmal übertrieben rücksichtsvoll, ein andermal unbedenklich rücksichtslos; in mancher Hinsicht herrschsüchtig, in anderer bereit, sich bescheiden zurückzuhalten. Sie suchen nach einem dominierenden Partner, nur, um alsbald zu einem »Speichellecker« überzugehen, dann kehren sie wieder zurück zu dem früheren Typus. Sie werden, wenn sie jemanden schlecht behandelt haben, von Gewissensbissen überwältigt und versuchen, ihr Unrecht wieder gutzumachen, dann glauben sie, sie würden »ausgenützt« und fangen mit ihrem Mißbrauch wieder von vorn an. Nichts ist für sie ganz real.

Der Analytiker kann dadurch wohl verwirrt und entmutigt werden und das Gefühl haben, daß keine Substanz vorhanden ist, mit der sich arbeiten läßt. Doch hierin irrt er sich. Es handelt sich hierbei einfach um Patienten, denen es nicht gelungen ist, sich die allgemein üblichen Mittel zur Vereinheitlichung anzueignen: sie waren nicht imstande, Teile ihrer Konflikte zu unterdrücken, sie konnten auch kein bestimmtes idealisiertes Ebenbild errichten. Man könnte fast sagen, daß gerade sie irgendwie den Wert derartiger Versuche beweisen. Denn wie unerfreulich die Konsequenzen auch sein mögen, Menschen die einen solchen Versuch gemacht haben, sind irgendwie geordneter und schweben nicht annähernd so in der Luft wie der ausweichende Typ. Andrerseits wäre der Analytiker genauso im Irrtum, wenn er seine Arbeit angesichts der Tatsache, daß die Konflikte sichtbar sind und daher nicht erst aus ihrem Versteck hervorgeholt werden müssen, für leicht hielte. Er wird nämlich trotzdem gegen die Abneigung des Patienten, durchschaut zu werden, arbeiten müssen, und dies kann zu einer Niederlage führen, wenn er nicht erkennt, daß dieses Vorgehen der Weg des Patienten ist, wirkliche Einsichten von sich abzuwehren.

Eine letzte Verteidigungsmaßnahme gegen die Erkenntnis von Konflikten ist *Zynismus*, das Ableugnen und Verächtlichmachen moralischer Werte. Tiefe Unsicherheit im Hinblick auf moralische Werte muß in jeder Neurose vorhanden sein, ganz gleich wie dogmatisch der Betreffende sich an die besonderen Aspekte seiner ihm gemäßen Maßstäbe hält. Wenn auch die Herkunft des Zynismus verschieden sein mag, so bleibt doch seine Funktion ohne Unterschied dieselbe, sie dient stets dazu, die Existenz moralischer Werte abzuleugnen und dabei den Neurotiker von der Notwendigkeit zu befreien, sich über das, was er eigentlich glaubt, klar zu werden.

Zynismus kann ganz bewußt sein und als Prinzip einer Macchiavellischen Tradition verteidigt werden. Es kommt lediglich auf den äußeren Schein an. Man kann tun, was man will, solange man nicht dabei ertappt wird. Jedermann ist ein Heuchler, der nicht von Grund auf stupide ist. Ein derartiger Patient kann genauso empfindlich dagegen sein, daß der Analytiker, ganz gleich in welchem Zusammenhang, das Wort Moral benutzt, wie es die Menschen zur Zeit Freuds waren, wenn man von Geschlecht sprach. Aber Zynismus kann auch unbewußt bleiben und hinter einer oberflächlichen Zustimmung zu allgemein anerkannten Ideologien verborgen werden. Auch wenn er sich der Macht, die sein Zynismus über ihn hat, nicht bewußt ist, wird doch die Art und Weise, wie er lebt und über sein Leben spricht, klar erkennen lassen, wie sehr er sich nach den Prinzipien des Zynismus richtet. Auch kann er sich unbeabsichtigt in Widersprüche verwickeln wie ein Patient, der davon überzeugt war, er glaube an Ehrlichkeit und Anstand, aber jeden darum beneidete, der imstande war, sich in betrügerische Manipulationen einzulassen, und sich darüber ärgerte, daß er es nie fertig brachte, in einer derartigen Situation nicht erwischt zu werden. Es ist für die Therapie wichtig, den Patienten zur rechten Zeit zur vollen Erkenntnis seines Zynismus zu bringen und ihm dabei zu helfen, ihn zu verstehen. Es wird auch nötig sein, ihm zu erklären, weshalb es wünschenswert für ihn sei, sich seine eigenen moralischen Wertmaßstäbe zu bilden.

Bisher wurden also die Verteidigungsmittel behandelt, die um den Kern des Grundkonfliktes herum errichtet werden. Der Einfachheit halber werde ich dieses ganze Verteidigungssystem den Schutzbau nennen. Eine Kombination von Verteidigungsmitteln wird in jeder Neurose entwickelt; oft sind alle miteinander vorhanden, wenn auch verschieden stark ausgeprägt.

ZWEITER TEIL

Folgen ungelöster Konflikte

NEUNTES KAPITEL

Befürchtungen

Auf der Suche nach der tieferen Bedeutung eines neurotischen Problems können wir uns leicht in einem Irrgarten von Komplikationen verlieren. Das ist nicht verwunderlich, da wir nicht erwarten können, eine Neurose zu verstehen, wenn wir nicht alle ihre Bestandteile genau kennen. Doch hilft es, gelegentlich etwas Abstand zu gewinnen, um die richtige Perspektive wiederzufinden.

Wir verfolgten die Entwicklung des Schutzbaus Schritt für Schritt. Wir haben gesehen, wie ein Verteidigungsmittel nach dem andern aufgebaut wurde, bis eine verhältnismäßig statische Anordnung erreicht wurde. Was uns am tiefsten dabei beeindruckt, ist die unendliche Arbeit, die in diesem Prozeß aufgewandt wurde, eine Arbeit, die so ungeheuerlich ist, daß man sich immer wieder darüber wundert, was einen Menschen auf einen so mühseligen und kostspieligen Weg treibt. Wir fragen uns, welches die Kräfte sind, die seine Struktur so starr machen und so schwer veränderlich. Ist die Triebfeder des ganzen Prozesses einfach die Furcht vor der explosiven Kraft des Grundkonfliktes? Eine Analogie mag den Weg für die Antwort klären. Wie jede Analogie ist sie keine genaue Parallele und kann daher nur ganz allgemein betrachtet werden. Angenommen, ein Mann mit einer zweifelhaften Vergangenheit machte seinen Weg innerhalb einer bestimmten Gemeinde unter falschen Voraussetzungen. Er wird natürlich in steter Furcht leben, daß seine Vergangenheit entlarvt wird. Im Verlauf der Jahre bessert sich seine Lage; er gewinnt Freunde, hat eine Stellung, gründet eine Familie. Weil seine neue Position ihm teuer ist, erfüllt ihn eine neue Furcht, nämlich die, alle diese Dinge wieder zu verlieren. Sein Stolz auf das gewonnene Ansehen trennt ihn von seiner anrüchigen Vergangenheit. Er spendet große Summen für Wohltätigkeit und sogar für seine früheren Gefährten, um sein vergangenes Leben auszulöschen. Inzwischen beginnen die Änderungen, die in seiner Persönlichkeit vor sich gegangen sind, ihn weiterhin in neue Konflikte zu verwickeln, mit dem Erfolg, daß die Tatsache, daß er sein gegenwärtiges Leben unter falschen Voraussetzungen begonnen hat, schließlich nur noch unterschwellig zu seiner Beunruhigung beiträgt.

So bleibt innerhalb des Gebildes, das sich der Neurotiker errichtet hat, der Grundkonflikt, wenn auch in verwandelter Form, bestehen. In mancher Hinsicht ist er gemildert, in anderer verschärft. Aber infolge des *circulus vitiosus*, der in dem ganzen Prozeß enthalten ist, werden die sich daraus ergebenden Konflikte immer dringlicher. Was sie am meisten verschärft, ist die Tatsache, daß jede neue Verteidigungsstellung die Beziehungen zu sich selbst und zu anderen immer mehr verschlechtert – und wie wir sahen, ist dies der Boden, aus dem die Konflikte wachsen. Wenn darüber hinaus neue Elemente, mögen sie auch noch so sehr hinter Illusionen verborgen werden (ob diese Illusionen nun in Liebe oder Erfolg, in Distanzierung oder dem Aufbau eines idealisierten Ebenbildes bestehen) eine wichtige Rolle in seinem Leben zu spielen beginnen, wird eine andersartige Furcht erzeugt, nämlich die, daß seine Schätze von irgend etwas bedroht werden könnten. Und während all dieser Zeit beraubt ihn seine zunehmende Entfremdung von sich selbst mehr und mehr der Fähigkeit, an sich selber zu arbeiten und sich von seinen Schwierigkeiten zu befreien. Psychische Trägheit beginnt an die Stelle planvollen Wachstums zu treten.

Der Schutzbau ist bei all seiner Starrheit äußerst zerbrechlich und ruft neue Befürchtungen hervor. Eine dieser Befürchtungen besteht darin, daß das innere Gleichgewicht erschüttert werden könnte. Wenn der Schutzbau einem Menschen auch ein gewisses Gefühl von Gleichgewicht verleiht, so ist es doch leicht, ihn ins Schwanken zu bringen. Der Betreffende selber ist sich dieser Drohung nicht klar bewußt, aber er kann doch nicht verhindern, daß er sie auf verschiedene Weise zu spüren bekommt. Die Erfahrung hat ihn gelehrt, daß er scheinbar ohne jede Ursache aus der Fassung gebracht werden kann, daß er wütend, beschwingt, niedergedrückt, müde oder gehemmt sein kann, wenn er es am wenigsten erwartet oder wünscht. Alle diese Erfahrungen zusammen geben ihm ein Gefühl der Unsicherheit, das Gefühl, daß er sich nicht auf sich verlassen kann. Es ist, als ob er sich auf sehr dünnem Eis bewege. Seine Unausgeglichenheit kann sich in seinem Gang und seiner Haltung ausdrücken oder ganz allgemein in Ungeschicklichkeit, überall wo Körperbeherrschung erforderlich ist.

Der deutlichste Ausdruck dieser Furcht ist diejenige, verrückt zu werden. Wenn diese Furcht besonders stark vorhanden ist, kann sie zu dem ausschlaggebenden Symptom werden, das einen Menschen dazu treibt, psychiatrische Hilfe zu suchen. In solchen Fällen wird die Furcht auch oft durch unterdrückte Impulse verstärkt, alle möglichen »Verrücktheiten« zu begehen, die meist einen destruktiven Charakter haben, ohne daß der Betreffende sich dafür verantwortlich fühlt. Die Furcht davor, verrückt zu werden, darf nicht als Zeichen dafür angesehen werden, daß ein Mensch tatsächlich verrückt würde. Sie geht gewöhnlich wieder vorbei und taucht nur in einem Zustand akuter Verzweiflung auf. Ihre stärkste Wirkung äußert sich in einer plötzlichen Bedrohung des idealisierten Ebenbildes oder in einer steigenden Spannung – an der gewöhnlich eine unbewußte Wut schuld ist –, die die übermäßige Selbstbeherrschung gefährdet. Zum Beispiel hatte eine Frau, die sich selbst für ausgeglichen und mutig hielt, einen Panikanfall, als sie in einer schwierigen Situation von einem Gefühl der Hilflosigkeit und Sorge und heftigem Ärger ergriffen wurde. Ihr idealisiertes Ebenbild, das sie wie ein Stahlband zusammengehalten hatte, löste sich plötzlich auf und hinterließ sie mit der Furcht, in Stücke gerissen zu werden. Wir sprachen bereits über die Panik, die sich eines distanzierten Menschen bemächtigen kann, wenn er aus seiner schützenden Einsamkeit gerissen und in nahe Berührung mit andern gebracht wird – zum Beispiel wenn er zum Militär kommt, oder mit Verwandten zusammen leben muß. Das Entsetzen über diese Situation kann sich in Form einer Furcht, verrückt zu werden, äußern, und in einem solchen Zustand können psychotische Episoden tatsächlich vorkommen. Eine ähnliche Furcht kann während der Analyse auftreten, wenn ein Patient, der unter großen Mühen zu einer künstlichen Harmonie gelangt war, plötzlich seine innere Spaltung entdeckt.

Daß die Furcht vor dem Verrücktwerden häufig durch unbewußte Wut verursacht wird, zeigt sich oft in der Analyse. Wenn die Furcht nachläßt, äußern sich ihre Überbleibsel als Angst, Menschen zu beleidigen, zu schlagen, ja sogar sie, wenn die Situation Selbstbeherrschung unmöglich macht, zu töten. Es tritt dann die Furcht auf, daß man im Schlaf oder unter dem Einfluß von Alkohol, Äther, oder geschlechtlicher Erregung einen Akt von Gewalttätigkeit begehen könnte. Die Wut selber kann bewußt sein, oder sie kann im Bewußtsein als ein zwanghafter Trieb zu Gewalttätigkeiten, ohne jeden gefühlsmäßigen Zusammenhang, auftauchen. Sie kann aber auch völlig unbewußt bleiben; alles was der Betreffende in einem solchen Fall bemerkt, sind plötzlich auftretende vage Panikanfälle, die manchmal von Schweißausbrüchen, Schwindel oder Furcht davor, ohnmächtig zu werden, begleitet sind – Anzeichen dafür, daß eine schwelende Furcht vorhanden ist, die heftigen Impulse könnten unbezähmbar werden. Wo es sich um ein Externalisieren der Furcht handelt, kann der Betreffende sich vor Gewittern, vor Geistern, Einbrechern und Schlangen und so weiter fürchten – das heißt vor jeder potentiell destruktiven Gewalt außerhalb seiner selbst.

Aber schließlich kommt die Furcht, verrückt zu werden, doch relativ selten vor. Sie ist nur der augenfälligste Ausdruck der Furcht davor, aus dem Gleichgewicht zu geraten. Gewöhnlich arbeitet sie mehr im Verborgenen. Ihre Formen sind vage und unklar und können durch jeden Wechsel einer gewohnten Lebensweise hervorgerufen werden. Menschen, die ihr ausgesetzt sind, können durch eine geplante Reise, einen Umzug, eine neue Stellung oder einen neuen Dienstboten und so weiter aufs tiefste beunruhigt werden. Wenn nur irgend möglich, versuchen sie derartige Veränderungen zu vermeiden. Die Bedrohung des *status quo* kann ein Grund sein, Patienten davon abzuhalten, sich analysieren zu lassen, besonders wenn sie eine Lebensweise gefunden haben, die ihnen gestattet, mit allem einigermaßen reibungslos fertig zu werden. Wenn sie die Ratsamkeit einer Analyse besprechen, so werden sie sich mit Fragen beschäftigen, die auf den ersten Blick vernünftig erscheinen: Wird die Analyse ihre Ehe entwurzeln? Werden sie dadurch vorübergehend arbeitsunfähig? Wird es sie reizbar machen? Werden ihre religiösen Gefühle dadurch gestört? Wie wir sehen werden, sind solche Fragen teilweise durch die Hoffnungslosigkeit des Patienten verursacht; er glaubt, es sei nicht der Mühe wert, ein Risiko einzugehen. Aber es liegt auch eine reale Besorgnis hinter diesen Dingen: Er braucht eine Zusicherung dafür, daß die Analyse sein Gleichgewicht nicht erschüttern werde. Wir können in einem solchen Fall mit Sicherheit annehmen, daß das Gleichgewicht ganz besonders leicht zu erschüttern ist und daß die Analyse schwierig sein wird.

Kann der Analytiker dem Patienten die gewünschte Beruhigung geben? Nein, er kann es nicht. Jede Analyse muß vorübergehende Aufregungen hervorrufen. Was der Analytiker jedoch tun kann, ist, solchen Fragen auf den Grund zu gehen, dem Patienten zu erklären, wovor er eigentlich Angst hat, und ihm zu sagen, daß, wenn die Analyse auch sein derzeitiges Gleichgewicht erschüttern werde, sie ihm dafür eine Möglichkeit bietet, ein Gleichgewicht zu erlangen, das auf festeren Füßen steht.

Eine andere Furcht, die von dem Schutzbau erzeugt wurde, ist die *Furcht vor Bloßstellung*. Ihre Quelle liegt in den vielen Vorspiegelungen falscher Tatsachen, die für die Entwicklung und Aufrechterhaltung der ganzen Struktur nötig sind. Diese werden in Verbindung mit der durch die ungelösten Konflikte veranlaßten Gefährdung der moralischen Integrität beschrieben werden. Im Augenblick genügt es zu zeigen, daß ein neurotischer Mensch vor sich selbst und vor der Außenwelt anders erscheinen möchte, als er eigentlich ist – harmonischer, nüchterner, großzügiger, mächtiger oder rücksichtsloser. Es wäre schwer zu sagen, ob er größere Angst davor hat, vor sich selbst oder vor andern bloßgestellt zu werden. In seinem Bewußtsein sind es die andern, die ihn am stärksten beunruhigen, und je mehr er seine Befürchtungen externalisiert, desto besorgter wird er, daß andere ihn durchschauen könnten. Er kann in einem solchen Fall sagen, daß es ganz egal sei, was er selbst über sich denke; daß er selbst dahinter gekommen sei, was für ein Versager er sei; das alles ließe sich aber ertragen, wenn es nur den andern verborgen bliebe. In Wirklichkeit verhält es sich allerdings nicht so, doch das sind seine bewußten Empfindungen, und sie zeigen uns das Ausmaß der vorhandenen Externalisierungstendenz.

Die Furcht vor Bloßstellung kann ein ganz unklares Gefühl sein, man sei nur ein Bluffer, oder sie kann mit einer besonderen Eigenschaft verbunden sein, die nur in ganz losem Zusammenhang mit dem steht, wovon man sich wirklich beunruhigt fühlt. Ein Mensch kann fürchten, nicht so intelligent, so kompetent, so gebildet oder so anziehend zu sein, wie er glaubte, womit er die Furcht auf Eigenschaften schiebt, die nichts mit seinem Charakter zu tun haben. So erinnerte sich ein Patient daran, daß er in früher Kindheit von der Furcht verfolgt worden war, er verdanke die Tatsache, daß er der erste in seiner Klasse war, lediglich dem Umstand, daß er zu bluffen verstand. Bei jedem Schulwechsel war er davon überzeugt, daß man es diesmal merken würde, und die Furcht blieb sogar auch dann noch bestehen, wenn er sich wieder den obersten Platz in seiner Klasse erobert hatte. Dieses Gefühl verursachte ihm einiges Kopfzerbrechen, doch war er nicht imstande, die Ursache herauszufinden. Er konnte deshalb keine Einsicht in das Problem gewinnen, weil er auf der falschen Spur war: seine Furcht vor Entlarvung bezog sich gar nicht auf seine Intelligenz, sondern war lediglich auf diese Sphäre abgeschoben worden. In Wirklichkeit bezog sie sich auf den unbewußten Anspruch darauf, ein guter Kerl zu sein, dem nichts an guten Noten lag, während er in Wirklichkeit von einem destruktiven Bedürfnis besessen war, über andere zu triumphieren. Dieses Beispiel führt zu einer allgemein gültigen Feststellung. Die Furcht, nur zu bluffen, bezieht sich stets auf etwas ganz Bestimmtes, in der Regel jedoch auf etwas ganz anderes, als der Betreffende glaubt. Ein auffallendes Symptom dafür ist das Erröten oder die Furcht davor. Da der Patient sich davor fürchtet, daß eine unbewußte Vorspiegelung zutage kommen könne, wäre es ein schwerer Fehler, wenn der Analytiker aufgrund seiner Beobachtung der Furcht des Patienten, ertappt zu werden, nach einer Erfahrung des letzteren suchen würde, über die er sich zu schämen scheint und die er zu verbergen sucht. Dann würde der Patient sich nur mehr und mehr davor fürchten, daß es sich um etwas ganz besonders Schlimmes handeln müsse, vor dessen Enthüllung er unbewußt zurückscheut. Eine derartige Situation verleitet zu quälender Grübelei, aber nicht zu konstruktiver Arbeit. Er wird vielleicht genauer nach Einzelheiten in sexuellen Episoden oder nach destruktiven Trieben forschen. Aber die Furcht vor Bloßstellung wird so lange bestehen bleiben, bis der Analytiker erkennt, daß er nur an *einer* Seite des Konfliktes arbeitet, in dem sein Patient befangen ist.

Furcht vor der Bloßstellung kann durch jede Situation hervorgerufen werden, in der der Neurotiker glaubt, er würde auf die Probe gestellt. Dies könnte sich auf den Antritt einer neuen Stellung, auf das Gewinnen neuer Freunde, auf den Eintritt in eine neue Schule, auf Prüfungen, gesellige Zusammenkünfte oder jedes andere Auftreten beziehen, bei dem er auffallen könnte, auch wenn es sich um nichts anderes handelt, als um die Beteiligung an einer Diskussion. Oft ist das, was bewußt als Angst vor einem Mißerfolg empfunden wird, in Wirklichkeit nur Angst vor der Bloßstellung und wird daher durch Erfolge nicht gemildert. Der Betreffende wird höchstens den Eindruck haben, daß er diesmal noch »davonkam«, aber was wird das nächste Mal passieren? Und wenn er einen Fehlschlag erleiden sollte, wird er nur noch mehr davon überzeugt sein, daß er von jeher nur ein großer Bluffer war und daß er diesmal ertappt worden sei. Eine Folge solcher Gefühle ist Schüchternheit, besonders in jeder neuen Situation. Eine andre ist Vorsicht angesichts der Tatsache, daß man ihn gern hat und schätzt. Der Betreffende wird bewußt oder unbewußt das Gefühl haben: »Jetzt haben sie mich gern, wenn sie mich aber wirklich kennten, würden sie anders empfinden.« Selbstverständlich spielt in der Analyse, die den ausgesprochenen Zweck hat, »hinter die Dinge zu kommen«, diese Furcht eine Rolle.

Jede neue Furcht erfordert eine neue Serie von Verteidigungsmitteln. Diejenigen, die gegen die Furcht vor Bloßstellung errichtet wurden, fallen in entgegengesetzte Kategorien und sind abhängig von der gesamten Charakterstruktur. Auf der einen Seite besteht die Tendenz, Situationen, in denen man irgendwie auf die Probe gestellt werden könnte, zu vermeiden; und, wenn dies möglich ist, sich zurückhaltend und beherrscht zu verhalten und eine undurchdringliche Maske zu tragen. Auf der einen Seite wird ganz bewußt der Versuch gemacht, derart vollkommen zu bluffen, daß man keine Angst vor einer Bloßstellung zu haben braucht. Diese letztere Haltung ist nicht nur defensiv. Die Kunst, vollendet zu bluffen, wird auch von Individuen, die dem aggressiven Typus angehören und nur auf dem Umweg über andere leben, angewandt, und zwar als ein Mittel, diejenigen, die sie auszubeuten beabsichtigen, zu beeindrucken; jeder Versuch, sie zur Rede zu stellen, wird einem listigen Gegenangriff begegnen. Ich spreche hier von offenkundig sadistischen Personen. Wir werden später sehen, wie dieser Zug in die ganze Struktur hineinpaßt.

Wir werden die Furcht vor Bloßstellung verstehen, wenn wir zwei Fragen beantwortet haben: »Vor welcher Enthüllung fürchtet sich ein Mensch?« und: »Was fürchtet er im Fall einer

Enthüllung?« Die erste Frage haben wir bereits beantwortet. Um die zweite zu beantworten, müssen wir uns mit noch einer andern Furcht beschäftigen, die aus dem Schutzbau stammt, der Furcht vor *Geringschätzung, Demütigung und Lächerlichkeit.* Während die Labilität der Struktur für die Furcht vor einer Gleichgewichtsstörung verantwortlich ist und die damit verbundene unbewußte betrügerische Haltung die Furcht vor der Bloßstellung erzeugt, kommt die Furcht vor Demütigung aus verletzter Selbstachtung. Wir berührten diesen Punkt in einem andern Zusammenhang. Die Schaffung eines idealisierten Ebenbildes und der Externalisierungsprozeß stellen Versuche dar, eine beschädigte Selbstachtung wiederherzustellen, aber wie wir sahen, wird sie durch beide nur noch mehr verletzt.

Wenn wir uns aus der Vogelperspektive ansehen, was mit der Selbstachtung im Verlauf einer neurotischen Entwicklung geschieht, dann stoßen wir auf zwei verschiedene Paare von Vorgängen, die sich in einer Wechselbeziehung zueinander befinden. Wenn die realistische Selbstachtung sinkt, kommt ein unrealistischer Stolz zum Vorschein – Stolz darüber, daß man so aggressiv, so einzigartig, so allmächtig und so allwissend ist. Auf der anderen Seite tritt das wirkliche Selbst des Neurotikers immer mehr zurück, was dadurch ausgeglichen wird, daß er andern Menschen eine riesenhafte Statur verleiht. Durch die Verschattung großer Gebiete des Selbsts sowohl infolge von Unterdrückung und Hemmung als auch durch Idealisierung und Externalisieren verliert der Betreffende die Fähigkeit, sich als sich selbst zu sehen; er fühlt sich, falls er es nicht schon wirklich ist, wie ein Schatten ohne Gewicht und Substanz. Und inzwischen macht sein Bedürfnis nach andern und seine Furcht vor ihnen sie nicht nur immer schrecklicher, sondern auch immer notwendiger. Infolgedessen findet er sein Schwergewicht mehr in anderen als in sich selbst, und er tritt Vorrechte an sie ab, die eigentlich ihm zukommen. Die Folge davon ist, daß er unverhältnismäßig großen Wert auf ihr Urteil legt, während seine eigene Selbstbeurteilung an Bedeutung verliert. Dies verleiht der Meinung der andern eine überwältigende Macht.

Die gerade geschilderten Vorgänge zusammen bilden die Ursache für die außerordentliche Verletzbarkeit des Neurotikers gegenüber jeglicher Geringschätzung, Demütigung und Lächerlichkeit. Und diese Vorgänge sind so sehr ein Teil jeder Neurose, daß eine Überempfindlichkeit in dieser Hinsicht ganz allgemein üblich ist. Wenn wir uns über die mannigfachen Quellen der Furcht vor Geringschätzung klar geworden sind, werden wir sehen, daß ihre Beseitigung kein einfaches Unternehmen ist. Sie kann nur in dem Maß verschwinden, in dem die ganze Neurose verschwindet.

Eine allgemeine Folge dieser Furcht ist, daß sich der Neurotiker abseits gestellt sieht und feindlich gegen andere gestimmt wird. Aber wichtiger noch ist ihre Macht, die auch nur einigermaßen stark von ihr befallen sind, die Aktivität aller zu beeinträchtigen. Sie wagen es nicht, von andern irgend etwas zu erwarten oder sich selber hohe Ziele zu stecken. Sie trauen sich nicht, sich Menschen zu nähern, die ihnen irgendwie überlegen zu sein scheinen; sie wagen es nicht, eine Meinung zu äußern, auch, wenn sie wirklich etwas Wesentliches zu einer Diskussion beitragen könnten; sie wagen es nicht, ihre schöpferischen Fähigkeiten auszuüben, auch wenn sie solche haben; sie wagen es nicht, anziehend zu wirken, andere zu beeindrucken, eine bessere Stellung zu suchen und so weiter. Wenn sie in Versuchung geraten, irgendeinen derartigen Versuch zu machen, so hält sie die bedrückende Furcht, sich lächerlich zu machen, zurück, und sie finden ihre Zuflucht in Zurückhaltung und Würde.

Unmerklicher als die Befürchtungen, die wir beschrieben haben, ist eine andere, die als eine Kondensation aller erwähnten und noch anderer Befürchtungen, die innerhalb einer neurotischen Entwicklung entstehen, angesehen werden kann. Das ist die Furcht vor jeder *Änderung im eigenen Innern*. Patienten reagieren auf die Idee einer derartigen Änderung, indem sie eine von zwei extremen Haltungen annehmen. Entweder unternehmen sie gar nichts in dem Gefühl, daß durch ein Wunder in irgendeiner verschleierten Zukunft von selbst eine Änderung stattfinden werde, oder aber sie versuchen, sich zu schnell und mit zu geringem Verständnis zu ändern. Im ersten Fall glauben sie, daß es völlig genügt, irgendein Problem flüchtig zu streifen oder irgendeine Schwäche zuzugeben; der Gedanke, daß sie, um zu einer inneren Einheit zu gelangen, tatsächlich ihre Haltungen und Triebe ändern müssen, trifft sie wie ein Schlag und macht sie unsicher. Sie müssen zwar die Gültigkeit dieser Feststellung anerkennen, aber unbewußt lehnen sie sie dennoch ab. Die umgekehrte Haltung läuft auf die unbewußte Vorspiegelung einer Änderung hinaus. Diese ergibt sich zum Teil aus dem Wunsch, sich zu ändern, der aus der Unduldsamkeit des Patienten gegen jede Unvollkommenheit in sich selber erwuchs; aber sie ist auch von dem unbewußten Gefühl seiner Allmacht bestimmt – der bloße Wunsch, daß eine Schwierigkeit verschwinden solle, müßte genügen, sie zu beseitigen.

Hinter der Furcht vor einer Änderung stehen Bedenken, daß man seinen Zustand verschlimmern könnte – das heißt, man fürchtet das idealisierte Ebenbild zu verlieren, sich in sein verschmähtes Selbst zu verwandeln, wie jeder andere zu werden oder sich durch die Analyse in eine leere Hülse zu verwandeln; man hat Angst vor dem Unbekannten und davor, Sicherheitsmaßnahmen und bislang errungene Befriedigungen aufgeben zu müssen, und zwar besonders diejenigen, hinter Phantomen herzujagen, die eine Lösung versprechen; und zu guter Letzt steht eine Furcht dahinter, nicht imstande zu sein, sich zu ändern – eine Furcht, die wir besser verstehen werden, wenn wir die neurotische Hoffnungslosigkeit besprechen werden.

Alle diese Befürchtungen stammen aus ungelösten Konflikten. Aber weil wir uns ihnen aussetzen müssen, wenn wir zu einer inneren Einheit kommen wollen, hindern sie uns auch gleichzeitig daran, uns selber gegenüberzutreten. Sie sind sozusagen das Fegefeuer, durch das wir hindurch müssen, ehe wir Rettung erlangen können.

ZEHNTES KAPITEL

Die Verarmung der Persönlichkeit

Will man die Folgen ungelöster Konflikte betrachten, so begibt man sich auf ein scheinbar unbegrenztes und noch sehr wenig erforschtes Gebiet. Wir könnten möglicherweise dadurch an die Sache herankommen, daß wir gewisse symptomatische Störungen wie Depression oder Trunksucht, Epilepsie oder Schizophrenie besprechen, in der Hoffnung, auf diese Weise ein besseres Verständnis für spezielle Störungen zu gewinnen. Ich ziehe jedoch vor, sie von einem etwas allgemeineren Standpunkt aus zu betrachten und die Frage aufzuwerfen: Welche Einschränkung bedeuten ungelöste Konflikte für unsere Energie, unsere innere Einheitlichkeit und unser Glück? Ich finde es besser, von dieser Seite an die Dinge heranzukommen, weil ich davon überzeugt bin, daß wir die Bedeutsamkeit einer symptomatischen Störung nicht erfassen können, ohne ihre elementaren menschlichen Grundlagen richtig zu verstehen. Die Tendenz der modernen Psychiatrie, sich als Erklärung für existierende Syndrome nach einer passenden theoretischen Formel umzusehen, ist im Hinblick auf das Bedürfnis des Klinikers, dessen Aufgabe es ist, sich mit ihnen zu befassen, ganz natürlich. Aber ein solches Beginnen ist so wenig aussichtsvoll – ganz abgesehen davon, daß es unwissenschaftlich ist –, wie wenn ein Architekt das oberste Stockwerk eines Hauses vor der Errichtung des Fundamentes errichten wollte.

Einige der hier in Frage kommenden Elemente wurden bereits erwähnt und müssen hier nur etwas ausführlicher behandelt werden. Andere ergeben sich aus den vorhergegangenen Ausführungen, und einige weitere müssen noch hinzugefügt werden. Es ist unsere Absicht, im Leser nicht nur die vage Vermutung zu hinterlassen, daß ungelöste Konflikte schädlich seien, sondern ihm ein möglichst klares und umfassendes Bild davon zu geben, welch eine Verwüstung sie in einer Persönlichkeit anrichten können.

Mit ungelösten Konflikten zu leben, bedeutet in erster Linie eine ungeheure Verschwendung *menschlicher Energien*, eine

Verschwendung, die nicht nur durch die Konflikte selber, sondern durch all die abwegigen Versuche, sie loszuwerden, veranlaßt wird. Ein Mensch, der von innen heraus gespalten ist, kann seine Energien niemals voll und ganz auf eine Sache konzentrieren, er möchte vielmehr stets zwei oder mehr unvereinbare Ziele gleichzeitig verfolgen. Das bedeutet, daß er seine Energien entweder zersplittert oder seine eigenen Anstrengungen aktiv zunichte macht. Ein Beispiel für den ersten Fall finden wir in Menschen, die wie im Fall Peer Gynts durch ihr idealisiertes Ebenbild in dem Glauben gewiegt werden, sie könnten sich in allem und jedem auszeichnen. In einer solchen Verfassung möchte eine Frau gleichzeitig eine ideale Mutter, eine vollkommene Köchin und Gastgeberin sein, sich gut anziehen, eine hervorragende gesellschaftliche und politische Rolle spielen, eine ergebene Ehefrau sein, außereheliche Beziehungen haben und noch obendrein eigene schöpferische Arbeit leisten. Es erübrigt sich zu sagen, daß dies unmöglich ist; es kann gar nicht anders sein, als daß ihr alle ihre Bemühungen mißlingen und sie ihre Energien verschwendet, wie begabt sie auch sein mag.

Häufiger tritt der Fall auf, daß eine einzelne Bemühung vereitelt wird, weil unvereinbare Beweggründe einander im Wege stehen. Ein Mann möchte gern ein guter Freund sein, ist aber so herrschsüchtig und anspruchsvoll, daß er seine Fähigkeiten für eine wirkliche Freundschaft nie in die Tat umsetzen kann. Ein anderer möchte, daß seine Kinder in der Welt voran kommen, aber sein persönliches Machtstreben und seine beharrliche Rechthaberei stellen sich diesem Wunsch immer wieder in den Weg. Ein anderer möchte ein Buch schreiben, bekommt aber unerträgliche Kopfschmerzen oder wird von tödlicher Müdigkeit gepackt, wenn er nicht auf der Stelle für das, was er sagen will, eine richtige Formulierung findet. Für ein solches Versagen ist wieder das idealisierte Ebenbild verantwortlich: Wenn er doch so ein Meister ist, weshalb sollten da die glänzenden Gedanken nicht aus seiner Feder strömen wie Kaninchen aus dem Hut des Zauberers? Und wenn dies nicht glückt, dann platzt er vor Wut auf sich selber. Ein anderer kann eine wirklich wertvolle Idee haben, die er gern in einer Versammlung vortragen möchte. Doch er möchte sie nicht nur auf eindrucksvolle Weise vorbringen und andere dabei in den Schatten stellen; er möchte auch Wohlwollen gewinnen und eine gegenteilige Meinung vermeiden, gleichzeitig aber sieht er voraus, daß er sich lächerlich machen würde, weil er seine Selbstverachtung externalisiert. Die Folge ist, daß er überhaupt nicht denken kann, und der treffliche Gedanke, den er hätte produzieren können, erstirbt im Keim. Wieder ein anderer könnte ein ausgezeichneter Organisator sein, aber infolge seiner sadistischen Neigungen nimmt er seine ganze Umgebung gegen sich ein. Es ist kaum nötig, noch weitere Beispiele zu zitieren, weil jeder von uns imstande ist, eine genügende Anzahl zu finden, wenn wir uns selber oder unsere Umgebung beobachten.

Doch besteht ganz offenbar eine Ausnahme bei diesem allgemeinen Mangel an einer klaren Richtung. Neurotische Menschen zeigen manchmal eine seltsame Einseitigkeit in ihren Absichten; Männer sind imstande, alles, sogar ihre Menschenwürde, für ihren Ehrgeiz zu opfern; Frauen möchten nichts anderes von ihrem Leben haben als Liebe; Eltern können ihr gesamtes Interesse ausschließlich ihren Kindern opfern. Solche Menschen erwecken den Eindruck völliger Einheitlichkeit. Aber sie jagen, wie wir gesehen haben, in Wirklichkeit einer Fata Morgana nach, die ihnen scheinbar eine Lösung ihrer Konflikte verspricht. Ihr offenbar restloser Einsatz ist mehr ein Zeichen von Verzweiflung als ein Beweis ihrer völligen Einheitlichkeit.

Es sind nicht allein die sich widersprechenden Bedürfnisse, die Energien verzehren und zersplittern. Andere Faktoren des Schutzbaus haben den gleichen Effekt. Da ist die Verdunkelung großer Gebiete innerhalb der Persönlichkeit, an der die Unterdrückung von Teilen des Grundkonflikts schuld ist. Die verdunkelten Stellen sind immer noch aktiv genug um störend eingreifen zu können, sie können jedoch nicht für konstruktive Zwecke genutzt werden. Dieser Prozeß veranlaßt daher einen Verlust von Energien, die sonst dazu benutzt werden könnten, Selbstvertrauen oder eine gute Zusammenarbeit zu ermöglichen oder aber gute menschliche Beziehungen herzustellen. Um noch einen letzten Faktor zu erwähnen, so kann die Entfremdung vom eigenen Ich einen Menschen seiner eigentlichen Triebkraft berauben. Er kann noch immer ein guter Arbeiter sein, er ist sogar imstande, sich beträchtlich anzustrengen, wenn er unter äußerem Druck steht, aber er bricht zusammen, sowie er sich selber überlassen ist. Das bedeutet nicht nur, daß er unfähig ist, etwas Konstruktives oder Erfreuliches in seiner freien Zeit auszuführen, sondern sogar daß alle seine schöpferischen Kräfte der Vernichtung anheimfallen können.

Meistens erzeugt die Vereinigung verschiedener Faktoren eine Hemmung, die sich auf ein großes Gebiet erstreckt. Um eine einzige Hemmung zu verstehen und allmählich entfernen zu können, müssen wir in der Regel immer wieder auf sie zurückkommen und von allen hier besprochenen Seiten an sie herangehen.

Verschwendete und falsch angewandte Energien können hauptsächlich aus drei Störungen stammen, die alle symptomatisch für ungelöste Konflikte sind. Eine davon ist eine allgemeine *Unschlüssigkeit*. Sie kann sich überall geltend machen, in nichtigen Kleinigkeiten und in Angelegenheiten von größter persönlicher Wichtigkeit. Es kann ein endloses Hin und Her entstehen, bis man sich entscheidet, ob man dieses oder jenes Gericht essen, diesen oder jenen Koffer kaufen, ob man ins Kino gehen oder am Radio sitzen soll. Es kann dem Neurotiker unmöglich sein, sich für eine Laufbahn zu entschließen; sich für eine von zwei Frauen zu entscheiden; zu bestimmen, ob er sich scheiden lassen soll oder nicht; ob er sterben oder leben möchte. Der Zwang zu einer Entscheidung, die getroffen werden *muß* und die dann unwiderruflich wäre, ist eine große Zumutung und kann einen solchen Menschen in einen Zustand völliger Erschöpfung und Panik versetzen.

Obwohl ihre Unschlüssigkeit sehr deutlich ist, werden sich Menschen ihrer manchmal gar nicht bewußt, da sie unbewußt jede nur mögliche Anstrengung machen, eine Entscheidung zu vermeiden. Sie schieben Dinge auf; sie »kommen eben einfach nicht dazu«, irgend etwas zu tun; sie lassen sich vom Zufall treiben, oder sie überlassen eine Entscheidung einem andern. Sie sind imstande, die Dinge so im Ungewissen zu lassen, daß gar keine Grundlage für einen Entschluß vorhanden zu sein scheint. Die Ziellosigkeit, die die Folge einer solchen Haltung ist, fällt dem Betreffenden gewöhnlich gar nicht auf. Die vielen unbewußten Mittel, die zur Verschleierung einer derart alles umfassenden Unschlüssigkeit dienen, sind daran schuld, daß dem Analytiker verhältnismäßig selten Klagen über dieses tatsächlich ziemlich weitverbreitete Übel zu Ohren kommen.

Eine andere typische Äußerung geteilter Energien ist eine allgemeine *Untüchtigkeit*. Ich meine damit nicht eine Unfähigkeit auf einem besonderen Gebiet, die an einem Mangel an richtiger Ausbildung liegen oder in der Interesselosigkeit an einem bestimmten Gegenstand ihre Ursache haben kann. Auch spreche ich hier nicht von brachliegenden Energien, wie William James sie in einem außerordentlich interessanten Aufsatz* beschreibt, wobei er auf die Tatsache hinweist, daß aufgespeicherte Energien verfügbar werden, sobald man den ersten Müdigkeitsanzeichen oder dem Druck äußerer Umstände nicht sofort nachgibt. Die Untüchtigkeit, von der ich hier spreche, stammt aus der Unfähigkeit des betreffenden Menschen, sich wirklich anzustrengen, und zwar aus Gründen seiner inneren Gegenströmungen. Es ist genauso, als ob er ein Auto mit angezogenen Bremsen führe; es ist dann nicht zu vermeiden, daß das Auto nur sehr langsam vom Fleck kommt. Man kann diesen Vergleich manchmal ganz wörtlich anwenden. Alles, was ein solcher Mensch unternimmt, wird viel langsamer vor sich gehen, als es seine Fähigkeiten oder die Schwierigkeit der Aufgabe rechtfertigen würden. Nicht daß er sich nicht genügend bemühte; im Gegenteil, er muß sogar für alles, was er tut, eine unverhältnismäßig große Anstrengung aufwenden. Es kann zum Beispiel viele Stunden dauern, ehe er einen ganz einfachen Bericht schreiben oder irgendeine mechanische Handhabung zustande bringen kann. Die Gründe für diese Hemmungen sind natürlich sehr verschieden. Er kann unbewußt gegen eine ihm gegen sein Gefühl aufgezwungene Sache rebellieren; er kann sich getrieben fühlen, jede geringste Kleinigkeit bis ins letzte zu vollenden; er kann auf sich selber wütend sein – wie in dem oben angeführten Beispiel –, weil er sich seiner Aufgabe nicht gleich auf den ersten Anhieb aufs vortrefflichste entledigen konnte. Die Untüchtigkeit zeigt sich nicht nur in der Langsamkeit; sie kann auch in Form von Ungeschicklichkeit und Vergeßlichkeit auftreten. Ein Dienstmädchen oder eine Hausfrau werden ihre Arbeit nicht so gut verrichten, wenn sie es als ungerecht empfinden, daß sie mit all ihren vielseitigen Begabungen solch niedere Dienste zu leisten haben. Und ihre Untüchtigkeit wird sich gewöhnlich nicht nur auf ihre besondere Tätigkeit beschränken, sondern in all ihren Bestrebungen zum Ausdruck kommen. Von einem subjektiven Standpunkt aus

* WILLIAM JAMES: *»Memories and Studies«* 1934, New York.

heißt das, daß man unter einer dauernden Spannung arbeiten muß, was unvermeidlicherweise zu allzu schneller Erschöpfung und zu einem großen Schlafbedürfnis führt. Jede unter derartigen Voraussetzungen geleistete Arbeit muß einen Menschen unverhältnismäßig anstrengen, genau wie ein Auto zu Schaden kommt, wenn es mit angezogenen Bremsen gefahren wird.

Die innere Spannung – und auch die Untüchtigkeit – zeigen sich nicht nur in der Arbeit, sondern recht deutlich auch im Umgang mit Menschen. Wenn jemand gern freundlich sein möchte, ihm dies jedoch gleichzeitig widerstrebt, weil er glaubt, es könnte den Eindruck erwecken, er wolle sich einschmeicheln, wird er sich sehr gezwungen benehmen; wenn er um etwas bitten möchte, aber gleichzeitig denkt, er könne es einfach anordnen, wird er unfreundlich sein; wenn er sich behaupten, gleichzeitig aber auch entgegenkommend sein möchte, wird er eine zögernde Haltung zur Schau tragen; wenn er sich Kontakt mit Menschen wünscht, aber eine Abweisung voraussieht, wird er schüchtern sein; wenn er sexuellen Verkehr haben möchte, aber gleichzeitig beabsichtigt, seinen Partner zu täuschen, wird er frigide sein – und so weiter. Je mehr diese Gegenströmungen ihn durchdringen, desto größer wird die Spannung, in der er lebt.

Manche Menschen sind sich dieser Spannung bewußt; die meisten jedoch werden ihrer erst gewahr, wenn sie durch besondere Umstände noch verstärkt worden ist. Und manchmal erkennen sie sie nur im Vergleich mit dem entgegengesetzten Zustand, bei den seltenen Gelegenheiten, wo sie entspannt, unbeschwert und spontan sein können. Für die nachfolgende Müdigkeit machen sie gewöhnlich andere Dinge verantwortlich – zarte Gesundheit, übergroße Arbeit, zuwenig Schlaf. Sicherlich kann jeder dieser Faktoren eine Rolle spielen, doch ist diese gewöhnlich bei weitem geringer, als angenommen wird.

Eine dritte hierher gehörende symptomatische Störung ist eine allgemeine *seelische Trägheit*. Patienten, die unter diesem Zustand leiden, beklagen sich selbst manchmal über ihre Faulheit, in Wirklichkeit können sie aber gar nicht mit Genuß faul sein. Sie mögen eine ganz bewußte Abneigung gegen jede Art von Anstrengung haben und versuchen, dies verstandesmäßig damit zu begründen, daß sie sagen, es sei genug, wenn sie die Einfälle hätten, und Sache der andern, die »Details« auszuführen, das heißt, die Arbeit zu tun. Die Abneigung gegen Anstrengung kann auch als Furcht auftreten, daß Anstrengung ihnen schade. Diese Furcht ist im Hinblick auf ihre leichte Ermüdbarkeit verständlich; und sie kann durch den Rat eines Arztes, der sich durch den Augenschein täuschen läßt, noch schlimmer werden.

Neurotische psychische Trägheit ist eine Lähmung der Initiative und Aktionsfähigkeit. Ganz allgemein gesagt, ist sie das Ergebnis einer starken Entfremdung vom eigenen Ich und mangelnder Zielsetzungen. Lange Erfahrung mit anstrengenden und unbefriedigenden Bemühungen erfüllt den Neurotiker mit einer ziemlich durchdringenden Lustlosigkeit – wenn sie auch gelegentlich durch Perioden hektischer Aktivität unterbrochen wird. Die einflußreichsten Faktoren, die zu diesem Zustand beitragen, sind das idealisierte Ebenbild und die sadistischen Züge. Die bloße Tatsache, daß er sich dauernd anstrengen muß, kann schon ein demütigender Beweis dafür sein, daß der Neurotiker seinem idealisierten Ebenbild *nicht* entspricht, während die Aussicht, etwas Mittelmäßiges zu tun, so abschreckend ist, daß er lieber gar nichts tut, sondern alles nur in seiner Phantasie aufs herrlichste ausgestaltet. Die nagende Selbstverachtung, die eine stete Folgeerscheinung der Errichtung eines Ebenbildes ist, raubt ihm die Zuversicht, daß er etwas Lohnenswertes zu tun imstande sei, und bedeckt dadurch, wie mit Flugsand, jeden Ansporn und jede Freude an einer Tätigkeit. Sadistische Züge, besonders in ihrer unterdrückten Form (invertierter Sadismus), veranlassen einen Menschen dazu, alles, was einem aggressiven Verhalten auch nur im entferntesten ähnlich sieht, aufs ängstlichste zu vermeiden, mit dem Ergebnis, daß daraus eine mehr oder weniger vollständige psychische Lähmung entstehen kann. Die psychische Trägheit ist ganz besonders wichtig, weil sie sich nicht nur auf Handlungen, sondern auch auf Gefühle erstreckt. Der als Folge ungelöster neurotischer Konflikte verschwendete Energieaufwand ist unermeßlich. Da Neurosen letzten Endes das Produkt einer besonderen Zivilisation sind, bedeutet eine solche Verhinderung menschlicher Gaben und Eigenschaften eine ernsthafte Anklage gegen die betreffende Kultur.

Mit ungelösten Konflikten leben zu müssen, bringt nicht nur eine Spaltung der Energien mit sich, sondern auch eine Spaltung in Moralfragen – das heißt in bezug auf moralische Grundsätze und alle Gefühle, Einstellungen und Haltungen, die einen Einfluß auf die Beziehung zu andern und auf die eigene Entwicklung haben können. Und wie eine Spaltung hinsichtlich der Energien zu Verschwendung führt, so verursacht sie auch in Fragen der Moral einen Verlust rückhaltloser moralischer Einheitlichkeit oder anders ausgedrückt eine Verminderung der moralischen Integrität. Eine derartige Beeinträchtigung kommt sowohl durch das Nebeneinander in sich widerspruchsvoller Haltungen zustande als auch durch die Versuche, ihre widerspruchsvolle Natur zu verbergen.

Unvereinbare moralische Wertsetzungen tauchen im Grundkonflikt auf. Trotz aller Versuche, sie miteinander in Einklang zu bringen, bleibt doch jede einzelne wirksam. Doch bedeutet dies, daß keine ernst genommen wird noch ernst genommen werden kann. Obwohl in dem idealisierten Ebenbild Elemente wirklicher Ideale enthalten sind, ist es im wesentlichen doch eine Fälschung, und es ist ebenso schwer für den Betreffenden selbst wie für den ungeschulten Beobachter, es von einem echten Ideal zu unterscheiden, wie es schwer ist, Falschgeld von richtigem zu unterscheiden. Wie wir sahen, kann der Neurotiker – in gutem Glauben – davon überzeugt sein, seinen Idealen entsprechend zu leben, er kann sich sogar für jeden Fehltritt züchtigen und damit den Eindruck übergroßer Gewissenhaftigkeit in der Verfolgung seiner moralischen Ansprüche erwecken; oder er kann sich an seinen eigenen Gedanken und Worten über Werte und Ideale berauschen. Meine Behauptung, daß er trotz alledem seine Ideale nicht ernst nimmt, bedeutet, daß sie *keine verpflichtende Kraft für sein Leben haben.* Er wendet sie dann an, wenn es leicht ist oder angebracht erscheint, während sie zu andern Zeiten bequemerweise einfach nicht für ihn existieren. Wir sahen Beispiele hierfür, als wir über blinde Flecke und Abteilungen sprachen – Beispiele, die für Menschen, die ihre Ideale ernst nehmen, gar nicht in Frage kommen würden. Außerdem würden die Ideale, wenn sie echt wären, nicht so schnell über Bord geworfen, wie dies geschieht, wenn zum Beispiel ein Mensch, der – wieder in gutem Glauben – den Anspruch erhebt, einer Sache glühend ergeben zu sein, sie, sobald eine Versuchung an ihn herantritt, verrät.

Allgemein gesprochen ist eine Verminderung der Aufrichtigkeit und eine Vermehrung egozentrischen Verhaltens ein typisches Anzeichen für eine Schwächung der moralischen Unversehrtheit. In diesem Zusammenhang scheint der Hinweis auf die Schriften des Zen-Buddhismus von Interesse zu sein, wo Aufrichtigkeit und völlige Einheitlichkeit einander gleichgesetzt sind, womit auf die gleiche Schlußfolgerung hingewiesen wird, zu der wir auf Grund klinischer Beobachtungen gekommen sind – daß nämlich ein innerlich gespaltener Mensch niemals völlig aufrichtig sein kann.

Mönch: Ich nehme an, daß ein Löwe, der sich seines Gegners bemächtigt, ob dies nun ein Hase oder ein Elefant ist, seine Macht restlos gebraucht, bitte sage mir, was ist diese Macht?
Meister: Der Geist der Aufrichtigkeit (wörtlich: die Macht der Nicht-Täuschung).
Aufrichtigkeit, das heißt Nicht-Täuschung, bedeutet »sein ganzes Wesen herausstellen«, was technisch heißt, »das ganze Wesen in Aktion« ... wobei nichts zurückgehalten, nichts verschleiert ausgedrückt, nichts verschwendet wird. Wenn ein Mensch so lebt, so heißt es, er sei ein goldhaariger Löwe; er ist ein Symbol der Männlichkeit, der Aufrichtigkeit, völliger Rückhaltlosigkeit; er ist von gottähnlicher Menschlichkeit.*
Egozentrizität ist ein moralisches Problem, weil sie es mit sich bringt, daß man sich zur Erfüllung der eigenen Bedürfnisse anderer Menschen bedient. Statt andere als menschliche Wesen mit eigenen Rechten zu beachten und zu behandeln, werden sie lediglich als Mittel zum Zweck angesehen. Sie müssen zufriedengestellt und geliebt werden, weil man dadurch die eigene Angst beschwichtigt; sie müssen beeindruckt werden, damit die Selbstachtung sich heben kann; man muß ihnen Vorwürfe machen, weil man die Verantwortung für sich selbst nicht übernehmen kann; man muß sie unterwerfen, weil man das Bedürfnis zu triumphieren nicht entbehren kann, und so weiter.
Der spezifische Ausdruck, den diese Beeinträchtigungen annehmen, ändert sich mit dem betreffenden Individuum. Über die meisten haben wir bereits in einem andern Zusammenhang gesprochen, und sie müssen deshalb hier nur in etwas systematischerer Form zusammengefaßt werden. Ich will gar nicht erst

---

* D. T. SUZUKI, »*Zen Buddhism and Its Influence on Japanese Culture*«, The Eastern Buddhist Society, Kyoto, 1938.

versuchen, das Thema zu erschöpfen; das wäre schon deshalb schwierig, weil wir bisher die sadistischen Züge noch nicht behandelt haben und weil es besser ist, eine Diskussion darüber zu verschieben, da diese Züge als ein Endstadium in einer neurotischen Entwicklung angesehen werden müssen. Um mit dem augenfälligsten Faktor zu beginnen: Welchen Verlauf eine Neurose auch nimmt, immer treten *unbewußte Fiktionen (Selbsttäuschungen)* auf.

Die Fiktion der Liebe. Die Vielfalt der Gefühle und Bemühungen, die unter den Begriff der Liebe fallen oder subjektiv als Liebe empfunden werden, ist erstaunlich. Sie kann sich mit den parasitischen Erwartungen eines Menschen decken, der sich zu schwach oder zu inhaltslos vorkommt, um sein eigenes Leben leben zu können.* In aggressiverer Form kann sie den Wunsch verbergen, den Partner auszunützen und durch ihn Erfolg, Ansehen und Macht zu gewinnen. Sie kann sich als ein Bedürfnis, einen Menschen zu erobern und über ihn zu triumphieren, äußern, oder darin, in dem Partner aufzugehen und durch ihn auf eine vielleicht sadistische Weise zu leben. Sie kann auch ein Bedürfnis nach Bewunderung bedeuten, womit man sich eine Bestätigung des eigenen idealisierten Ebenbildes verschafft. Gerade weil Liebe in unserer Zivilisation so selten echte Zuneigung bedeutet, existiert ein solches Übermaß von Übelwollen und Verrat. Dies erweckt schließlich den Eindruck, daß Liebe sich in Verachtung, in Haß oder Gleichgültigkeit verwandeln könne. Aber Liebe wandelt sich nicht so leicht. In Wirklichkeit kommen die Gefühle und Regungen, die eine fingierte Liebe verursachten, allmählich zum Vorschein. Es erübrigt sich zu sagen, daß diese falschen Ansprüche auch in der Beziehung zwischen Eltern und Kindern bestehen und sowohl in Freundschafts- wie in Geschlechtsbeziehungen.

Die Fiktion von Güte, Selbstlosigkeit, Mitgefühl und so weiter ist der fingierten Liebe verwandt. Sie ist charakteristisch für den nachgiebigen Typ und wird sowohl durch eine besondere Form des idealisierten Ebenbildes als durch das Bedürfnis, alle aggressiven Triebe auszumerzen, noch verstärkt.

Die Fiktion von Interesse und Wissen ist besonders durchsichtig bei Menschen, die von ihren Gefühlen entfremdet sind

---

* Siehe KAREN HORNEY, *»Selbstanalyse«,* Kap. 8: Morbid Depency.

und glauben, das Leben könne lediglich durch den Verstand gemeistert werden. Sie müssen so tun, als wüßten sie alles und seien an allem interessiert. Diese Fiktion offenbart sich jedoch auch in einer etwas arglistigeren Form in Menschen, die ihr Leben einer besonderen Berufung gewidmet zu haben scheinen und, ohne es sich klar zu machen, dieses Interesse als ein Sprungbrett zu Erfolg, Macht oder materiellem Vorteil benutzen.

Die Fiktion von Ehrlichkeit und Gerechtigkeit wird am häufigsten in dem aggressiven Typ gefunden, besonders wenn ausgesprochen sadistische Züge vorhanden sind. Er durchschaut die vorgeschützte Liebe und Güte in andern und glaubt, er sei ganz besonders ehrlich, weil er die allgemeine Heuchelei in bezug auf angebliche Großmut, Vaterlandsliebe, Frömmigkeit und was sonst alles nicht mitmacht. In Wirklichkeit handelt es sich um seine eigene, etwas anders geartete Form von Heuchelei. Sein Mangel an herkömmlichen Vorurteilen kann ein blinder und negativistischer Protest gegen überlieferte Werte sein. Seine Fähigkeit, nein sagen zu können, braucht kein Beweis seiner Stärke zu sein, sondern kann dem Wunsch, die Erwartungen anderer zu vereiteln, entspringen. Seine Offenheit kann ein Bedürfnis sein, andere zu verhöhnen und zu demütigen. Ausbeutungsgelüste können hinter dem stecken, was er berechtigtes Eigeninteresse nennt.

Fingiertes Leiden muß etwas ausführlicher besprochen werden, weil darüber recht verworrene Ansichten bestehen. Orthodoxe Freudianer glauben ebenso wie der Laie, daß der Neurotiker ausgenützt werden möchte, daß er sich Sorgen machen will und ein Bedürfnis nach Strafe habe. Die Gründe, auf die sich die Auffassung stützt, daß der Neurotiker leiden wolle, sind bekannt. Doch steht der Ausdruck »wollen« tatsächlich für sehr viele intellektuelle Sünden. Die Vertreter dieser Theorie unterließen es anzuerkennen, daß ein Neurotiker viel mehr leidet, als er selber weiß, und daß er sich seiner Leiden gewöhnlich erst dann bewußt wird, wenn er anfängt, sich zu erholen. Was jedoch noch schwerer ins Gewicht fällt, ist ihr mangelndes Verständnis dafür, daß das Leiden infolge ungelöster Konflikte etwas Unerläßliches und völlig unabhängig von persönlichen Wünschen ist. Wenn sich ein Neurotiker zugrunde gehen läßt, häuft er ein derartiges Maß von Elend nicht deshalb auf sich, weil er es so möchte, sondern weil ihn innere Notwendigkeiten dazu zwingen, so zu handeln. Wenn er zu Selbstentäußerung neigt und bereit ist, die andere Wange hinzuhalten, so haßt er diese Haltung (zumindest unbewußt) und verachtet sich deswegen; aber er lebt in einer derartigen Angst vor seiner eigenen Aggressivität, daß er zu dem andern Extrem flüchten und sich selbst in irgendeiner Form mißbrauchen lassen muß.

Ein anderes typisches Merkmal, das zu der Ansicht beigetragen hat, es bestünde ein Hang zum Leiden, ist die Tendenz, jeglichen Schmerz zu übertreiben oder zu dramatisieren. Es stimmt schon, daß Leiden manchmal aus weithergeholten Gründen empfunden und zur Schau gestellt wird. Es kann ein Werben um Aufmerksamkeit oder Verzeihung sein; es kann unbewußt ausbeuterischen Absichten dienen. Es kann ein Ausdruck unterdrückter Rachsucht sein und als Erpressungsmittel verwendet werden. Doch sind dies, im Hinblick auf seine innere Verfassung, die einzigen Wege, die dem Neurotiker zur Erlangung gewisser Ziele offen stehen. Es stimmt ferner, daß er seine Leiden oft auf falsche Ursachen schiebt und dadurch den Eindruck erweckt, er schwelge ohne jeden Grund in ihnen. Deshalb scheint es unmöglich zu sein, ihn zu trösten, und er schreibt diesen Zustand seiner »Schuld« zu, während er in Wirklichkeit darunter leidet, daß er nicht sein idealisiertes Ebenbild ist. Oder er kann sich, wenn er von einem geliebten Menschen getrennt ist, völlig verloren vorkommen, und obwohl er dieses Gefühl mit seiner tiefen Liebe begründet, kann er es in Wirklichkeit – innerlich zerrissen, wie er ist – nicht aushalten, allein zu sein. Schließlich kann er seine Regungen fälschen und glauben, er leide, wenn er in Wirklichkeit wuterfüllt ist. Eine Frau kann zum Beispiel denken, sie leide, wenn ihr Geliebter ihr nicht verabredungsgemäß geschrieben hat, in Wirklichkeit jedoch ist sie nur ärgerlich, weil sie wünscht, daß sich die Dinge genauso abspielen, wie sie es erwartet, oder weil sie sich durch jeden scheinbaren Mangel an Aufmerksamkeit gedemütigt fühlt. In einem solchen Fall zieht man das Leiden unbewußt der Erkenntnis seiner Wut und der dafür verantwortlichen Triebe vor, und es wird überbetont, weil es dazu dienen muß, eine gewisse Verlogenheit in der ganzen Beziehung zu verdecken.

Ein weiterer spezieller Schaden liegt in der Entwicklung *unbewußter Arroganz*. Wieder verstehe ich darunter die Anmaßung von Eigenschaften, die man entweder gar nicht oder in viel geringerm Maße besitzt, als angenommen wird, und das daraus resultierende unbewußte Bestehen auf einem Anrecht, anderen gegenüber anspruchsvoll und herabsetzend sein zu dürfen. Jede neurotische Arroganz ist unbewußt, insofern als sich der Betreffende seiner falschen Ansprüche nicht bewußt ist. Die Unterscheidung besteht hier nicht zwischen bewußter und unbewußter Arroganz, sondern zwischen einer augenfälligen und einer, die hinter Überbescheidenheit und entschuldigendem Betragen verborgen wird. Der Unterschied liegt mehr in dem Maß vorhandener aggressiver Triebe als in dem Maß vorhandener Arroganz. In dem einen Fall verlangt ein Mensch ganz offen besondere Vorrechte; im andern fühlt er sich verletzt, wenn sie ihm nicht spontan dargeboten werden. In beiden Fällen fehlt, was man realistische Bescheidenheit nennen möchte, das heißt, eine Erkenntnis – nicht nur in Worten, sondern mit innerlich empfundener Aufrichtigkeit – der Grenzen und Unzulänglichkeiten menschlicher Wesen im allgemeinen und der eigenen Person im besonderen. Nach meiner Erfahrung ist jeder Patient dem Gedanken oder der Erklärung abgeneigt, daß es Grenzen gebe, die auch ihm gesetzt sind. Das ist ganz besonders wahr für einen Patienten mit verborgener Arroganz. Er würde sich lieber aufs heftigste eines Versehens beschuldigen, als mit dem heiligen Paulus zugeben, daß »unser Wissen nur Stückwerk« sei. Lieber macht er sich den Vorwurf der Nachlässigkeit oder Faulheit, als daß er zugeben würde, daß niemand immerzu gleichmäßig produktiv sein kann. Das sicherste Anzeichen verborgener Arroganz ist der offensichtliche Widerspruch zwischen den Selbstvorwürfen bei entschuldigender Haltung und der inneren Gereiztheit gegenüber jeder äußeren Kritik oder Vernachlässigung. Man muß oft sehr scharf aufpassen, um diese verletzten Gefühle zu entdecken, da der überbescheidene Typ geneigt ist, sie zu unterdrücken. In Wirklichkeit kann er aber genauso anspruchsvoll sein wie derjenige, der seine Arroganz offen zeigt. Seine Kritik an anderen ist ebenfalls nicht weniger verletzend, obwohl an der Oberfläche meist nur eine selbstentäußernde Bewunderung zu sehen ist. Heimlich jedoch erwartet er dieselbe Vollkommenheit von andern, die er von sich selbst erwartet, das heißt, daß ihm der wahre Respekt vor der besonderen Individualität anderer Menschen fehlt.

Ein anderes Moralproblem ist die *Unfähigkeit, eine eindeutige Haltung anzunehmen,* und die damit verbundene *Unzuverlässigkeit.* Es kommt selten vor, daß der Neurotiker einen eindeutigen Standpunkt in bezug auf die objektiven Verdienste eines Menschen, des Wertes einer Idee oder einer Sache einnimmt, höchstens tut er dies auf der Basis seiner eigenen gefühlsmäßigen Bedürfnisse. Da diese sich jedoch widersprechen, kann eine Haltung leicht mit einer andern vertauscht werden. Daher sind viele Neurotiker leicht ins Schwanken zu bringen und, ohne daß sie es merken, durch die Verlockungen größerer Liebe, größeren Prestiges, größerer Anerkennung, Macht oder »Freiheit« zu bestechen. Dies trifft auf alle ihre persönlichen Beziehungen zu, ob sie einem einzelnen oder dem Teil einer Gruppe gelten. Sie können sich oft nicht auf ein Gefühl oder eine Meinung über einen andern Menschen festlegen. Völlig unbegründeter Klatsch kann ihre Neigung ändern. Irgendeine Enttäuschung oder Nachlässigkeit oder was als solche empfunden wird, kann schon ein hinlänglicher Grund sein, einen »sehr guten Freund« fallenzulassen. Eine auftauchende Schwierigkeit kann ihre Begeisterung in Unlust verwandeln. Sie sind imstande, ihre religiösen, politischen oder wissenschaftlichen Ansichten aus Gründen persönlicher Zuneigung oder Verärgerung zu ändern. Sie können in einem Privatgespräch einen festen Standpunkt haben, geben aber bei dem geringsten Druck von seiten einer Autorität oder Gruppe nach – oft ohne überhaupt zu wissen, warum sie ihre Meinung geändert haben oder sogar, *daß* sie sie änderten.

Ein Neurotiker kann, ohne es zu wissen, ein zu offensichtliches Hin- und Herschwanken vermeiden, indem er sich zunächst einmal überhaupt nicht entscheidet, sich auf keine Weise »festlegt« und jegliche Alternative offen läßt. Er kann eine solche Haltung damit begründen, daß er auf die tatsächlichen Verwicklungen der Situation hinweist, oder aber er kann von einer zwanghaften »Unparteilichkeit« besessen sein. Zweifellos ist ein echtes Bestreben nach unparteilicher Gerechtigkeit etwas Wertvolles. Es ist außerdem richtig, daß ein aufrichtiger Wunsch, gerecht zu sein, einen eindeutigen Standpunkt in vielen Situationen schwer macht. Aber die Unparteilichkeit kann ein zwanghafter Bestandteil des idealisierten Ebenbildes sein, und ihre Funktion besteht darin, daß sie einen festen Standpunkt unnötig macht und gleichzeitig dem Betreffenden gestattet, sich als »den

Gesalbten des Herrn« zu fühlen, der jenseits des Kampfes vorge-
faßter Meinungen steht. In diesem Fall besteht eine Tendenz,
ohne Unterscheidungsvermögen daran zu glauben, daß zwei
Standpunkte wirklich nicht so verschieden voneinander seien
oder daß in einem Disput zwischen zwei Menschen das Recht
auf beiden Seiten sei. Es ist dies eine falsche Objektivität, die
einen Menschen von der Erkenntnis des Wesentlichen in allen
Dingen abhält.

In dieser Beziehung bestehen große Unterschiede zwischen
den verschiedenen neurotischen Typen. Die größte Integrität
findet man in denjenigen wahrhaft distanzierten Menschen, die
sich dem Strudel neurotischen Wettbewerbs und neurotischer
Bindungen fern hielten und nicht so leicht durch »Liebe« oder
Ehrgeiz zu bestechen sind. Auch gestattet ihnen ihre Betrachter-
stellung dem Leben gegenüber oft eine beträchtliche Objektivität
des Urteils. Aber nicht jeder distanzierte Mensch muß einen
festen Standpunkt haben. Es kann ihm so zuwider sein, sich
in einen Disput einzulassen oder sich festzulegen, daß er sogar
vor sich selber zu keiner klaren Stellungnahme kommt und entweder die Dinge durcheinander bringt oder bestenfalls das Gute
und das Schlechte, das Gültige und Ungültige zur Kenntnis
nimmt, ohne zu einer eigenen Überzeugung zu gelangen.

Andererseits jedoch scheint der aggressive Typ meine Behauptung zu widerlegen, es sei für den Neurotiker in der Regel
schwer, einen festen Standpunkt einzunehmen. Besonders wenn
er zu unnachgiebiger Rechthaberei neigt, scheint er eine unge-
wöhnliche Fähigkeit zu haben, definitive Meinungen zu äußern,
sie zu verteidigen und auf ihnen zu bestehen. Aber dieser Eindruck täuscht. Wenn dieser Typ mit Entschiedenheit auftritt,
so geschieht das meist viel mehr aus Eigensinn als aus echter
Überzeugung. Da seine Äußerungen auch dazu dienen, seine
inneren Zweifel zu ersticken, werden sie oft einen dogmatischen,
ja sogar fanatischen Charakter haben. Außerdem kann er durch
die Aussicht auf Macht oder Erfolg bestochen werden. Seine
Verläßlichkeit wird durch die Grenzen, die ihr durch seine
Herrschsucht und sein Bedürfnis nach Anerkennung gesetzt
werden, erheblich eingeschränkt.

Die Haltung des Neurotikers in bezug auf *Verantwortlichkeit*
kann verwirrend sein. Zum Teil trägt die Tatsache dazu bei,

daß der Begriff selbst eine Reihe von Interpretationen zuläßt. Er kann sich auf die Gewissenhaftigkeit in der Erfüllung von Aufgaben und Verpflichtungen beziehen. Ob der Neurotiker in diesem Sinn verantwortlich sein kann, hängt von seiner besonderen Charakterstruktur ab; es handelt sich hierbei nicht um etwas, das allen Neurosen gemeinsam ist. Verantwortung für andere kann bedeuten, daß man für seine eigenen Handlungen, soweit sie andere betreffen, verantwortlich ist; es kann aber auch ein Euphemismus für despotisches Benehmen andern gegenüber sein. Sich selbst für verantwortlich halten, wenn dies bedeutet, einen Vorwurf auf sich zu nehmen, kann einfach ein Ausdruck von Wut darüber sein, daß man nicht seinem idealisierten Ebenbild entspricht, und hat daher in diesem Sinn nichts mit Verantwortung zu tun.

Wenn wir selber genau wissen, was es heißt, Verantwortung auf sich zu nehmen, so werden wir verstehen, daß dies für jeden Neurotiker schwer, wenn nicht sogar unmöglich ist. Zunächst einmal bedeutet es, auf sachliche Weise – sich selbst und andern gegenüber – festzustellen, daß dies oder jenes beabsichtigt, gesagt oder getan wurde, und bereitwillig die Folgen dafür auf sich zu nehmen. Das wäre das genaue Gegenteil von einer Lüge oder davon, die Schuld auf andere zu schieben. Verantwortung in diesem Sinn für sich selbst zu übernehmen, fiele einem Neurotiker schwer, weil er in der Regel nicht weiß, was er tut und warum er etwas tut, und ein ausgesprochen starkes subjektives Interesse daran hat, es nicht zu wissen. Deshalb versucht er so oft, sich aus Situationen herauszuwinden, indem er sie ableugnet, vergißt, als unwichtig bezeichnet, ohne direkte Absicht nachträglich andere Beweggründe geltend macht, sich für mißverstanden hält oder alles durcheinander bringt. Und da er die Neigung hat, sich selber auszuschließen oder freizusprechen, ist er stets bereit anzunehmen, daß seine Frau, der Geschäftspartner oder der Analytiker für die entstandenen Schwierigkeiten verantwortlich seien. Ein anderer Faktor, der häufig zu seiner Unfähigkeit beiträgt, die Folgen seiner Handlungen auf sich zu nehmen oder sie auch nur zu sehen, ist ein verborgenes Gefühl seiner Allmacht, aufgrund dessen er erwartet, alles, wozu er Lust hat, ungestraft tun zu können. Unentrinnbare Folgen als solche zu erkennen, würde dieses Gefühl erschüttern. Ein letzter Faktor, der hierher gehört, gleicht auf den ersten Blick einer geistigen

Unfähigkeit, in Begriffen von Ursache und Wirkung zu denken. Gewöhnlich macht es den Eindruck, als ob der Neurotiker nur in Begriffen von Vergehen und Strafe zu denken imstande wäre. Fast jeder Patient hat das Gefühl, der Analytiker tadle ihn, wohingegen dieser ihn in Wirklichkeit nur auf seine Schwierigkeiten aufmerksam macht und ihm die Folgen vor Augen stellt. Außerhalb der analytischen Situation kann er sich wie ein Angeklagter vorkommen, der stets unter Verdacht steht und angegriffen wird und sich deshalb dauernd verteidigen muß. In Wirklichkeit handelt es sich dabei um ein Externalisieren innerer seelischer Vorgänge. Wie wir sahen, stammt die Quelle dieser Verdächtigungen und Angriffe aus seinem eigenen idealisierten Ebenbild. Dieser innere Prozeß des Nörgelns und sich Verteidigens, zusammen mit dem Externalisieren dieser Haltungen, macht es fast unmöglich für ihn, den Zusammenhang von Ursache und Wirkung in bezug auf sich selber zu begreifen. Wo jedoch persönliche Schwierigkeiten keine Rolle spielen, kann er genauso sachlich sein wie jeder andere. Wenn die Straßen naß werden, weil es regnet, fragt er nicht, wer daran schuld ist, sondern akzeptiert den kausalen Zusammenhang.

Wenn wir davon sprechen, die Verantwortung für uns selber zu übernehmen, so verstehen wir darunter auch noch die Fähigkeit, uns für das, was wir für richtig halten, einzusetzen, und die Bereitschaft, die Folgen für unsere Handlung oder Entscheidung zu tragen, falls diese sich als falsch erweisen sollten. Auch dies ist schwer, wenn ein Mensch von Konflikten gespalten ist. Für welchen der sich im Innern selbst widersprechenden Züge sollte oder könnte er sich einsetzen? Keiner vertritt das, was er eigentlich möchte oder glaubt. Eigentlich könnte er sich nur für sein idealisiertes Ebenbild einsetzen. Dieses jedoch läßt die Möglichkeit eines Irrtums nicht zu. Wenn ihn daher eine Entscheidung oder Tat in Unannehmlichkeiten bringt, muß er die Umstände fälschen und die nachteiligen Folgen einem andern in die Schuhe schieben.

Ein verhältnismäßig einfaches Beispiel wird dieses Problem deutlich machen. Ein Mann an der Spitze einer Organisation verlangt grenzenlose Macht und Anerkennung. Nichts darf ohne ihn getan oder entschieden werden; er kann sich nicht entschließen, Funktionen an andere abzutreten, die durch ihre besondere Ausbildung für die Erledigung gewisser Dinge besser geeignet sein könnten. Nach seiner eigenen Meinung gibt es nichts, was er nicht am besten wüßte. Außerdem möchte er nicht, daß irgend jemand anders sich für wichtiger halten oder wichtiger werden könnte als er. Die Erwartungen, die er in bezug auf sich selber hegt. sind schon allein wegen der Grenzen von Zeit und Energien unmöglich zu erfüllen. Aber dieser besondere Mann möchte nicht nur dominieren; er ist auch nachsichtig und muß übermenschlich gut sein können. Infolge seiner ungelösten Konflikte leidet er unter all den Anzeichen die wir beschrieben haben – seelische Trägheit, Schlafbedürfnis, Unentschlossenheit und Saumseligkeit – und ist infolgedessen nicht imstande, seine Zeit einzuteilen. Daher empfindet er das Einhalten von Vereinbarungen als unerträglichen Zwang und genießt es insgeheim, Menschen auf sich warten zu lassen. Darüber hinaus tut er eine Menge unwichtiger Dinge, weil sie seiner Eitelkeit schmeicheln. Und zu guter Letzt nehmen auch noch sein dringendes Bedürfnis, ein guter Familienvater zu sein, einen großen Teil seiner Zeit und seiner Gedanken in Anspruch. Selbstverständlich funktionieren die Geschäfte in der Organisation nicht sehr gut; da er aber keinen Fehler in sich selbst sieht, so schiebt er die Schuld auf andere oder auf widrige Umstände.

Und wiederum müssen wir fragen, für welchen Teil seiner Persönlichkeit er die Verantwortung übernehmen könnte? Für seine Herrschsucht oder für die Tendenz nachzugeben, zu beschwichtigen und sich einzuschmeicheln? Zunächst einmal ist er sich keiner dieser Tendenzen klar bewußt. Aber auch, wenn er sich ihrer bewußt wäre, könnte er nicht die eine stärken und die andere beseitigen, weil beide zwanghaft sind. Außerdem gestattet ihm sein idealisiertes Ebenbild nicht, in sich selbst irgend etwas anderes zu sehen als ideale Tugenden und grenzenlose Fähigkeiten. Daher kann er die Verantwortung für die unvermeidlich aus der Wirkung seiner Konflikte hervorgehenden Folgen nicht auf sich nehmen. Wenn er dies tun würde, so käme alles das, was er so ängstlich vor sich verborgen hielt, in klare Sicht.

Allgemein gesagt, ist der Neurotiker – unbewußt – ganz besonders abgeneigt, die Verantwortung für die Folgen seiner Taten auf sich zu nehmen. Er verschließt sich sogar vor den aller offensichtlichsten. Unfähig, seine Konflikte aus der Welt zu schaffen, besteht er, der Mächtige – wieder unbewußt – darauf, daß er imstande sein sollte, mit ihnen fertig zu werden. Andere mögen unter Konsequenzen zu leiden haben, glaubt er, für ihn selber jedoch existieren sie nicht. Darum muß er weiterhin jeder Erkenntnis der Gesetze von Ursache und Wirkung aus dem Weg gehen. Wenn er sich ihnen nur zugänglich erwiese, könnten sie ihm eine wirkungsvolle Lehre erteilen. Sie bewiesen auf eine unwiderlegliche Weise, daß sein Lebenssystem nicht funktioniert, daß er trotz all seiner unbewußten Kniffe und Tricks die Gesetze nicht umgehen kann, die in unserem Seelenleben mit genau der gleichen Unerbittlichkeit wirken wie in unserer körperlichen Existenz.*

Tatsächlich interessiert ihn das gesamte Gebiet der Verantwortung sehr wenig. Er sieht – oder vielmehr vermutet in unklarer Weise nur ihre negativen Seiten. Was er nicht sieht und nur allmählich zu begreifen lernt, ist, daß er durch das Ablehnen der Verantwortlichkeit seine brennenden Bemühungen um Unabhängigkeit vernichtet. Er hofft, seine Unabhängigkeit durch trotzige Ablehnung jeglicher Verpflichtungen aufrechtzuerhalten, während doch in Wirklichkeit das Übernehmen von Verantwortung für sich selbst und vor sich selbst die unerläßliche Bedingung für den wahren inneren Frieden ist.

Damit er nicht erkennen muß, daß seine Probleme und seine Leiden aus seinen inneren Schwierigkeiten stammen, sucht der Neurotiker seine Zuflucht in einem von drei verschiedenen Mitteln, oft sogar in allen gleichzeitig. Sein Externalisierungsbedürfnis kann sich hier in vollem Umfang auswirken, und dann wird alles und jedes vom Essen, dem Klima, der Gesundheit bis zu den Eltern, der Frau oder dem Schicksal für die spezielle Kalamität verantwortlich gemacht. Oder er kann sich auf den Standpunkt stellen, daß es, da er an nichts schuld ist, unfair wäre, wenn ihn ein Mißgeschick träfe. Es wäre unfair, daß er krank oder alt werden und sterben könnte, daß er sich unglücklich verheiraten oder ein Sorgenkind haben könnte oder aber, daß seine Arbeit nicht anerkannt werden würde. Diese Art des Denkens, ob bewußt oder unbewußt, ist doppelt falsch, da damit nicht nur sein eigener Anteil an seinen Schwierigkeiten ausge-

* Siehe LIN YUTANG, »Between Tears and Laughter«. In dem Kapitel über das Karma drückt der Autor sein Erstaunen darüber aus, wie wenig diese psychischen Gesetze in der westlichen Zivilisation verstanden werden.

schaltet wird, sondern auch all die andern von ihm unabhängigen Faktoren, die einen Einfluß auf sein Leben haben. Trotzdem liegt darin eine eigene Logik. Es ist typisch für die Denkweise eines isolierten Menschen, der sich völlig auf sich selbst konzentriert, und dessen Egozentrizität es unmöglich macht, sich selbst als ein nur kleines Glied in einer größeren Kette zu sehen. Für ihn ist es einfach selbstverständlich, daß ihm alles Gute im Leben zu einer besonderen Zeit in einem besonderen Gesellschaftssystem zukomme, aber er vermerkt es mit großem Unwillen, daß er im Guten und Schlimmen an andere gebunden ist. Darum kann er nicht einsehen, weshalb er unter etwas leiden soll, mit dem er persönlich nichts zu tun hat.

Das dritte Mittel hat mit seiner Weigerung zu tun, die Beziehung von Ursache und Wirkung anzuerkennen. Folgen erscheinen in seiner Vorstellung als isolierte Ereignisse, die keine Beziehung zu ihm oder zu seinen Schwierigkeiten haben. Eine Depression oder ein Angstzustand scheinen zum Beispiel vom blauen Himmel auf ihn herab gekommen zu sein. Daran kann natürlich psychologische Unerfahrenheit oder mangelnde Beobachtungsgabe schuld sein. Aber in der Analyse können wir sehen, daß der Patient sich oft aufs heftigste dagegen wehrt, irgendwelche nicht auf der Hand liegende Zusammenhänge anzuerkennen. Er kann ungläubig bleiben oder sie wieder vergessen, oder er kann das Gefühl haben, daß der Analytiker, statt schleunigst die ärgerlichen Störungen zum Verschwinden zu bringen – weshalb er ihn schließlich aufsuchte – ihm die »Schuld« zuschiebt und sich dadurch schlau aus der Affäre zieht. So kann ein Patient mit allen Erscheinungen, die mit seiner seelischen Trägheit zu tun haben, vertraut sein, sich jedoch völlig der offensichtlichen Tatsache verschließen, daß seine seelische Trägheit nicht nur seine Analyse, sondern auch alles andere, was er tut, verzögert. Oder ein anderer mag sich über sein aggressiv herabsetzendes Benehmen gegen Menschen klar geworden sein, kann es aber gar nicht begreifen, warum er sich so oft streitet und so unbeliebt ist. Daß diese Schwierigkeiten in ihm existieren, ist *eine* Sache, aber seine tatsächlichen Alltagsprobleme sind etwas völlig anderes. Diese Trennung seiner inneren Beschwerden von ihrer Wirkung auf sein Leben ist eine der Hauptquellen der ganzen Fragmentierungstendenz.

Der Widerstand gegen die Erkenntnis der Folgen neurotischer

Haltungen und Triebe ist dem Patienten meistens tief verborgen und kann von dem Analytiker leicht übersehen werden aus dem einfachen Grund, weil für ihn die Verbindung offenkundig ist. Das ist nicht gut, denn ehe der Patient nicht darauf aufmerksam gemacht wird, daß er sich allen Konsequenzen verschließt, und ihm erklärt wird, weshalb er dies tut, kann er unmöglich begreifen, wie weitgehend er dadurch sein eigenes Leben erschwert. Das Erkennen der Folgen ist der mächtigste Heilfaktor in der Analyse, weil der Patient dadurch nachdrücklich darauf hingewiesen wird, daß er seine Freiheit nur dann gewinnen kann, wenn er gewisse Dinge in sich selber ändert.

Wenn also der Patient nicht wegen seiner Fiktionen, seiner Arroganz, seiner Egozentrizität, seines Ausweichens vor der Verantwortung zur Rede gestellt werden kann, dürfen wir dann überhaupt Moralbegriffe anwenden? Man wird vielleicht geltend machen, daß wir als Ärzte uns lediglich um die Krankheit und um die Heilung des Patienten zu kümmern hätten und daß seine Moral uns nichts angehe. Man wird darauf hinweisen, daß es eins von Freuds großen Verdiensten war, die »moralistische« Haltung, die ich zu befürworten scheine, über Bord geworfen zu haben!

Derartige Argumente werden für wissenschaftlich gehalten; aber sind sie haltbar? Können wir in Angelegenheiten menschlichen Verhaltens ein Urteil über das, was recht und falsch ist, ausschließen? Wenn sich Analytiker dafür entscheiden, was einer analytischen Untersuchung bedarf und was nicht, benutzen sie dabei als Grundlage nicht gerade die Art der Beurteilung, die sie bewußt ablehnen? Doch ist in derartigen Beurteilungen immer eine gewisse Gefahr enthalten; wahrscheinlich kommen sie entweder auf einer zu subjektiven oder einer zu traditionsgebundenen Grundlage zustande. So kann ein Analytiker der Meinung sein, daß die Liebeleien eines Mannes nicht analysiert zu werden brauchten, wohingegen diejenigen einer Frau untersucht werden sollten. Oder wenn er das zügellose Ausleben sexueller Triebe für natürlich hält, kann er der Ansicht sein, daß Treue etwas sei, was sowohl bei einem Mann als auch bei einer Frau analysiert werden müßte. In Wirklichkeit sollten alle Urteile aufgrund der Neurose des jeweiligen Patienten gebildet werden. Die Frage, die entschieden werden muß, besteht darin, ob die von einem

Patienten angenommene Haltung verderbliche Folgen für seine Entwicklung oder für seine Beziehung zu andern Menschen hat. In diesem Fall ist sie falsch und muß bekämpft werden. Die Gründe für den Entschluß des Analytikers sollten dem Patienten ausdrücklich mitgeteilt werden, damit er imstande ist, sich seine eigene Ansicht über diese Angelegenheit zu bilden. Und enthalten die oben angeführten Argumente nicht schließlich die gleichen Trugschlüsse, zu denen der Patient gekommen ist – daß nämlich Moral lediglich eine Frage der Beurteilung sei und nicht in erster Linie Angelegenheit einer aufs engste mit ihren Folgen verbundenen Tat? Nehmen wir zum Beispiel die neurotische Arroganz. Sie besteht als eine Tatsache, gleichgültig ob der Patient für sie verantwortlich ist oder nicht. Der Analytiker ist der Ansicht, daß die Arroganz ein Problem des Patienten sei, das er erkennen und allmählich überwinden muß. Nimmt er diese kritische Haltung ein, weil er in der Sonntagsschule gelernt hat, Arroganz sei eine Sünde und Demut eine Tugend? Oder wird sein Urteil durch die Tatsache veranlaßt, daß diese Arroganz unrealistisch ist und ungünstige Folgen für den Patienten nach sich zieht – ungeachtet seiner Verantwortlichkeit? Im Fall von Arroganz hindern jedoch die Folgen den Patienten daran, sich selber zu erkennen und stehen so seiner Entwicklung im Wege. Auch ist der arrogante Patient durchaus fähig, sich andern gegenüber unfair zu benehmen, und dies hat wieder Rückschläge zur Folge – nicht nur, weil er sich dadurch gelegentlichen Zusammenstößen mit andern aussetzt, sondern weil er sich ganz allgemein den Menschen entfremdet. Das jedoch treibt ihn immer tiefer in seine Neurose. Weil die Moral des Patienten zum Teil ein Resultat seiner Neurose ist und sie zum Teil noch verstärkt, bleibt dem Analytiker gar nichts andres übrig, als sich für sie zu interessieren.

ELFTES KAPITEL

Hoffnungslosigkeit

Trotz seiner Konflikte kann ein Neurotiker zeitweise ganz zufrieden sein und Dinge, auf die er sich einstellen kann, genießen.
Aber sein Glück hängt von so vielen Bedingungen ab, daß er
es nicht allzuoft empfinden kann. Er kann sich zum Beispiel
über nichts freuen, wenn er dabei nicht allein sein kann, oder
wenn er nicht seine Freude mit einem andern teilen kann; wenn
er nicht die ausschlaggebende Rolle in einer bestimmten Situation spielen kann, oder wenn er nicht von allen Seiten gebilligt
wird. Seine Chancen sind noch dadurch verringert, daß die Vorbedingungen für sein Glück sich so oft widersprechen. Er kann
sich darüber freuen, daß ein anderer Mensch die Führung übernommen hat, kann es aber auch gleichzeitig übelnehmen. Eine
Frau kann sich über den Erfolg ihres Mannes freuen, ihn jedoch
zur gleichen Zeit darum beneiden. Sie kann es genießen, eine
Gesellschaft zu geben, besteht aber darauf, daß alles so tadellos
sein soll, daß sie schon vorher erschöpft ist. Und selbst, wenn
der Neurotiker ein flüchtiges Glücksgefühl haben kann, so werden seine leichte Verletzbarkeit und seine vielen Befürchtungen
es nur allzuleicht wieder stören.

Darüber hinaus nehmen Schwierigkeiten, wie sie in jedem Leben vorkommen, in seiner Vorstellung viel zu große Ausmaße
an. Jeder unbedeutende Mißerfolg kann ihn in eine Depression
versetzen, weil er seine allgemeine Untüchtigkeit beweist – sogar
wenn er die Folge von Faktoren war, die er nicht voraussehen
konnte. Jede harmlose kritische Bemerkung macht ihn sorgen-
voll und grüblerisch und so weiter. Das Resultat ist, daß er gewöhnlich viel unglücklicher und unzufriedener ist, als es den
Umständen entsprechen würde.

So schlimm diese Situation an sich schon ist, sie wird durch
einen weiteren Umstand noch erschwert. Menschliche Wesen
können offenbar erstaunlich viel Not und Elend ertragen, solange noch eine gewisse Hoffnung vorhanden ist; neurotische
Verwirrungen rufen jedoch unfehlbar einen Zustand von Hoffnungslosigkeit hervor, und je schwieriger die Verwirrung ist,

um so größer wird die Hoffnungslosigkeit. Sie kann tief verborgen sein, an der Oberfläche mag sich der Neurotiker damit beschäftigen, Dinge auszudenken oder zu planen, die die Situation verbessern könnten. Wenn er nur verheiratet wäre oder eine größere Wohnung hätte, einen andern Vorarbeiter, eine andere Frau; wenn sie nur ein Mann wäre, ein bißchen jünger, oder älter, ein bißchen größer oder nicht ganz so groß – dann wäre alles gut. Und manchmal erweist sich auch die Ausschaltung beunruhigender Faktoren als eine Hilfe. Öfter jedoch werden durch solche Hoffnungen lediglich die inneren Schwierigkeiten externalisiert, was nur zu Enttäuschungen führen kann. Der Neurotiker erwartet, daß äußere Änderungen alles zum Guten wenden würden, und kann es doch nicht vermeiden, daß er sich selbst und seine Neurose in jede neue Situation mit hineinnimmt.

Hoffnungen, die auf äußeren Dingen beruhen, kommen natürlicherweise bei jungen Menschen viel häufiger vor; dies ist einer der Gründe, weshalb eine Analyse von sehr jungen Menschen viel weniger einfach ist, als man erwarten würde. Wenn Menschen älter werden und eine Hoffnung nach der andern verschwindet, sind sie eher bereit, *sich selber* als mögliche Quelle des Unglücks in Betracht zu ziehen.

Selbst wenn das Gefühl allgemeiner Hoffnungslosigkeit unbewußt ist, kann man auf seine Existenz und Stärke aus verschiedenartigen Anzeichen schließen. In der Lebensgeschichte des betreffenden Menschen mögen Episoden vorgekommen sein, die zeigen, daß seine Reaktion auf Enttäuschungen in ihrer Intensität und Dauer in völlig falschem Verhältnis zu dem Anlaß stand. So kann man auf völlige Hoffnungslosigkeit stoßen, die offenbar entweder durch eine unerwiderte Jugendliebe oder durch den Verrat eines Freundes, durch ungerechte Entlassung oder ein nichtbestandenes Examen erzeugt wurde. Natürlich müßte man erst versuchen herauszubekommen, welche besonderen Gründe zu einer derart starken Reaktion geführt haben. Aber über alle speziellen Gründe hinaus wird sich gewöhnlich zeigen, daß die unglückselige Erfahrung aus einer viel tieferen Quelle von Hoffnungslosigkeit gespeist wird. Ebenso deutet eine überwiegende Beschäftigung mit dem Tod oder das häufige Auftauchen von ernst oder nicht ernst gemeinten Selbstmordgedanken auf eine alles durchdringende Hoffnungslosigkeit hin, auch wenn der Betreffende sich nach außen hin optimistisch sieht. Eine allgemeine

Leichtfertigkeit, die Weigerung, irgend etwas ernst zu nehmen – ob es sich dabei um die analytische Situation oder um Dinge außerhalb derselben handelt – ist, ebenso wie leichtes Entmutigtsein auftauchenden Schwierigkeiten gegenüber, ein anderer Hinweis auf diesen Zustand. Viel von dem, was Freud als negative therapeutische Reaktion bezeichnet hat, gehört hierher. Eine neue Einsicht, die, auch wenn sie schmerzlich sein mag, einen Ausweg bietet, wird möglicherweise nur Entmutigung hervorrufen und einen Unwillen gegen die Zumutung sich wieder durch neue Probleme durcharbeiten zu müssen. Manchmal sieht es so aus, als traue es sich der Patient selber nicht zu, die besondere Schwierigkeit überwinden zu können; in Wirklichkeit jedoch drückt sich dadurch sein Mangel an Hoffnung aus, jemals irgend etwas dadurch zu gewinnen. Unter diesen Umständen ist es nur logisch, wenn er sich darüber beklagt, daß die tiefere Einsicht schmerzt oder erschreckend ist, und wenn er es dem Analytiker verübelt, daß er ihn in Unruhe versetzt. Ständige Versuche, die Zukunft voraussehen oder zu deuten, sind ebenfalls ein Zeichen von Hoffnungslosigkeit. Wenn dies auch auf den ersten Blick nur wie eine Angst vor dem Leben im allgemeinen aussieht oder davor, unvorbereitet gefunden zu werden oder Fehler zu machen, so wird man doch bemerken, daß in solchen Fällen alle Deutungen eine pessimistische Färbung haben. Wie Kassandra prophezeien Neurotiker meistens nur Schlimmes, selten etwas Gutes. Diese Konzentration auf die dunklen Seiten des Lebens, statt auf seine hellen, wird eine tiefe persönliche Hoffnungslosigkeit vermuten lassen, ganz gleich wie intelligent und logisch diese Haltung motiviert wird. Schließlich besteht auch noch eine chronisch deprimierte Grundstimmung, die so verborgen und irreführend ist, daß sie nicht wie eine Depression wirkt. Derartige Menschen können relativ gut funktionieren. Sie können angenehm im Umgang sein und sich auch amüsieren, aber es kann Stunden dauern, ehe sie sich entschließen, morgens aufzustehen, lebendig zu werden, sozusagen bereit zu sein, das Leben wieder zu ertragen. Das Leben ist für sie eine derart ständige Last, daß sie sie kaum mehr empfinden und sich nicht darüber beklagen. Aber ihre Stimmung ist dauernd sehr gedrückt.

Während die Ursachen der Hoffnungslosigkeit stets unbewußt bleiben, kann das Gefühl selber ziemlich bewußt sein. Ein Mensch kann das alles durchdringende Gefühl eines über ihm schwebenden Verhängnisses haben. Oder er hat eine resignierte Haltung gegenüber dem Leben im allgemeinen, er erwartet nichts Gutes und hat das Gefühl, das Leben muß eben ertragen werden. Oder er drückt sich philosophisch aus und sagt etwa, das Leben sei in der Hauptsache tragisch und nur Narren täuschten sich über das unabänderliche Menschengeschick.

Schon bei der ersten Besprechung kann man einen Eindruck von der Hoffnungslosigkeit des Patienten bekommen. Er wird weder Lust haben, das geringste Opfer zu bringen noch eine belanglose Unbequemlichkeit auf sich zu nehmen oder auch nur das geringste Risiko einzugehen. Er kann dadurch den Eindruck erwecken, als ließe er sich zu sehr gehen. Tatsächlich aber sieht er keinen zwingenden Grund dafür, Opfer zu bringen, wenn er sich keinen Gewinn davon verspricht. Ähnlich kann er sich auch außerhalb der Analyse benehmen. Menschen halten unglaublich unbefriedigende Situationen aus, obgleich diese mit ein bißchen Anstrengung und Initiative gebessert werden könnten. Aber ein Mensch kann durch seine Hoffnungslosigkeit so völlig gelähmt sein, daß relativ kleine Schwierigkeiten ihm wie unüberwindliche Hindernisse vorkommen.

Manchmal kann eine zufällige Bemerkung diesen Zustand enthüllen. Ein Patient kann etwa auf die einfache Bemerkung des Analytikers, daß ein bestimmtes Problem noch nicht gelöst sei und mehr Arbeit erfordere, sagen: »Sie halten es nicht für hoffnungslos?« Und wenn ihm seine Verzweiflung klar wird, kann er sie gewöhnlich nicht begründen. Er wird sie vermutlich auf verschiedene äußere Faktoren schieben, angefangen mit seiner Stellung oder seiner Ehe bis hin zu der politischen Situation. Aber sie hat nichts mit irgendeiner konkreten oder vorübergehenden Situation zu tun. Er hat die Hoffnung aufgegeben, daß er jemals imstande sein könnte, irgend etwas aus seinem Leben zu machen. Er fühlt sich von allem, was sein Leben sinnvoll machen könnte, für immer ausgeschlossen.

Sören Kierkegaard hat vielleicht die beste Antwort auf dieses Problem gegeben. In »Die Krankheit zum Tode«* sagt er, daß jede Verzweiflung im Grunde eine Verzweiflung darüber sei, ob wir jemals wir selber sein könnten. Philosophen aller Zeiten haben immer wieder betont, wie grundlegend wichtig es ist, daß

---

* SÖREN KIERKEGAARD, op. cit.

ein Mensch ganz er selber sei, und welche Verzweiflung das Gefühl der Unerreichbarkeit dieses Zieles nach sich zieht. Dieses Problem ist das Hauptthema der Schriften des Zen-Buddhismus. Von modernen Autoren will ich nur John Macmurray* zitieren: »Welch andere Bedeutung kann unsere Existenz haben, als daß wir voll und ganz wir selber sind?«

Hoffnungslosigkeit ist das Endergebnis ungelöster Konflikte, deren tiefste Wurzel in der Verzweiflung darüber liegt, niemals aus ganzem Herzen aufrichtig und frei von Widersprüchen sein zu können. Eine zunehmende Steigerung neurotischer Schwierigkeiten führt zu diesem Zustand, dem das Gefühl zugrunde liegt, in Konflikten gefangen zu sein wie ein Vogel in einem Netz, scheinbar ohne Möglichkeit, sich je freimachen zu können. Dazu kommen noch alle Lösungsversuche, die nicht nur mißlingen, sondern den betreffenden Menschen immer mehr von sich entfremden; wiederholte Erfahrungen, die nie zu von Leistung führen, entweder weil immer wieder Energien in zu vielerlei Richtungen zerstreut werden oder weil die bei jedem schöpferischen Prozeß auftauchenden Schwierigkeiten schon genügen, um den Betreffenden von einer weiteren Verfolgung seines Zieles abzuhalten. Dies kann sich auch auf Liebesbeziehungen, Ehen oder Freundschaften erstrecken, die eine nach der andern Schiffbruch erleiden. Solch wiederholte Mißerfolge sind ebenso niederdrückend wie die Erfahrungen von Versuchsratten, die darauf trainiert sind, für ihre Nahrung in eine bestimmte Öffnung zu springen, diese aber trotz unablässig wiederholter Versuche immer nur versperrt finden.

Dazu kommt noch außerdem der wirklich hoffnungslose Versuch, dem idealisierten Ebenbild entsprechen zu können. Es ist schwer zu sagen, ob dies nicht der wirkungsvollste Faktor in der Entstehung der Hoffnungslosigkeit ist. Zweifellos kommt die Hoffnungslosigkeit im Verlauf der Analyse voll zum Vorschein, wenn es dem Patienten klar wird, daß er weit davon entfernt ist, der einzigartig vollkommene Mensch zu sein, den er in seiner Phantasie vor sich sieht. Er fühlt sich bei einer solchen Gelegenheit nicht nur deshalb hoffnungslos, weil er fürchtet, niemals diese phantastische Höhe erreichen zu können, sondern

* JOHN MACMURRAY, »Reason and Emotion«, 1938.

mehr noch, weil er auf diese Erkenntnis mit tiefer Selbstverachtung reagiert, was sich für die Aussicht, jemals auf dem Gebiet der Liebe oder der Arbeit etwas zu erreichen, nachteilig auswirkt.

Unter allen Faktoren, die zu diesem Zustand beitragen, sind diejenigen Vorgänge ausschlaggebend, die einen Menschen dazu veranlassen, seinen inneren Schwerpunkt von sich weg zu verlagern, womit er aufhört, sein Leben aktiv zu lenken. Das Endergebnis ist, daß er den Glauben an sich und seine Entwicklung als menschliches Wesen verliert. Er neigt zum Verzicht – eine Haltung, die auch, wenn sie nicht auffällt, in ihren Konsequenzen so ernst ist, daß man sie als seelischen Tod bezeichnen könnte. Wie Kierkegaard* es ausdrückt: »Aber trotz dieser Tatsache (seiner Verzweiflung) . . . kann er dennoch . . . durchaus imstande sein, weiter zu leben, jemand zu sein, der sich, wie es scheint, mit weltlichen Dingen beschäftigt, sich verheiratet, Kinder bekommt, zu Ehren und Ansehen gelangt – und vielleicht merkt niemand, daß er in einem tieferen Sinn kein Selbst besitzt. Über so etwas wird in der Welt nicht viel Aufsehens gemacht; denn ein Selbst ist etwas, wonach zu forschen die Welt am wenigsten bereit ist, und es ist für einen Menschen das gefährlichste aller Dinge, merken zu lassen, daß er es besitzt. Die größte Gefahr, nämlich die, sein eigenes Selbst zu verlieren, kann so unbemerkt eintreten, als ob es gar nichts wäre; jeder andere Verlust, der eines Armes, eines Beines, von fünf Dollar usw., wird bestimmt bemerkt werden.«

Aus Erfahrung mit Kontrollanalysen weiß ich, daß das Problem der Hoffnungslosigkeit oft nicht deutlich genug von einem Analytiker gesehen und daher auch nicht richtig angepackt wird. Manche Kollegen waren durch die Hoffnungslosigkeit ihrer Patienten, die sie zwar erkannten, aber nicht als ein Problem betrachteten, derart überwältigt, daß sie selber die Hoffnung aufgaben. Dies ist natürlich eine verhängnisvolle Haltung in einer Analyse, denn ganz abgesehen von allen noch so ernsthaften Bemühungen, der Patient merkt es doch, wenn ihn der Analytiker in Wirklichkeit aufgegeben hat. Dasselbe gilt für die Situation außerhalb der Analyse. Kein Freund oder Ehepartner, der nicht daran glaubt, daß der Gefährte imstande ist, seine eigenen Möglichkeiten zu erfüllen, kann ihm konstruktiv helfen.

* SÖREN KIERKEGAARD, op. cit.

Gelegentlich haben Kollegen den umgekehrten Fehler gemacht und die Hoffnungslosigkeit des Patienten nicht ernst genommen. Sie hatten das Gefühl, der Patient müsse ermutigt werden – nun ist eine Ermutigung zwar empfehlenswert, aber sie genügt nicht. In diesem Fall ist der Patient, auch wenn er die guten Absichten des Analytikers anerkennt, durchaus berechtigt, ärgerlich über ihn zu sein, weil er in seinem tiefsten Innern genau weiß, daß seine Hoffnungslosigkeit keine bloße Laune ist, die durch gutgemeinte Ermutigung zerstreut werden kann.

Um den Stier bei den Hörnern zu packen und das Problem direkt anzugreifen, muß man zunächst aus den indirekten Anzeichen, wie den oben zitierten, erkennen, daß der Patient ohne Hoffnung ist und wie stark er diesen Zustand empfindet. Sodann muß verstanden werden, daß seine Hoffnungslosigkeit durch die Art seiner Verwirrungen völlig gerechtfertigt ist. Der Analytiker muß sich darüber klar sein und dies dem Patienten ausdrücklich zu erkennen geben, daß seine Situation nur so lange hoffnungslos ist, wie der *status quo* aufrechterhalten und als unabänderlich angesehen wird. In vereinfachter Form wird dieses Problem in einer Szene von Tschechows »Kirschgarten« illustriert. Die vor dem Bankrott stehende Familie ist über den Gedanken verzweifelt, daß sie ihr Gut mit den geliebten Kirschbäumen verlassen soll. Ein erfahrener Geschäftsmann gibt ihnen den guten Rat, kleine Häuser, die sie vermieten könnten, auf einem Teil des Gutes zu errichten. Bei ihren vorgefaßten Ansichten sind sie von vornherein gegen ein solches Projekt eingenommen, und da keine andere Lösung möglich ist, bleibt ihnen keine Hoffnung übrig. Sie fragen voller Hilflosigkeit, als ob sie den Vorschlag gar nicht gehört hätten, ob denn niemand ihnen raten oder helfen könne. Wenn ihr Berater ein guter Analytiker wäre, würde er sagen: »Natürlich ist die Situation schwierig. Was sie aber hoffnungslos macht, ist eure eigene Einstellung. Wenn ihr euch entschließen könntet, eure Ansprüche an das Leben zu ändern, wäre kein Grund vorhanden, hoffnungslos zu sein.«

Der Glaube daran, daß der Patient sich wirklich ändern kann, was im wesentlichen bedeutet, daß er wirklich imstande ist, seine Konflikte zu lösen, ist der ausschlaggebende Faktor, der den Therapeuten dazu bestimmen oder davon abhalten kann, an ein Problem heranzugehen und eine einigermaßen günstige Aussicht auf Erfolg zu erhoffen. An dieser Stelle kommt der Unterschied zwischen meinen und Freuds Ansichten klar zum Vorschein. Freuds Psychologie und seine zugrunde liegende Philosophie sind vorwiegend pessimistisch. Das wird klar in seiner Betrachtung der Zukunft der Menschheit* und in seiner Haltung bezüglich der Therapie. Und auf Grund seiner theoretischen Voraussetzungen kann er gar`nicht anders als pessimistisch sein. Der Mensch ist von seinen Instinkten getrieben, die bestenfalls durch »Sublimierung« gemildert werden können. Sein instinktives Verlangen nach Befriedigung wird rücksichtslos durch die Gesellschaft vereitelt. Sein »Ich« ist hilflos hin- und hergerissen zwischen Regungen seiner Instinkte und seinem »Über-Ich«, das seinerseits nur modifiziert werden kann. Das Über-Ich ist vorwiegend eine verbietende und destruktive Instanz. Wahre Ideale existieren nicht. Der Wunsch nach persönlicher Erfüllung ist »narzißtisch«. Der Mensch ist seiner Natur nach destruktiv, und ein »Todestrieb« zwingt ihn, entweder andere zu vernichten oder zu leiden. Alle diese Theorien lassen wenig Platz für eine positive Haltung gegenüber der Möglichkeit, sich zu ändern, und begrenzen den Wert der potentiell so vorzüglichen Therapie, deren Urheber Freud war. Im Gegensatz zu ihm glaube ich nicht, daß zwanghafte Züge in einer Neurose aus dem Instinkt stammen, sondern aus gestörten menschlichen Beziehungen, daß sie geändert werden können, wenn sich die Beziehungen bessern, und daß Konflikte dieser Herkunft bestimmt gelöst werden können. Das heißt nicht, daß eine auf solchen Prinzipien beruhende Therapie nicht auch ihre Grenzen hätte. Es muß noch viel getan werden, ehe wir diese Grenzen genau bestimmen können. Es heißt jedoch, daß unser Glauben an die Möglichkeit einer radikalen Änderung wohlbegründet ist.

Warum ist es dann so wichtig, die Hoffnungslosigkeit eines Patienten zu erkennen und zu bekämpfen? Erstens ist diese Art der Annäherung wertvoll, wenn man sich mit besonderen Problemen wie Depressionen oder Selbstmordgedanken beschäftigt. Es stimmt, daß wir eine individuelle Depression beheben können, wenn wir nur den Konflikt deutlich machen, in dem der Betreffende zu dieser Zeit befangen ist, ohne daß wir dabei an die allgemeine Hoffnungslosigkeit herankommen. Aber wenn

---

* Siehe SIGMUND FREUD: »*Das Unbehagen in der Kultur*«; »*Die endliche und die unendliche Analyse*«.

wir die Wiederholung einer Depression vermeiden wollen, müssen wir an der Hoffnungslosigkeit arbeiten, weil sie die tiefere Quelle ist, aus der die Depressionen gespeist werden. Ebensowenig können schwere chronische Depressionen in Angriff genommen werden, ohne daß man diese Quelle berücksichtigt.

Dasselbe gilt für Selbstmordkandidaten. Wir wissen, daß akute Verzweiflung, Trotz und Rachsucht zu Selbstmordimpulsen führen können; aber oft ist es zu spät, den Selbstmord zu verhindern, wenn der Impuls zum Vorschein gekommen ist. Wenn man scharf auf die weniger dramatischen Zeichen von Hoffnungslosigkeit aufpaßt und das Problem zur rechten Zeit mit den Patienten bespricht, können wahrscheinlich viele Selbstmorde verhindert werden.

Von großer Wichtigkeit ist die Tatsache, daß die Hoffnungslosigkeit des Patienten ein Hindernis für die Heilung jeder schweren Neurose ist. Freud war geneigt, alles, was den Fortschritt eines Patienten aufhielt, *Widerstand* zu nennen. Wir könnten jedoch Hoffnungslosigkeit schwerlich als Widerstand betrachten. Wir müssen uns in der Analyse mit einem Gegenspiel hemmender und fördernder Kräfte, mit Widerstand und Antrieb beschäftigen. Widerstand ist ein Sammelbegriff für alle Kräfte, die in einem Patienten den *status quo* erhalten wollen. Sein Antrieb jedoch stammt aus der konstruktiven Energie, die ihn auf die Suche nach innerer Freiheit drängt. Dies ist die Triebkraft, mit der wir arbeiten und ohne die wir nichts tun könnten. Es ist die Kraft, die dem Patienten bei der Überwindung seines Widerstandes hilft. Sie macht seine Assoziationen fruchtbar, wodurch dem Analytiker die Möglichkeit eines besseren Verständnisses geboten wird. Sie verleiht ihm die innere Stärke, die unvermeidlichen Schmerzen, die bei dem Reifeprozeß auftreten, zu ertragen. Sie macht ihn dazu bereit, es zu wagen, Haltungen, die ihm ein Gefühl der Sicherheit gegeben haben, aufzugeben und den Sprung ins Unbekannte durch neue Haltungen sich selbst und andern gegenüber zu wagen. Der Analytiker kann den Patienten durch diesen Prozeß nicht hindurchschleppen; diesen Weg muß der Patient selber gehen wollen. Diese unschätzbare Kraft wird durch den Zustand von Hoffnungslosigkeit lahmgelegt. Wenn er dies nicht richtig sieht und in Angriff nimmt, beraubt sich der Analytiker selber seines besten Verbündeten im Kampf gegen die Neurose seines Patienten.

Die Hoffnungslosigkeit des Patienten ist kein Problem, das durch eine einzige Interpretation gelöst werden kann. Es ist schon Wesentliches damit gewonnen, wenn der Patient, statt sich von dem Gefühl eines für unabänderlich gehaltenen Untergangs überwältigen zu lassen, anfängt, sie als ein Problem anzusehen, das mit der Zeit gelöst werden könnte. Dieser Schritt bedeutet schon eine gewisse Befreiung, die ihn veranlaßt, weiter zu gehen. Natürlich wird es noch manchen Rückschlag geben. Der Patient kann zuversichtlich, ja sogar überoptimistisch werden, wenn er nützliche Einsichten gewonnen hat, nur um dann wieder in seine Hoffnungslosigkeit zurückzusinken, sobald er zu einer Erkenntnis gelangt, die ihn stärker in Unruhe versetzt. Jedesmal muß dieses Problem wieder neu in Angriff genommen werden. Aber seine Macht wird geringer, wenn der Patient entdeckt, daß er sich wirklich ändern kann. Sein Antrieb wird dann entsprechend wachsen. Zu Beginn der Analyse kann dieser Antrieb lediglich in dem Wunsch bestehen, von den störenden Symptomen befreit zu werden; aber er gewinnt an Stärke, wenn sich der Patient seiner Fesseln in zunehmendem Maße bewußt wird und einen Geschmack davon bekommt, was es bedeutet, frei zu sein.

ZWÖLFTES KAPITEL

Sadistische Züge

Irgendwie bringen es Menschen fertig »durchzuhalten«, obwohl eine tiefe Hoffnungslosigkeit sie ganz erfüllt. Wenn ihre schöpferische Fähigkeit durch ihre Neurose nicht zu sehr beeinträchtigt wurde, können sie imstande sein, sich ziemlich bewußt mit ihrem persönlichen Leben abzufinden und sich auf ein Gebiet zu konzentrieren, auf dem sie produktiv tätig sein können. Sie können ganz in sozialen oder religiösen Bestrebungen oder in der Arbeit für eine Organisation aufgehen. Ihre Arbeit kann sogar nützlich sein; die Tatsache, daß sie keine besondere Begeisterung aufbringen, kann dadurch ausgeglichen werden, daß sie nicht auf ihren persönlichen Vorteil bedacht sind.

Andere können dadurch, daß sie sich ihrem besonderen Lebensrahmen anpassen, aufhören, nach dem Warum zu fragen. Sie messen ihrem Leben jedoch auch keine große Bedeutung bei und versuchen lediglich, ihre Pflichten zu erfüllen. Ich glaube, diese Verfassung bezeichnet Erich Fromm* als einen »Defekt«-Zustand im Gegensatz zu einer Neurose. Ich sehe ihn allerdings als das Resultat eines neurotischen Prozesses an.

Derartige Menschen können aber andererseits auch jedes ernsthafte oder aussichtsreiche Streben aufgeben, sich der Peripherie des Lebens zuwenden und versuchen, sich einen billigen Genuß zu verschaffen, ihr Interesse in einem Zeitvertreib zu suchen oder in zufälligen kleinen Freuden wie gutem Essen, Trinkgelagen oder belanglosen sexuellen Erlebnissen. Oder sie lassen sich einfach treiben, kommen immer mehr herunter und gehen schließlich zugrunde. Da sie außerstande sind, eine Arbeit durchzuhalten, fangen sie an zu trinken, spielen und zu huren. In diesem Zusammenhang wäre es interessant zu untersuchen, ob die unbewußte Absicht, sich zugrunde gehen zu lassen, nicht vom Seelischen her sehr zur Verstärkung gewisser chronischer Krankheiten wie Tuberkulose und Krebs beiträgt.

* ERICH FROMM, »*Individual and Social Origins of Neurosis*«, American Sociological Review, Vol. IX, No. 4, 1944.

Schließlich können hoffnungslose Menschen destruktiv werden, gleichzeitig jedoch versuchen, eine Art von Ersatzleben zu finden, indem sie durch andere leben. Dies ist meiner Meinung nach die Bedeutung sadistischer Züge.

Weil Freud sadistische Züge für triebhaft hielt, hat das psychoanalytische Interesse sich sehr stark den sogenannten sadistischen Perversionen zugewandt. Obwohl sie nicht gerade ignoriert wurden, sind die Anzeichen von Sadismus in alltäglichen Beziehungen doch nicht genau definiert worden. Jede Art, sich durchzusetzen oder aggressiv zu benehmen, wird als Modifizierung oder Sublimierung instinktiver sadistischer Züge aufgefaßt. Freud sah zum Beispiel ein Streben nach Macht als eine solche Sublimierung an. Es stimmt, daß das Streben nach Macht sadistisch sein kann; aber für einen Menschen, der das Leben als einen Kampf aller gegen alle ansieht, kann es auch lediglich einen Kampf zum Zweck des Überlebens bedeuten. In Wirklichkeit muß diese Haltung aber gar nicht neurotisch sein. Das Ergebnis dieses Mangels an Unterscheidungsvermögen ist, daß wir weder ein umfassendes Bild der Formen haben, die sadistische Haltungen annehmen können, noch irgendein Kriterium für das, was Sadismus eigentlich ist. Es bleibt so ziemlich der Intuition des einzelnen überlassen, zu bestimmen, was mit Recht Sadismus genannt werden kann und was nicht – eine Situation, die für eine stichhaltige Beobachtung kaum nützlich ist.

Die bloße Tatsache, daß jemand andere Menschen verletzt, ist an sich noch kein Beweis für sadistische Tendenzen. Ein Mann kann an einem persönlichen oder allgemeinen Kampf beteiligt sein, in dessen Verlauf er nicht nur seine Gegner, sondern auch seine Verbündeten verletzen muß. Feindseligkeit andern gegenüber kann auch lediglich als Reaktion auftreten. Ein Mensch kann sich verletzt oder erschreckt fühlen und möchte mit aller Macht zurückschlagen, was objektiv zwar in keinem Verhältnis zu der Provokation steht, ihr jedoch subjektiv durchaus entspricht. Doch kann man sich in diesem Punkt leicht täuschen: viel zu oft wird der Anspruch auf eine berechtigte Reaktion erhoben, wenn in Wirklichkeit eine sadistische Tendenz wirksam war. Aber die Schwierigkeit, eines vom andern zu unterscheiden, bedeutet nicht, daß keine rückwirkende Feindseligkeit existiert. Schließlich gibt es noch alle die Angriffsmethoden des aggressiven Typus, der das Gefühl hat, er kämpfe für sein Leben. Ich würde keine dieser Angriffsarten sadistisch nennen; andere können dabei verletzt werden, aber das ist eher eine unvermeidliche Begleiterscheinung als eine ursprüngliche Absicht. Um es einfach auszudrücken, können wir sagen, daß die verschiedenen Handlungen an die wir hier denken, zwar aggressiv oder sogar feindselig sind, aber doch nicht aus niedriger Gesinnung begangen werden. Es wird weder eine bewußte noch eine unbewußte Befriedigung dabei gewonnen, andere zu verletzen.

Im Gegensatz hierzu wollen wir einige typisch sadistische Haltungen betrachten. Am besten lassen sie sich bei Menschen beobachten, die ihre sadistischen Neigungen andern gegenüber äußern, ob sie sich nun selber derartiger Neigungen bewußt sind oder nicht. Wenn ich im folgenden von einem sadistischen Menschen spreche, so meine ich einen Menschen, dessen Haltungen andern gegenüber vorwiegend sadistisch sind.

Solch ein Mensch kann andere, vor allem aber seinen Partner, unterjochen wollen. Sein »Opfer« muß ein vollkommener Sklave sein, ein Geschöpf, das nicht nur keine Wünsche, Gefühle oder eigene Initiative hat, sondern auch nicht die geringsten Ansprüche an seinen Meister stellt. Diese Tendenz kann die Form der Umbildung oder Erziehung des Opfers annehmen, so wie Professor Higgins in Shaws Pygmalion Eliza umformt. Im besten Fall kann sie ein paar konstruktive Seiten haben, etwa im Fall von Eltern und Kindern oder Lehrern und Schülern. Gelegentlich ist dieser Aspekt in sexuellen Beziehungen vorhanden, besonders wenn der sadistische Partner der gereiftere ist. Er ist manchmal in homosexuellen Beziehungen zwischen einem älteren und einem jüngeren Menschen deutlich zu erkennen. Aber sogar hier wird der Pferdefuß zum Vorschein kommen, sobald der Sklave den geringsten Versuch macht, seine eigenen Wege zu gehen, eigene Freunde oder eigene Interessen zu haben. Oft, wenn auch nicht immer, ist der Meister von einer herrschsüchtigen Eifersucht besessen und verwendet sie als Folterungsmittel. Es ist seltsam, daß für sadistische Beziehungen dieser Art die Macht über das Opfer von *weit größerem Interesse ist als das eigene Leben*. Der Meister wird lieber seine Karriere vernachlässigen, das Vergnügen und die Vorteile einer Begegnung mit andern Menschen aufgeben, als dem Partner die geringste Unabhängigkeitsregung zu gewähren.

Die Art und Weise, auf die der Partner unter dem Joch gehalten wird, ist typisch. Sie äußert sich in relativ geringen Variationen und hängt im einzelnen von der Charakterstruktur beider Beteiligter ab. Der sadistische Mensch wird seinem Partner gerade genug bieten, um ihm die Beziehung wertvoll erscheinen zu lassen. Er wird bestimmte Bedürfnisse des Partners erfüllen, aber selten mehr tun, als ihn – seelisch gesprochen – auf einem Existenzminimum zu halten. Und er wird dafür sorgen, daß er, der Partner, von der einzigartigen Qualität dessen, was ihm geboten wird, entsprechend beeindruckt ist. Er wird darauf hinweisen, daß niemand außer ihm imstande ist, ihm ein derartiges Verständnis, solche Unterstützung, soviel sexuelle Befriedigung oder soviel Anregung zu geben; tatsächlich würde kein anderer sich überhaupt jemals mit ihm abgeben. Außerdem kann er ihn mit der verlockenden Aussicht auf bessere Zeiten hinhalten – in direkter oder indirekter Weise –, er kann Liebe oder Heirat, eine verbesserte finanzielle Situation oder bessere Behandlung in Aussicht stellen. Manchmal wird er sein eigenes Bedürfnis nach dem Partner betonen und von dieser Seite her an ihn appellieren. Alle diese Taktiken sind um so wirkungsvoller, als er durch seine besitzergreifende und herabsetzende Haltung den Partner von andern isoliert. Wenn der letztere in genügende Abhängigkeit geraten ist, kann er ihn schließlich mit der Absicht, ihn zu verlassen, bedrohen. Noch andere Einschüchterungsmittel können angewendet werden, doch diese besitzen ein seltsames Eigenleben, deshalb wollen wir sie in einem anderen Zusammenhang besprechen. Natürlich können wir nicht verstehen, was in einer solchen Beziehung vor sich geht, solange wir nicht den Charakter des Partners in Betracht ziehen. Oft gehört er dem nachgiebigen Typ an und hat daher Angst davor, verlassen zu werden; oder aber kann es sich um einen Menschen handeln, der seine eigenen sadistischen Triebe tief unterdrückt hat und aufgrund dessen hilflos ist – wie später gezeigt werden wird.

Die gegenseitige Abhängigkeit, die aus einer solchen Situation erwächst, verursacht Groll, nicht nur in dem Versklavten, sondern auch in dem Sklavenhalter. Wenn das Distanzierungsbedürfnis des letzteren besonders stark ist, verstimmt es ihn vor allem, daß der Partner soviel Überlegungen und Energie absorbiert. Ohne sich darüber klar zu werden, daß er selber diese einengenden Bande geschaffen hat, kann er dem Partner vorwerfen, daß er ihn zu sehr mit Beschlag belege oder sich zu heftig an ihn anklammere. Daß er bei solchen Gelegenheiten die Beziehungen abbrechen möchte, ist ebensosehr ein Ausdruck von Furcht und Ärger als ein Einschüchterungsmittel.

Nicht jedes sadistische Begehren ist darauf gerichtet, den Partner zu unterjochen. Eine andere Art des Sadismus findet Befriedigung darin, *auf den Gefühlen* eines andern Menschen wie auf einem Instrument *zu spielen*. In seinem »Tagebuch eines Verführers« zeigt Sören Kierkegaard, wie ein Mann, *der nichts von seinem eigenen Leben erwartet*, von diesem Spiel ganz und gar in Anspruch genommen werden kann. Er weiß, wann es an der Zeit ist, Interesse zu zeigen, und wann es sich empfiehlt, gleichgültig zu scheinen. Er hat ein übermäßig feines Gefühl und große Beobachtungsgabe in bezug auf Reaktionen seines Mädchens ihm gegenüber. Er weiß genau, was ihre erotischen Wünsche erregen und was sie in Schach halten kann. Aber seine Feinfühligkeit beschränkt sich auf die Regeln des sadistischen Spiels: es ist ihm völlig gleichgültig, was diese Erfahrung für das Leben des betreffenden Mädchens bedeuten könnte. Was in dem Buch von Kierkegaard bewußte, schlaue Berechnung ist, vollzieht sich häufiger unbewußt. Es ist jedoch das gleiche Spiel, das darin besteht, anzuziehen und abzustoßen, zu bezaubern und zu enttäuschen, zu erheben und zu erniedrigen, zu beglücken und zu betrüben.

Ein drittes Charakteristikum besteht darin, den Partner auszunützen. Ausbeutung muß nicht notwendigerweise eine sadistisch gefärbte Angelegenheit sein; sie kann auch lediglich aus Gewinngründen betrieben werden. Bei sadistischer Ausbeutung kann die Aussicht auf Gewinn auch eine Rolle spielen, aber dieser ist oft illusorisch und steht in gar keinem Verhältnis zu dem Aufwand, der dafür betrieben worden ist. Die Ausbeutung wird für den Sadisten eine Art Leidenschaft um ihrer selbst willen. Ihm kommt es darauf an, einen Triumph erleben zu können, einen Vorteil über andere errungen zu haben. Dies bekommt seine spezifisch sadistische Färbung durch die Mittel, die für die Ausbeutung angewandt werden. Direkt oder indirekt werden an den Partner immer größere Ansprüche gestellt, und er wird dazu veranlaßt, sich schuldig und gedemütigt zu fühlen, wenn er sie nicht erfüllt. Ein Sadist kann stets eine Rechtfertigung für seine Unzufriedenheit finden oder dafür, daß er sich ungerecht behandelt fühlt und aufgrund dessen immer noch größere

Ansprüche stellt. Ibsens Hedda Gabler zeigt, wie die Erfüllung solcher Ansprüche selber oft durch den Wunsch, den andern Menschen zu verletzen und ihn in seine Schranken zu verweisen, veranlaßt werden. Es kann sich dabei um materielle Angelegenheiten oder um sexuelle Bedürfnisse oder um Hilfe bei der Schaffung einer beruflichen Laufbahn handeln; oder auch um das Verlangen nach besonderer Beachtung, ausschließlicher Ergebenheit, unbegrenzter Toleranz. Es ist nichts sonderlich Sadistisches darin enthalten: Was auf Sadismus schließen läßt, ist die Erwartung, daß der Partner auf jede nur denkbare Weise ein emotionell leeres Leben ausfüllen soll. Dies ist auch in Hedda Gabler vortrefflich illustriert, in ihren dauernden Klagen über ihre Langeweile und ihrem Wunsch nach Anregung und neuen Reisen. Das Bedürfnis, sich wie ein Vampir von der emotionellen Vitalität eines anderen Menschen zu nähren, ist in der Regel unbewußt. Aber es ist möglich, daß es die Grundlage des Ausbeutungsbedürfnisses bildet, aus der die geäußerten Forderungen sich speisen.

Die Natur der Ausbeutung wird noch klarer, wenn wir uns dessen bewußt werden, daß gleichzeitig eine Tendenz vorliegt, die *Erwartung* anderer *zu vereiteln.* Es wäre falsch zu behaupten, daß ein sadistischer Mensch nie dazu bereit wäre, etwas zu geben. Er kann unter gewissen Umständen sogar großzügig sein. Für einen sadistischen Menschen ist nicht eine Knickerigkeit im Sinne des Vorenthaltens typisch, sondern ein viel aktiverer, wenn auch unbewußter Impuls, die Pläne anderer zu durchkreuzen – ihre Freude zu töten und ihre Erwartungen zu enttäuschen. Jede zufriedene oder heitere Stimmung des Partners erregt fast unwiderstehlich in dem Sadisten den Wunsch, sie in irgendeiner Form zu verderben. Wenn sich der Partner darauf freut, ihn zu sehen, neigt er dazu, verdrießlich zu sein. Wenn der Partner nach Sexualverkehr verlangt, wird er frigide oder impotent sein. Es ist noch nicht einmal nötig, daß er irgend etwas Bestimmtes tut oder unterläßt. Er braucht lediglich schlechte Laune auszustrahlen, um dadurch niederdrückend zu wirken. Um Aldous Huxley* zu zitieren: »Er brauchte gar nichts zu tun: seine bloße *Existenz* war schon genug: sie schrumpften ein und wurden schwarz durch bloße Ansteckung.« Und etwas später: »Welch

---

* ALDOUS HUXLEY, *»Time must have a Stop«,* 1944.

ein ausgesuchtes Raffinement des Willens nach Macht, welch eine elegante Grausamkeit! Und welch erstaunliche Begabung für diese ansteckende Verdüsterung, die auch die gehobenste Stimmung dämpft und die bloße Möglichkeit einer Freude erstickt.«

Ebenso wichtig wie all dies ist die Tendenz des sadistischen Menschen andere herabzusetzen und zu demütigen. Er hat eine bemerkenswerte Begabung dafür, die Unzulänglichkeiten anderer zu sehen, ihre schwachen Punkte herauszufinden und aufzudecken. Er weiß ganz intuitiv, wo andere empfindlich sind und wie er sie verletzen kann. Und er neigt dazu, seine Intuition unbarmherzig zum Zweck einer herabsetzenden Kritik zu benutzen. Rein verstandesmäßig kann dies als Ehrlichkeit oder als Wunsch zu helfen ausgelegt werden; er kann selber glauben, daß ihn ernsthafte Zweifel in bezug auf die Kompetenz und Integrität des andern Menschen beunruhigten, aber er wird mit Panik reagieren, sobald die Aufrichtigkeit seiner Zweifel in Frage gestellt wird. Seine Kritik kann auch in Form eines bloßen Verdachtes auftreten. Der Patient kann sagen: »Wenn ich nur diesem Menschen trauen könnte!« Wenn er ihn aber in seinen Träumen bereits in alles verwandelt hat, was verabscheuenswert ist, von einer Schabe bis zu einer Ratte, wie kann er dann erwarten, ihm zu trauen? Mit anderen Worten: Mißtrauen kann lediglich eine Konsequenz dessen sein, daß man den andern Menschen vor sich selber herabsetzt. Und wenn einem sadistischen Menschen seine sadistische Haltung nicht bewußt ist, kann ihm vielleicht nur das daraus folgende Mißtrauen bewußt sein. Man kann hier nicht mehr von einer Neigung zum ständigen Kritisieren sprechen, diese Haltung ist schon zu einer wahren Leidenschaft geworden. Er konzentriert seine Aufmerksamkeit nicht nur auf tatsächliche Mängel, sondern ist außerordentlich geschickt darin, seine eigenen Fehler zu externalisieren und damit einen guten Grund zur Anklage des andern zu konstruieren. Wenn er zum Beispiel durch sein eigenes Benehmen einen anderen Menschen in Erregung gebracht hat, wird er sogleich Besorgnis oder aber auch Verachtung über dessen emotionelle Unbeständigkeit äußern. Wenn der eingeschüchterte Partner nicht völlig aufrichtig zu ihm ist, wird er ihm wegen seiner Verschwiegenheit oder seiner Lügen Vorwürfe machen. Er wird ihm vorwerfen, daß er so abhängig von ihm ist, obwohl er selbst alles nur Mögliche getan hat, ihn soweit zu bringen. Solch ein Unterminieren ist nicht nur eine Angelegenheit von Worten, sondern es zieht auch alle möglichen Arten verächtlichen Benehmens nach sich. Demütigende und degradierende sexuelle Praktiken können eine derartige Äußerungsform sein.

Sobald irgendeiner dieser Triebe vereitelt wird oder wenn die Situation sich umkehrt und der sadistische Mensch sich selber unterdrückt, ausgenutzt oder verschmäht vorkommt, kann er Anfälle von beinahe wahnsinniger Wut haben. In seiner Vorstellung gibt es dann keine Tortur, die schrecklich genug wäre, um den Verbrecher zu bestrafen: er möchte ihn treten, schlagen, in Stücke reißen. Diese Anfälle sadistischer Wut können ihrerseits unterdrückt werden und veranlassen damit einen Zustand akuter Panik oder funktioneller Körperstörungen, die auf eine zunehmende innere Spannung hinweisen.

Was bedeuten diese Züge? Welche innere Notwendigkeit zwingt einen Menschen dazu, sich so grausam zu benehmen? Die Annahme, daß sadistische Züge der Ausdruck perverser Sexualtriebe seien, ist in Wirklichkeit unbegründet. Es stimmt, daß sie im sexuellen Verhalten einen Ausdruck finden können. Darin bilden sie keine Ausnahme von der allgemeinen Regel, daß alle unsere Charaktereigenschaften sich notwendigerweise auch auf sexuellem Gebiet offenbaren müssen – genauso wie sie sich in unserer Arbeitsweise, unserer Haltung und unserer Schrift äußern. Es stimmt außerdem, daß viele sadistische Absichten mit einer gewissen Erregung ausgeführt werden, oder wie ich wiederholt gesagt habe, mit absorbierender Leidenschaft. Doch ruht die Schlußfolgerung, daß alle Affekte des Schauderns oder der Erregung ihrer Natur nach sexuell sind, auch wenn sie nicht so empfunden werden, lediglich auf der Voraussetzung, daß jede Form von Erregung als solche sexuell sei. Doch exietiert kein greifbarer Beweis für eine solche Voraussetzung. Phänomenologisch gesehen, ist die Sensation einer sadistischen Erregung von der einer sexuellen Hingabe naturgemäß völlig verschieden.

Die Behauptung, daß sadistische Impulse ein übriggebliebener infantiler Zug seien, ist einigermaßen einleuchtend, weil kleine Kinder oft Tieren oder jüngeren Kindern gegenüber grausam sind und ganz offenbar dabei erregt werden. Angesichts dieser oberflächlichen Ähnlichkeit könnte man sagen, daß die elementare kindliche Grausamkeit lediglich raffinierter geworden ist. In Wirklichkeit wurde sie jedoch nicht nur raffinierter: die Grausamkeit des erwachsenen Sadisten ist ihrer ganzen Art nach anders. Wie wir sahen, hat sie deutliche Eigenschaften, die in der rückhaltlosen Grausamkeit des Kindes fehlen. Die kindliche Grausamkeit scheint eine relativ einfache Reaktion auf Gefühle von Unterdrückung und Demütigung zu sein. Das Kind behauptet sich, indem es seine Rache an Schwächeren ausläßt. Spezifisch sadistische Züge sind viel komplizierter und stammen aus komplizierteren Quellen. Außerdem läßt auch dieser Versuch, spätere Absonderlichkeiten durch eine direkte Bezugnahme auf trübe Erfahrungen zu motivieren, eine über alles wichtige Frage offen: Welche Faktoren sind für die Beharrlichkeit und sorgfältige Ausarbeitung der Grausamkeit verantwortlich?

Jede der obigen Hypothesen bezieht sich auf jeweils nur einen Aspekt des Sadismus – Geschlechtlichkeit in einem Fall, Grausamkeit im andern – und kann noch nicht einmal deren Merkmale begründen. Dasselbe kann man auch über eine von Erich Fromm* gegebene Erklärung sagen, obwohl sie näher an das Wesentliche herankommt. Fromm weist darauf hin, daß der Sadist den Menschen, an den er sich angeschlossen hat, nicht zerstören will, sondern daß er, weil er außerstande ist, sein eigenes Leben zu leben, den Partner für eine Art symbiotischer Existenz benötigt. Das ist ganz entschieden wahr, aber es erklärt noch immer nicht überzeugend genug, warum ein Mensch zwanghaft dazu getrieben ist, sich unbedingt in das Leben anderer einzumischen oder weshalb seine Einmischung diese ganz besondere Form annimmt.

Wenn wir den Sadismus als ein neurotisches Symptom betrachten, dürfen wir, wie stets, nicht damit anfangen, das Symptom zu erklären, sondern damit, zu versuchen, die Struktur der Persönlichkeit, in der ein solches Symptom sich entwickelt, zu verstehen. Wenn wir von dieser Seite an das Problem herangehen, erkennen wir, daß nur ein Mensch, der von einem tiefen Gefühl der Sinnlosigkeit seines eigenen Lebens erfüllt ist, ausgesprochen sadistische Züge entwickelt. Dichter haben diese innere Verfassung ganz intuitiv und schon lange erkannt, ehe wir im-

---

* ERICH FROMM, *Escape from Freedom*, 1941.

stande waren, sie mit unsern exakten klinischen Beobachtungen bloßzulegen. Im Fall von Hedda Gabler sowohl als in dem des »Verführers« stand die Möglichkeit, jemals aus sich selbst oder aus seinem Leben etwas zu machen, kaum mehr zur Debatte. Wenn ein Mensch unter diesen Umständen sich nicht in die Resignation flüchtet, entwickelt er notwendigerweise äußerst starke Ressentiments. Er fühlt sich für immer ausgeschlossen und besiegt.

Von da an beginnt er, das Leben und alles, was darin positiv ist, zu hassen. Aber er haßt es mit dem brennenden Neid dessen, der das Ziel seiner heißen Wünsche nie erreichen kann. Es ist der bittere, mißgünstige Neid eines Menschen, der das Gefühl hat, daß das Leben ihn ausgeschaltet hat. Nietzsche nannte es »Lebensneid«. Er glaubt nicht, daß andere auch ihre Sorgen haben könnten: »sie« sitzen bei üppigen Gelagen, während er hungrig bleibt; »sie« lieben, zeugen, genießen, sind glücklich und guter Laune, wissen, wohin sie gehören. Das Glück anderer und ihre »naiven« Erwartungen in bezug auf Vergnügen und Freude irritieren ihn. Wenn er nicht glücklich und frei sein kann, warum sollten sie es sein? Mit den Worten des Idioten von Dostojewski heißt das, er kann ihnen ihr Glück nicht verzeihen. Er muß auf der Freude anderer herumtrampeln. Seine Haltung wird illustriert durch die Geschichte des Lehrers, der durch Tuberkulose zum Tod verurteilt war, auf das Brot seiner Schüler spuckte und sich durch seine Macht, sie auf diese Weise zu vernichten, erhoben fühlte. Dies war eine bewußte Tat racheerfüllten Neides. In einem Sadisten ist die Tendenz, andere zu enttäuschen und ihre Hoffnungen zu zerstören, in der Regel tief unbewußt. Aber seine Absicht ist genauso unheilvoll wie die des Lehrers: er will seine Leiden auf andere übertragen; wenn andere so geschlagen und dagradiert sind wie er selber, wird sein eigenes Elend gemildert, da er sich dann nicht mehr als den einzigen Unglücklichen empfindet.

Ein anderer Weg, seinen nagenden Neid zu mildern, besteht in einer »Saure-Trauben«-Taktik, die er so meisterhaft beherrscht, daß sogar ein geübter Beobachter dadurch leicht getäuscht werden kann. In Wirklichkeit ist sein Neid so tief verwurzelt, daß er selber über einen Hinweis auf dessen Existenz nur lachen würde. Seine Betonung der peinlichen, beschwerlichen oder häßlichen Seiten des Lebens ist auf diese Weise nicht nur ein Ausdruck seiner Bitterkeit, sondern noch mehr seines Interesses daran, sich selber zu beweisen, daß er nichts vermißt. Seine dauernden Kritteleien und herabsetzenden Bemerkungen stammen zum Teil aus dieser Quelle. Er wird zum Beispiel sofort die einzige nicht vollkommen schöne Stelle am Körper einer schönen Frau bemerken. Beim Betreten eines Zimmers wird sein Blick sofort auf die eine Farbe oder das einzige Möbelstück fallen, das nicht völlig zu dem übrigen paßt. Er wird auf die einzige schwache Stelle in einer sonst guten Rede hinweisen. Und genauso wird alles, was an dem Leben anderer Menschen oder in ihrem Charakter oder ihren etwaigen Beweggründen falsch ist, in seinem Innern stets deutlich verzeichnet bleiben. Wenn er einer »höheren« Bildungsstufe angehört, wird er seine Haltung einer Überempfindlichkeit gegenüber jeder Art von Unvollkommenheit zuschreiben. Aber in Wirklichkeit konzentriert er sich ausschließlich auf diese und läßt alles andere unbeachtet.

Auch wenn es ihm gelingt, seinen Neid zu dämpfen und sein Ressentiment beiseite zu lassen, wird seine alles entwertende Haltung ihrerseits zum Anlaß eines ständigen Gefühls von Enttäuschung und Unzufriedenheit. Wenn er Kinder hat, denkt er zunächst an die damit verbundenen Belastungen und Verpflichtungen, wenn er keine Kinder hat, hat er das Gefühl, daß ihm die wichtigste menschliche Erfahrung fehle. Wenn er keine sexuellen Beziehungen hat, glaubt er, es sei ihm etwas vorenthalten worden und brütet über die Gefahren der Enthaltsamkeit nach; wenn er sexuelle Erfahrungen hat, fühlt er sich durch sie gedemütigt und beschämt. Wenn er die Möglichkeit hat, eine Reise zu machen, ist er ärgerlich über die damit verbundenen Unbequemlichkeiten; kann er nicht reisen, empfindet er es als eine Schande, daß er zu Hause bleiben muß. Da er nie auf den Gedanken kommt, daß die Quelle seiner chronischen Unzufriedenheit vielleicht in ihm selbst liegen könnte, hält er sich für berechtigt, andern nachdrücklich zu verstehen zu geben, daß sie ihn im Stich lassen, und immer größere Ansprüche zu stellen, deren Erfüllung ihn doch nie befriedigen kann.

Der bittere Neid, die Herabsetzungstendenz und die damit verbundene Unzufriedenheit sind bis zu einem gewissen Grad an bestimmten sadistischen Zügen schuld. Wir können verstehen, warum es den Sadisten dazu treibt, die Erwartungen anderer zu enttäuschen, Leiden zu verursachen, zu kritisieren und unerbittliche Forderungen zu stellen. Aber wir können weder das Maß seiner Zerstörungswut noch seine arrogante Selbstgerechtigkeit richtig einschätzen, solange wir nicht in Betracht ziehen, was die Hoffnungslosigkeit seiner Beziehung zu sich selbst antut.

Während er die elementarsten Erfordernisse menschlichen Anstands verletzt, trägt er gleichzeitig ein idealisiertes Ebenbild von ganz besonders hohen und strengen Maßstäben in seinem Innern. Er gehört zu denen (wir haben schon früher über sie gesprochen), die, weil sie die Hoffnung aufgegeben haben, jemals ihren eigenen Maßstäben entsprechen zu können, sich bewußt oder unbewußt dazu entschlossen haben, so »schlecht« wie möglich zu sein. Es kann ihm gelingen, »schlecht« zu sein, und er kann in diesem Gefühl mit der Begeisterung der Verzweiflung schwelgen. Aber gerade dadurch wird die Kluft zwischen dem idealisierten Ebenbild und dem eigentlichen Selbst unüberbrückbar. Er hält sich für unheilbar und sein Verhalten für unverzeihlich. Seine Hoffnungslosigkeit wird immer stärker, und er bewegt sich mit der Rücksichtslosigkeit eines Menschen, der nichts zu verlieren hat. Solange dieser Zustand anhält, ist es ihm tatsächlich unmöglich, eine konstruktive Haltung sich selbst gegenüber einzunehmen. Jeder direkte Versuch, ihn konstruktiv zu gestalten, ist von vornherein zum Scheitern bestimmt und beweist völlige Ahnungslosigkeit über seinen Zustand.

Sein Widerwille gegen sich selbst erreicht solche Dimensionen, daß er nicht mehr imstande ist, einen Blick auf sich zu werfen. Er muß sich dagegen wappnen, indem er eine bereits vorhandene Rüstung von Selbstgerechtigkeit noch verstärkt. Die leiseste Kritik, Vernachlässigung oder das Ausbleiben erwarteter Anerkennung kann seine Selbstverachtung mobilisieren und muß daher als unfair abgelehnt werden. Er ist gezwungen, seine Selbstverachtung zu externalisieren, andere zu tadeln, zu beschimpfen und zu demütigen. Das jedoch treibt ihn in einen *circulus vitiosus*. Je mehr er andere verachtet, desto weniger kann er seine Selbstverachtung erkennen – und die Selbstverachtung wird heftiger und unbarmherziger, je hoffnungsloser er wird. Aggression gegen andere wird dann eine Angelegenheit der Selbsterhaltung. Das oben zitierte Beispiel der Patientin, die ihren Ehemann der Unentschlossenheit bezichtigte und sich selbst in Stücke zerreißen wollte, als sie sich darüber klar wurde, daß sie in Wirklichkeit über ihre eigene Unentschlossenheit so wütend war, ist eine gute Illustration dieses Prozesses.

Unter diesen Gesichtspunkten beginnen wir zu begreifen, weshalb es für den Sadisten so unerläßlich ist, andere herabzusetzen. Und wir können jetzt auch die innere Logik seines zwanghaften und oft fanatischen Bemühens um die Entwicklung anderer oder wenigstens um die des Partners einsehen. Da er selber nicht imstande ist, seinem idealisierten Ebenbild zu entsprechen, muß es der Partner tun; und die unbarmherzige Wut, die er gegen sich selber fühlt, macht sich dem Partner gegenüber bei jedem Versagen Luft. Er kann sich selber manchmal die Frage stellen: »Warum lasse ich ihn nicht in Ruhe?« Aber es ist klar, daß solch rationale Überlegungen gar keinen Sinn haben, solange der innere Kampf andauert und externalisiert wird. Er sucht den Druck, den er auf den Partner ausübt, gewöhnlich rein verstandesmäßig mit seiner »Liebe« oder seinem Interesse an der »Entwicklung« des Partners zu erklären. Es erübrigt sich zu sagen, daß es keine Liebe ist. Doch ist es auch kein Interesse an einer echten Entwicklung des Partners. In Wahrheit macht er den unmöglichen Versuch, dem Partner zuzumuten, sein, des Sadisten, idealisiertes Ebenbild zu verwirklichen. Die rechthaberische Haltung, die er sich als ein Schild gegen die Selbstverachtung zulegen mußte, gestattet ihm ein solches Vorgehen mit selbstzufriedener Sicherheit.

Das Verständnis für diesen inneren Kampf läßt uns auch einen andern, mehr allgemeinen Faktor erkennen, der in sadistischen Symptomen enthalten ist: die Rachsucht, die oft wie Gift jede Zelle der Persönlichkeit des Sadisten durchdringt. Er ist rachsüchtig und muß es sein, weil er seine heftige Verachtung für sich selbst nach außen kehrt. Da seine Selbstgerechtigkeit ihn daran hindert, seinen eigenen Anteil an einer sich erhebenden Schwierigkeit zu sehen, muß er die Empfindung haben, er sei derjenige, der mißbraucht und geprellt worden sei; da er nicht sehen kann, daß die Quelle seiner ganzen Verzweiflung in ihm selber liegt, muß er andere dafür verantwortlich machen. Sie haben sein Leben ruiniert, sie müssen ihn dafür entschädigen, sie müssen ertragen, was ihnen bevorsteht. Mehr wie jeder andere Umstand ist es die Rachsucht, die alle Gefühle von Sympathie und Barmherzigkeit in ihm abtötet. Weshalb sollte er mit denjenigen, die sein Leben verdorben haben – und dazu noch viel besser daran sind, als er selbst – Mitleid haben? In einzelnen Fällen kann der Wunsch nach Rache bewußt sein, zum Beispiel in bezug auf seine Eltern. Er ist sich jedoch nicht darüber klar, daß seine Rachsucht ein alles durchdringender Charakterzug ist.

Der Sadist, wie wir ihn bisher gesehen haben, erscheint infolge seines Gefühls, von allem ausgeschlossen und zum Untergang bestimmt zu sein, wie ein Amokläufer, der seiner Wut gegen andere durch blinde Rachsucht Luft macht. Und wir verstehen jetzt, daß er sein eigenes Elend dadurch zu erleichtern sucht, daß er andere unglücklich macht. Aber dies kann schwerlich die volle Erklärung sein. Die destruktiven Aspekte allein erklären nicht die alles verzehrende Leidenschaft, die so typisch für viele sadistische Handlungen ist. Es müssen positive Vorteile hinzukommen, Vorteile, die für den Sadisten von vitaler Bedeutung sind. Diese Behauptung könnte meiner Annahme, daß Sadismus aus Hoffnungslosigkeit entwachsen ist, zu widersprechen scheinen. Wie kann ein hoffnungsloser Mensch auf etwas hoffen und sich darum bemühen, und zwar noch dazu mit solch einer verzehrenden Energie? Tatsache ist, daß von einem subjektiven Standpunkt aus doch Wertvolles zu gewinnen ist. Dadurch, daß er andere herabsetzt, mildert er nicht nur seine unerträgliche Selbstverachtung, sondern verschafft sich auch gleichzeitig ein Überlegenheitsgefühl. Wenn er das Leben anderer umgestaltet, gewinnt er nicht nur ein stimulierendes Machtgefühl über sie, sondern er findet auch einen Ersatzinhalt für sein eigenes Leben. Wenn er andere emotionell ausbeutet, so verschafft er sich selbst ein emotionelles Ersatzleben, das ihn seine eigene Sterilität weniger empfinden läßt. Wenn er andere besiegt, so gewinnt er einen erhebenden Triumph, der seine eigene hoffnungslose Niederlage überschattet. Dieses heftige Verlangen nach rachsüchtigem Triumph ist wahrscheinlich seine intensivste Kraft.

Alle seine Unternehmungen dienen auch dazu, seine Gelüste nach Erregungen jeder Art zu stillen. Eine gesunde, ausgeglichene Persönlichkeit bedarf solcher Erregungen nicht. Je gereifter ein Mensch ist, desto weniger liegt ihm daran. Aber das Gefühlsleben des Sadisten ist ohne Inhalt. Fast alle Gefühle mit Ausnahme der Empfindungen von Ärger und Triumph sind erstickt worden. Er ist emotionell so tot, daß er starker Stimulierung bedarf, um sich lebendig zu fühlen.

Zu guter Letzt verleiht ihm sein sadistisches Vorgehen gegen andere Gefühle von Kraft und Stolz, die sein unbewußtes Allmachtsgefühl noch verstärken. Während der Analyse vollzieht sich in der Haltung eines Patienten seinen sadistischen Neigungen gegenüber eine tiefgehende Veränderung. Wenn er ihrer zuerst gewahr wird, wird er wahrscheinlich eine kritische Haltung gegen sie einnehmen. Aber seine Ablehnung kommt nicht von Herzen; es handelt sich mehr um ein äußeres Eingehen auf landläufige Maßstäbe. Gelegentliche Anfälle von Abscheu gegen sich selbst können auftreten. Zu einem etwas späteren Zeitpunkt jedoch, wenn er im Begriff ist, seine sadistische Haltung aufzugeben, kann ihn plötzlich das Gefühl überkommen, daß er im Begriff sei, etwas Kostbares zu verlieren. Er kann dann zum erstenmal bewußt in eine gehobene Stimmung geraten, weil er mit andern nach Belieben umzugehen imstande ist, und er kann seine Besorgnis darüber zum Ausdruck bringen, daß die Analyse ihn zu einem verächtlichen Schwächling machen könnte. Und wie so oft in einer Analyse ist die Sorge des Patienten subjektiv gerechtfertigt: wird er der Macht beraubt, andere in den Dienst seiner emotionellen Bedürfnisse zu zwingen, so sieht er sich selbst als ein erbärmliches und hilfloses Geschöpf. Mit der Zeit jedoch wird er sich darüber klar werden, daß das Gefühl von Kraft und Stolz, das ihm sein Sadismus verschafft hatte, ein dürftiger Ersatz ist. Es war nur darum so wertvoll, weil echte Kraft und echter Stolz unerreichbar für ihn waren.

Wenn wir uns über die Natur dieser Gewinne klar werden, sehen wir, daß kein Widerspruch in der Feststellung liegt, daß ein hoffnungsloser Mensch doch fanatisch nach etwas suchen kann. Aber er erwartet nicht, größere Freiheit oder größere Selbsterfüllung zu finden: All das, woraus seine Hoffnungslosigkeit besteht, bleibt unverändert, und er rechnet nicht damit, es zu ändern. Er jagt Ersatzmitteln nach.

Die gefühlsmäßigen Gewinne werden durch ein Leben in andern erreicht. *Sadistisch sein heißt, ein aggressives und größtenteils destruktives Leben durch andere Menschen zu leben.* Aber nicht nur auf diese Weise kann ein so gänzlich niedergeworfener Mensch leben. Die Rücksichtslosigkeit, mit der er seinen Zielen nachgeht, ist aus der Verzweiflung geboren. Da er nichts zu verlieren hat, kann er nur gewinnen. In diesem Sinn haben sadistische Bemühungen ein positives Ziel und müssen als eine Art von *Versuch zur Wiederherstellung der Persönlichkeit* betrachtet werden. Der Grund, weshalb dieses Ziel so leidenschaftlich verfolgt wird, liegt darin, daß der Sadist durch seinen Triumph über andere fähig wird, das niederdrückende Gefühl seiner eigenen Niederlage zu betäuben.

Die destruktiven Elemente, die in solchen Bemühungen enthalten sind, können jedoch nicht ohne Rückwirkung auf den Betreffenden selber bleiben. Wir haben bereits auf das Überhandnehmen der Selbstverachtung hingewiesen. Eine ähnliche Rückwirkung hat die Erzeugung von Angst. Zum Teil ist dies eine Furcht vor Vergeltung; er fürchtet sich davor, daß andere ihn so behandeln könnten, wie er sie behandelt – oder wie er sie behandeln möchte. In seinem Bewußtsein äußert sich dieses Gefühl nicht so sehr als Furcht, sondern als die selbstverständliche Annahme, daß andere übel mit ihm umspringen würden, wenn sie dazu in der Lage wären – das heißt, wenn er es nicht dadurch verhindern würde, daß er dauernd die Offensive ergreift. Durch ständige Voraussicht und die rechtzeitige Verhinderung jedes nur möglichen Angriffs, muß er so sehr auf der Hut sein, daß er allen Absichten gegenüber *de facto* unangreifbar ist. Die unbewußte Überzeugung seiner eigenen Unverletzlichkeit spielt oft eine beträchtliche Rolle. Sie verleiht ihm ein überlegenes Gefühl von Sicherheit: *er* kann niemals verletzt oder Gefahren ausgesetzt sein, ihm kann niemals ein Unfall oder eine Krankheit zustoßen; er kann niemals sterben. Wenn er dennoch durch Menschen oder Umstände einmal verletzt wird, wird seine falsche Sicherheit vernichtet, und es ist möglich, daß er von einer akuten Panik ergriffen wird.

Zum Teil ist seine Angst die Furcht vor den explosiven und destruktiven Elementen in sich selbst. Er fühlt sich wie ein Mensch, der eine hochbrisante Bombe mit sich herumträgt. Übermäßige Selbstbeherrschung und dauernde Wachsamkeit sind nötig, um diese gefährlichen Elemente im Zaum zu halten. Sie können beim Trinken auftauchen, wenn er nicht von vornherein zu große Angst davor hat, sich unter dem Einfluß von Alkohol gehen zu lassen. Er kann dann außerordentlich destruktiv werden. Diese Impulse können ihm unter bestimmten Umständen, die ihn irgendwie in Versuchung führen, klarer bewußt werden. So wurde zum Beispiel der Sadist in Zolas »Bête Humaine« von einer Panik ergriffen, als er sich zu einem Mädchen hingezogen fühlte, weil dies den Impuls, sie zu töten, in ihm auslöste. Einem Akt von Grausamkeit beizuwohnen, kann ihn mit Furcht überwältigen, weil dies seinen eigenen Zerstörungsimpuls wachruft.

Diese beiden Faktoren – Selbstverachtung und Angst – sind vorwiegend für die Unterdrückung sadistischer Impulse verantwortlich. Grad und Tiefe der Unterdrückung sind verschieden. Oft werden die Zerstörungsimpulse lediglich dem Bewußtsein ferngehalten. Im großen und ganzen ist es erstaunlich, wie sehr eine sadistische Haltung ausgelebt werden kann, ohne daß der Betreffende etwas davon weiß. Er merkt allenfalls, daß er gelegentlich den Wunsch hat, einen schwächeren Menschen zu mißhandeln, oder daß er ein Gefühl der Erregung verspürt, wenn er von sadistischen Handlungen liest, oder daß er ganz offenkundig sadistische Phantasien hat. Aber diese sporadischen Einsichten bleiben vereinzelt. Der größte Teil dessen, was er andern in seinem alltäglichen Verhalten antut, bleibt im wesentlichen unbewußt. Die Dumpfheit seiner Gefühle sich selbst und andern gegenüber ist einer der Faktoren, die zu der allgemeinen Unklarheit der Situation beitragen. Ehe dies nicht besser wird, kann er empfindungsgemäß nicht erleben, was er tut. Außerdem sind die Rechtfertigungen, die dem Zweck dienen, die sadistischen Züge zu verbergen, oft so geschickt, daß sie nicht nur den Sadisten selber, sondern sogar diejenigen, die unter ihm zu leiden haben, täuschen. Wir dürfen nicht vergessen, daß Sadismus das Endstadium einer schweren Neurose ist. Daher wird die Art der Rechtfertigung von der Struktur der besonderen Neurose abhängen, aus der die sadistischen Züge stammen. Der nachgiebige Typ wird zum Beispiel seinen Partner, ohne es zu wissen, unter dem Vorwand seiner Liebe versklaven. Er wird seine Ansprüche auf seine Bedürfnisse schieben. Weil er so hilflos oder so furchtsam oder so krank ist, sollte der Partner sich seiner annehmen. Weil er nicht allein sein kann, sollte der Partner stets mit ihm zusammen sein. Seine Vorwürfe werden indirekt dadurch ausgedrückt, daß er, ohne sich darüber klar zu sein, zu erkennen gibt, wieviel Leid andere ihm zufügen.

Der aggressive Typ bringt sadistische Züge ganz unverhüllt zum Ausdruck – was jedoch nicht bedeutet, daß er sich ihrer stärker bewußt sei. Er hat keine Hemmungen, seine Unzufriedenheit, seinen Zorn und seine Ansprüche zu äußern, glaubt jedoch, daß er, ganz abgesehen von seiner völligen Berechtigung dazu, einfach ehrlich sei. Er wird außerdem seine mangelnde Rücksicht andern gegenüber und die Tatsache, daß er sie ausnützt, externalisieren und wird sie dadurch einschüchtern, daß er ihnen klipp und klar sagt, wie sehr sie ihn ständig mißbrauchen.

Der distanzierte Mensch äußert seine sadistischen Züge ganz besonders auffällig. Er wird die Erwartungen anderer auf eine stille Weise vereiteln, indem er sie durch seine stete Bereitschaft, sich zurückzuziehen, unsicher macht und in ihnen den Eindruck erweckt, daß sie ihn einengen und stören, wobei er die heimliche Genugtuung hat, sie zum Narren zu halten.

Sadistische Impulse können aber viel tiefer unterdrückt werden und rufen dann einen Zustand hervor, den man als invertierten Sadismus bezeichnen könnte. Hier geschieht folgendes: Der Betreffende hat solche Furcht vor seinen Impulsen, daß er alles nur Mögliche tut, ihrer Enthüllung sowohl vor sich selbst als vor andern vorzubeugen. Er wird alles vermeiden, was wie Entschiedenheit, Aggression oder Feindseligkeit aussehen könnte, und das Ergebnis wird eine tiefe und allgemeine Gehemmtheit sein.

Ein kurzer Überblick wird einen Eindruck davon geben, was dieser Prozeß nach sich zieht. Wer äußerste Zurückhaltung übt, um ja nicht andere zu unterjochen, wird unfähig sein, einen Befehl zu erteilen oder eine verantwortliche und leitende Stellung einzunehmen. Diese erfordert übergroße Vorsicht in bezug auf das Ausüben von Einfluß oder das Erteilen von Ratschlägen. Sie erfordert auch die Unterdrückung noch so berechtigter Eifersucht. Ein guter Beobachter wird lediglich bemerken, daß ein Mensch Kopfweh oder Magenschmerzen oder irgendwelche anderen Symptome bekommt, wenn die Dinge nicht so laufen, wie er es möchte.

Eine geflissentliche Zurückhaltung davor, andere auszunutzen, erzeugt eine Tendenz zur Selbstentäußerung. Dies zeigt sich darin, daß der Betreffende es nicht wagt, einen Wunsch zu äußern – ja noch nicht einmal, einen Wunsch zu haben; daß er sich nicht getraut, gegen Mißbrauch zu rebellieren, noch sich mißbraucht zu fühlen, da er die Erwartungen oder Ansprüche anderer Menschen für berechtigter oder wichtiger hält als die eigenen und sich lieber ausnutzen läßt, als daß er seine eigenen Interessen durchzusetzen versucht. Solch ein Mensch befindet sich sozusagen ständig zwischen Scylla und Charybdis. Er hat Angst davor, andere auszunützen, verachtet sich jedoch wegen seiner Unfähigkeit, sich selbst behaupten zu können, was er als Feigheit bezeichnet. Und wenn er – was natürlich passieren kann – selber ausgenutzt wird, so ist er in einem unlösbaren Dilemma gefangen und kann darauf mit einer Depression oder einem funktionellen Symptom reagieren.

Dementsprechend wird er, statt die Erwartungen anderer zu vereiteln, überbeflissen sein, sie nicht zu enttäuschen und ein äußerst großzügiges Verständnis zeigen. Er wird sich die »Beine ausreißen«, um nur ja alles zu vermeiden, was ihre Gefühle verletzen oder sie irgendwie demütigen könnte. Er wird intuitiv irgend etwas »Freundliches« zu sagen wissen – eine anerkennende Bemerkung zum Beispiel, um ihr Selbstvertrauen zu steigern. Er neigt ganz automatisch dazu, einen Vorwurf auf sich zu nehmen, und wird sich viele Male entschuldigen. Wenn er eine Kritik nicht vermeiden kann, so wird er sie in der denkbar mildesten Form aussprechen. Selbst wenn andere ihn aufs gröbste ausnutzen, wird er nichts anderes als »Verständnis« zeigen. Gleichzeitig aber ist er Demütigungen gegenüber überempfindlich und leidet qualvoll darunter.

Wenn das sadistische Spielen mit Emotionen tief unterdrückt wird, kann es dem Gefühl eines völligen Mangels an Anziehungskraft Platz machen. So kann ein Mensch, oft sogar trotz schlagender Gegenbeweise, ernsthaft davon überzeugt sein, daß er dem andern Geschlecht gegenüber keine Anziehungskraft habe, daß er sich mit den Krümeln, die vom Tisch der Reichen fallen, zufriedengeben müsse. In einem solchen Fall von Minderwertigkeitsgefühlen zu sprechen, heißt lediglich einen andern Ausdruck gebrauchen für etwas, worüber der Betreffende sich ohnedies klar ist und was einfach der Ausdruck einer Selbstverachtung sein kann. Worauf es jedoch hier ankommt, ist die Tatsache, daß die Vorstellung seiner mangelnden Anziehungskraft ein unbewußtes Zurückschrecken vor der Versuchung ist, das aufregende Spiel von Eroberung und Abweisung zu spielen. Es kann während der Analyse allmählich klar werden, daß der Patient unbewußt das Gesamtbild seiner Liebesbeziehungen verfälscht hat. Und es wird sich eine seltsame Veränderung vollziehen: Das »häßliche Entlein« wird sich seines Verlangens und seiner Fähigkeit, Menschen anzuziehen, bewußt, wendet sich aber voller Entrüstung und Verachtung gegen sie, sobald sie seine Annäherungsversuche ernst nehmen.

Das sich daraus ergebende Persönlichkeitsbild täuscht und ist schwer zu bewerten. Seine Ähnlichkeit mit dem nachgiebigen Typ ist schlagend. Während der offen sadistische Mensch gewöhnlich dem aggressiven Typus angehört, fing der invertierte Sadist in der Regel damit an, nachgiebige Züge zu entwickeln. Aller Wahrscheinlichkeit nach wurde er in seiner Kindheit ganz besonders hart behandelt und zu völliger Unterordnung gezwungen. Er kann seine Empfindungen verfälscht haben, und statt gegen seinen Unterdrücker rebellieren, versucht haben, ihn zu lieben. Als er älter wurde – wahrscheinlich in der Pubertät – wurden die Konflikte unerträglich, und er fand seine Zuflucht in der Distanzierung. Sobald er sich über sein Versagen klar wurde, konnte er die Isolierung in seinem Elfenbeinturm nicht mehr länger ertragen. Anscheinend kehrte er dann zu seiner früheren Abhängigkeit zurück, jedoch mit folgendem Unterschied: Sein Bedürfnis nach Liebe wurde derart verzweifelt, daß er bereit war, jeden Preis dafür zu zahlen, nur um nicht allein gelassen zu werden. Gleichzeitig verringerten sich seine Möglichkeiten, Liebe zu finden, weil sein noch immer vorhandenes Distanzierungsbedürfnis dauernd dem Wunsch, sich an jemanden anzuschließen, im Wege stand. Völlig erschöpft von diesem Kampf, verlor er seine Hoffnung und entwickelte sadistische Tendenzen. Aber sein Bedürfnis nach Kontakten war so beharrlich, daß er seine sadistischen Züge nicht nur unterdrücken, sondern sich völlig umkrempeln mußte, um sie zu verbergen.

Jede Gemeinschaft mit andern ist in einem solchen Fall eine Anstrengung, auch wenn dies dem Betreffenden nicht klar sein sollte. Er hat die Tendenz, sich steif und scheu zu benehmen. Er muß dauernd eine Rolle spielen, die seinen sadistischen Impulsen widerstrebt. Es ist nur natürlich, daß er selber denkt, er habe die Menschen wirklich gern; und es trifft ihn hart, wenn er in der Analyse klar erkennt, daß er nur sehr wenig für sie übrig hat oder daß zumindest eine große Unsicherheit über die Art seiner Gefühle herrscht. An diesem Punkt neigt er dazu, diesen Mangel als unabänderliche Tatsache hinzunehmen. In

Wirklichkeit jedoch ist er lediglich dabei, seine vorgeschützten positiven Gefühle aufzugeben, und zieht es unbewußt vor, lieber gar nichts zu empfinden, als seine sadistischen Triebe wahrnehmen zu müssen. Ein positives Gefühl für andere kann sich erst dann entwickeln, wenn er diese Triebe erkennt und anfängt, sie zu überwinden.

Doch gibt es in diesem Bild bestimmte Elemente, die dem geübten Beobachter das Vorhandensein sadistischer Züge anzeigen. Zunächst einmal findet der Betreffende immer einen heimlichen Weg, andere einzuschüchtern, auszunützen, zu enttäuschen. Da ist gewöhnlich eine deutlich wahrnehmbare, wenn auch unbewußte Verachtung für andere, die er ihren niedrigen moralischen Maßstäben zuschreibt. Dazu kommen eine ganze Reihe von Ungereimtheiten, die auf Sadismus hinweisen. Zum Beispiel kann der Betreffende manchmal sadistische Behandlung mit anscheinend grenzenloser Geduld hinnehmen, ein andermal dagegen auf den geringsten Versuch, ihn zu beherrschen, auszubeuten oder zu demütigen mit übergroßer Empfindlichkeit reagieren. Und schließlich macht er den Eindruck, als sei er »masochistisch« – er scheint nämlich in den Gefühlen eines Opferlamms zu schwelgen. Da jedoch dieser Ausdruck und die dahinter stehende Auffassung irreführend sind, ist es besser, ihn zu vermeiden und stattdessen die damit verbundenen Elemente zu beschreiben. Da der invertierte Sadist ganz und gar unfähig ist, sich selbst durchzusetzen, wird er auf alle Fälle leicht ausgenützt werden. Doch da er noch dazu unter seiner eigenen Schwäche leidet, fühlt er sich oft tatsächlich zu offen sadistischen Menschen hingezogen, indem er sie gleichzeitig bewundert und verabscheut – genauso, wie letztere sich von ihm angezogen fühlen, weil sie ein williges Opfer in ihm vermuten. Auf diese Weise setzt er sich selbst Ausbeutungen, Enttäuschungen und Demütigungen aus. Doch weit davon entfernt, eine derart schlechte Behandlung zu genießen, leidet er darunter. Aber er benutzt die Gelegenheit, um seine eigenen sadistischen Impulse in einem andern ausleben zu können, ohne seinen eigenen Sadismus erkennen zu müssen. Er kann sich unschuldig fühlen und moralisch entrüstet sein – während er doch gleichzeitig hofft, eines Tages den Partner überlisten zu können und über ihn zu triumphieren.

Freud beobachtete dieses von mir beschriebene Bild ebenfalls, doch machte er seine Beobachtung hinfällig durch ungerechtfertigte Verallgemeinerungen. Indem er sie in den Rahmen seiner gesamten Philosophie einfügte, hielt er sie für einen Beweis dafür, daß der Mensch, ganz gleich, wie gut er an der Oberfläche scheinen mag, von Grund auf destruktiv sei. In Wirklichkeit jedoch ist dieser Zustand der besondere Auswuchs einer besonderen Neurose.

Wir haben uns weit von dem Standpunkt entfernt, dessen Verfechter einen Sadisten für einen sexuell perversen Menschen halten oder mit sorgfältig gewählten Ausdrücken umschreiben, daß er gemein und lasterhaft sei. Sexuelle Perversionen sind relativ selten. Wenn sie vorhanden sind, so sind sie lediglich der Ausdruck einer allgemeinen Haltung andern gegenüber. Die destruktiven Züge sind nicht zu leugnen; wenn wir sie jedoch verstehen, so sehen wir hinter dem anscheinend unmenschlichen Betragen ein leidendes Menschenwesen. Damit eröffnen wir die Möglichkeit, solch einen Menschen durch die Therapie zu erreichen. Wir finden in ihm einen verzweifelten Menschen, der nach einer Wiedergutmachung für ein Leben sucht, das ihn zu Boden geworfen hat.

DREIZEHNTES KAPITEL

Die Lösung neurotischer Konflikte

Je mehr wir uns über den unendlichen Schaden klar werden, den neurotische Konflikte einem Menschen zufügen können, desto zwingender erscheint die Notwendigkeit, sie wahrhaft zu lösen. Da dies aber, wie wir jetzt verstehen, nicht durch einen rein verstandesmäßigen Entschluß geschehen kann noch durch eine Umgehungstaktik oder den Einsatz der Willenskraft, wie kann es dann erreicht werden? Es gibt nur einen Weg: Die Konflikte können nur dadurch gelöst werden, daß die seelischen Bedingungen, die sie in dem betreffenden Menschen verursachten, geändert werden.

Dies ist ein radikaler und zugleich ein harter Weg. Im Hinblick auf die mit jeder inneren Änderung verbundenen Schwierigkeiten ist es nur verständlich, daß wir nach einer Abkürzung dieses Weges suchen. Vielleicht ist dies der Grund, weshalb Patienten – und viele andere Menschen – oft fragen: Genügt es, seinen Grundkonflikt zu erkennen? Die Antwort lautet eindeutig: nein.

Auch wenn der Analytiker schon relativ früh im Verlauf der Analyse erkennt, unter welcher Spaltung der Patient leidet, und daher imstande ist, ihm zu helfen, diese Spaltung seinerseits zu erkennen, so bringt diese Einsicht doch noch keinen unmittelbaren Vorteil mit sich. Sie kann dadurch zu einer gewissen Erleichterung führen, daß der Patient beginnt, einen greifbaren Grund für seine Beunruhigungen zu sehen, anstatt sich einfach in einem mysteriösen Nebel zu verlieren; doch kann er diese Einsicht nicht für sein tägliches Leben auswerten. Eine Vorstellung davon, wie die auseinanderstrebenden Teile arbeiten und sich gegenseitig an ihrer Wirkung hindern, macht ihn nicht zu einer einheitlichen Persönlichkeit. Er hört sich diese Tatsache an, wie man eine befremdliche Botschaft hört; sie scheint begreiflich, aber er kann ihren Inhalt nicht auf sich selber beziehen. Er muß sie durch allerhand unbewußte innere Vorbehalte wertlos machen. Ohne es zu wissen, wird er davon überzeugt sein, daß der Analytiker die Größe seiner Konflikte übertreibt; daß alles völlig in Ordnung wäre, wenn nicht äußere Umstände dies verhinderten; daß er durch Liebe oder Erfolg seine Verzweiflung loswerden könnte; daß er alle Konflikte vermeiden könnte, wenn er sich abseits von Menschen hielte; daß es zwar für gewöhnliche Sterbliche stimmen mag, daß sie nicht zwei Herren gleichzeitig dienen könnten, daß aber er, mit seiner grenzenlosen Willenskraft und Intelligenz, dies zustande bringen könne. Oder aber er kann – wieder unbewußt – den Analytiker für einen Scharlatan oder einen wohlwollenden Narren halten, der berufliche Zuversicht heuchelt; er sollte eigentlich wissen, daß der Patient über jede Möglichkeit der Wiederherstellung hinaus ruiniert ist – was bedeutet, daß der Patient auf die Anregungen des Analytikers mit den Gefühlen seiner Hoffnungslosigkeit reagiert.

Da solche inneren Vorbehalte auf die Tatsache hinweisen, daß der Patient entweder an seinen besonderen Lösungsversuchen festhält – zumal diese für ihn viel realer sind als die Konflikte selber – oder daß er im Grund an seiner Wiederherstellung verzweifelt, müssen alle Versuche und alle Folgeerscheinungen durchgearbeitet werden, ehe der Grundkonflikt mit Erfolg bearbeitet werden kann.

Die Suche nach einem leichteren Weg hat eine andere Frage hervorgerufen, der Freuds nachdrückliche Betonung der Genese Gewicht verleiht: Genügt es, diese sich widersprechenden Triebe, nachdem sie als solche erkannt worden sind, mit ihrem Ursprung und frühen Äußerungen während der Kindheit in Verbindung zu bringen? Wieder lautet die Antwort: nein – und wieder können in der Hauptsache die gleichen Gründe vorgebracht werden. Auch die ausführlichste Erinnerung an frühere Erlebnisse gibt dem Patienten außer einer milderen und versöhnlicheren Haltung sich selbst gegenüber nur wenig. Seine gegenwärtigen Konflikte verlieren dadurch nicht das Geringste an Explosivkraft.

Aber obgleich eine umfassende Kenntnis früher Einflüsse der Umgebung und der Änderungen, die sie in der Persönlichkeit des Kindes veranlaßten, kaum einen direkten therapeutischen Wert hat, ist sie dennoch wertvoll für unsere Forschung nach den Bedingungen, unter denen sich die neurotischen Konflikte entwickeln.* Schließlich und endlich waren es die Veränderun-

---

* Wie allgemein anerkannt wird, hat diese Erkenntnis auch einen großen prophylaktischen Wert. Wenn wir wissen, welche Umgebungsfaktoren für die Entwicklung des Kindes nützlich sind und welche hinderlich, so eröffnet sich uns

gen in den Beziehungen zu sich selbst und zu andern, die ursprünglich die Konflikte veranlaßt haben. Ich habe diese Entwicklung sowohl in früheren Veröffentlichungen beschrieben* als in vorangehenden Kapiteln dieses Buches. Um es kurz zu wiederholen: Ein Kind kann sich in einer Situation befinden, die seine innere Freiheit, seine Spontaneität, sein Sicherheitsgefühl und sein Selbstvertrauen – kurzum den wahren Kern seiner seelischen Existenz – bedroht. Es fühlt sich isoliert und hilflos, und infolgedessen sind seine ersten Versuche, eine Beziehung zwischen sich und andern herzustellen, nicht durch seine wirklichen Gefühle, sondern durch strategische Notwendigkeiten bestimmt. Es kann nicht einfach Menschen gern haben oder nicht mögen, ihnen vertrauen oder mißtrauen, seine Wünsche ausdrücken oder gegen die anderer protestieren, sondern es muß ganz automatisch nach Möglichkeiten suchen, mit den Menschen fertig zu werden, und in seinem Umgang mit ihnen so wenig Schaden wie nur möglich zu erleiden. Die wesentlichen Merkmale, die sich auf diese Weise entfalten, können unter dem Begriff einer Entfremdung von sich selbst und von andern zusammengefaßt werden, einem Gefühl von Hilflosigkeit, einer alles durchdringenden Ängstlichkeit und einer feindseligen Spannung in seinen menschlichen Beziehungen, die sich von allgemeiner Vorsicht bis zu ausgesprochenem Haß erstrecken.

Solange diese Bedingungen bestehen, kann der Neurotiker unmöglich irgendeinen seiner miteinander im Konflikt liegenden Triebe aufgeben. Im Gegenteil, die inneren Notwendigkeiten, aus denen sie stammen, werden sogar noch zwingender im Verlauf der neurotischen Entwicklung. Die Tatsache, daß die scheinbaren Lösungen seine gestörten Beziehungen zu anderen und zu sich selbst nur noch vermehren, bedeutet, daß eine echte Lösung immer unerreichbarer wird.

Das Ziel der Therapie kann daher nur eine Änderung der Bedingungen selber sein. Man muß dem Neurotiker helfen, wieder er selbst zu werden, seine eigentlichen Gefühle und Bedürfnisse zu erkennen, seine eigenen Wertsetzungen zu entwickeln und Beziehungen zu andern aufgrund seiner Gefühle und Überzeu-

---

ein Weg zur Verhinderung des schädlichen Wachstums von Neurosen in künftigen Generationen.

* Siehe KAREN HORNEY: »*Neue Wege in der Psychoanalyse*«, Kapitel 8.

gungen aufzunehmen. Wenn wir dies durch Zauberei erreichen könnten, so würden die Konflikte vertrieben, ohne daß man auch nur an sie rühren müßte. Weil es aber keine Zaubermittel gibt, so müssen wir wissen, welche Schritte nötig sind, um die erwünschte Änderung herbeizuführen.

Da jede Neurose – ohne Rücksicht darauf, wie dramatisch und scheinbar unpersönlich ihre Symptome sein mögen – eine Charakterstörung ist, muß es die Aufgabe der Therapie sein, die gesamte neurotische Charakterstruktur zu analysieren. Je klarer wir daher diese Struktur und ihre individuellen Verschiedenheiten definieren können, desto genauer können wir die notwendige Arbeit umreißen. Wenn wir eine Neurose als einen um den Grundkonflikt herum errichteten Schutzbau ansehen, kann die analytische Arbeit im großen und ganzen in zwei Teile geteilt werden. Der eine Teil besteht darin, daß alle unbewußten Lösungsversuche des betreffenden Patienten und ihre gleichzeitige Wirkung auf die Persönlichkeit als Ganzes ausführlich untersucht werden. Dies würde eine Untersuchung des gesamten Inhalts seiner bevorzugten Haltung in sich schließen: des idealisierten Ebenbilds, des Externalisierens und so weiter, ohne Rücksicht auf ihre spezielle Beziehung zu den zugrunde liegenden Konflikten. Es wäre irreführend anzunehmen, daß man einzelne Faktoren nicht verstehen und nicht an ihnen arbeiten könnte, ehe die Konflikte erkennbar sind; denn obwohl sie aus dem Bedürfnis, die Konflikte miteinander in Einklang zu bringen, hervorgegangen sind, haben sie doch ein Eigenleben, ein Eigengewicht und einen eigenen Machtbereich.

Der andere Teil besteht in der Arbeit an den Konflikten selbst. Dies bedeutet nicht nur, daß die Konflikte dem Patienten in allgemeiner Form zum Bewußtsein gebracht werden, sondern auch, daß ihm gezeigt wird, wie sie im einzelnen arbeiten – das heißt, wie sich seine unvereinbaren Triebe und die daraus resultierenden Haltungen bei besonderen Gelegenheiten gegenseitig lahmlegen: wie zum Beispiel das durch einen invertierten Sadismus verstärkte Bedürfnis nach Unterordnung ihn daran hindert, ein Spiel zu gewinnen oder sich in einem Wettbewerb auszuzeichnen, während gleichzeitig sein Drang, über andere zu triumphieren, einen Sieg zwingend notwendig macht; oder wie asketisches Verhalten, das aus vielerlei Quellen stammen kann, mit dem Bedürfnis nach Sympathie, Zuneigung und Nachsicht mit sich selbst im Kampf liegt. Wir müßten ihm außerdem zeigen, wie er zwischen Extremen hin- und herschwankt: wie er zum Beispiel einmal zu streng, ein andermal viel zu nachsichtig mit sich selbst umgeht; oder wie seine externalisierten Anforderungen an sich selber mit dem Bedürfnis, allwissend und allverzeihend zu sein, zusammenstoßen, und wie er infolge dessen zwischen einer alles verurteilenden und einer alles verzeihenden Haltung hin- und herschwankt; oder wie er sich zwischen einer Anmaßung aller Rechte und dem Gefühl, rechtlos zu sein, im Kreise dreht.

Dieser Teil der analytischen Arbeit müßte ferner die Erklärung all der unmöglichen Kompromisse umfassen, die der Patient herzustellen versucht, wie etwa den Versuch, Egozentrik mit Großmut zu vereinen, Eroberung mit Zuneigung oder Beherrschung mit Opfer. Eine solche Bemühung würde sich auch darauf richten, ihm zu helfen, genau zu verstehen, wie sein idealisiertes Ebenbild, sein Externalisieren und so weiter nur dazu dienten, seine Konflikte wegzuzaubern, sie zu verhüllen und ihre Sprengkraft zu mildern. Zusammengefaßt besteht die Arbeit also darin, den Patienten zu einem gründlichen Verständnis seiner Konflikte zu bringen – ihrer allgemeinen Wirkung auf seine Persönlichkeit und ihrer besonderen Verantwortlichkeit für seine Symptome.

Im ganzen leistet der Patient auf jeder Stufe der analytischen Arbeit einen andersgearteten Widerstand. Während seine Lösungsversuche analysiert werden, besteht er darauf, die in diese Haltungen und Zügen steckenden subjektiven Werte zu verteidigen, und bekämpft auf diese Weise jede Möglichkeit des Einblicks in ihre wahre Natur. Während der Analyse seiner Konflikte ist er hauptsächlich daran interessiert zu beweisen, daß seine Konflikte überhaupt keine Konflikte sind, und verwischt und verkleinert daher die Tatsache, daß seine Triebe wirklich unvereinbar miteinander sind.

Was die Reihenfolge anlangt, in der die Dinge behandelt werden sollten, so ist Freuds Rat von allergrößter Wichtigkeit, und dies wird wahrscheinlich auch stets so bleiben. Indem er auf die Analyse die Prinzipien der medizinischen Therapie anwandte, betonte er die Wichtigkeit von zwei Überlegungen bei der Behandlung der Probleme des Patienten: Eine Interpretation sollte von Nutzen sein und nicht von Schaden. Mit andern Worten: die beiden Fragen, die der Analytiker im Sinn behalten sollte, sind folgende: Kann der Patient eine spezielle Einsicht zu einem bestimmten Zeitpunkt ertragen? und: Ist anzunehmen, daß die Interpretation von Bedeutung für ihn sein wird und seinen Denkprozeß in einer konstruktiven Weise anregt? Was uns noch fehlt, sind positive Anhaltspunkte dafür, was der Patient ertragen kann und was nicht, und was ihn dazu anregen kann, eine konstruktive Einsicht zu gewinnen. Die strukturellen Unterschiede zwischen den einzelnen Patienten sind zu groß, um irgendwelche verbindlichen Vorschriften in bezug auf den genauen Zeitpunkt einer Interpretation zu gestatten, doch kann uns die Tatsache als Anhaltspunkt dienen, daß gewisse Probleme nicht vorteilhaft und ohne unnötiges Risiko in Angriff genommen werden können, ehe nicht bestimmte Änderungen in der Haltung des Patienten eingetreten sind. Auf dieser Grundlage können wir auf einige Maßnahmen hinweisen, die unfehlbar angewandt werden können:

Es ist sinnlos, den Patienten mit einem größeren Konflikt zu konfrontieren, solange er noch fest entschlossen ist, Phantomen nachzujagen, die er für die Rettung hält. Zuerst muß er einsehen, daß diese Jagd vergeblich ist und ein Hindernis für sein Leben. Das bedeutet, die Lösungsversuche sollten vor den Konflikten analysiert werden. Ich meine damit nicht, daß jegliche Erwähnung von Konflikten vermieden werden sollte. Wie vorsichtig man an diese Dinge herangehen muß, hängt von der Brüchigkeit der gesamten neurotischen Struktur ab. Manche Patienten können in Panik verfallen, wenn sie zu früh auf ihre Konflikte aufmerksam gemacht werden. Bei andern wird dies ganz wirkungslos bleiben und glatt an ihnen abgleiten, ohne den geringsten Eindruck zu hinterlassen. Logischerweise kann man auch gar nicht erwarten, daß der Patient ein vitales Interesse an seinen Konflikten gewinnt, solange er noch an seinen besonderen Lösungen festhält und unbewußt damit rechnet, damit »durchzukommen.«

Ein anderes Thema, das mit Vorsicht angepackt werden muß, ist das idealisierte Ebenbild. Es wäre eine zu große Abschweifung, wenn wir hier über die Bedingungen reden würden, unter denen einige seiner Aspekte in einem relativ frühen Stadium bearbeitet werden können. Doch muß auf alle Fälle zur Vorsicht geraten werden, da das idealisierte Ebenbild oft das einzige ist, was für den Patienten Realität besitzt. Mehr noch, es kann das einzige Element sein, das ihm eine Art Selbstachtung verleiht und ihn daran hindert, in seiner Selbstverachtung zu versinken. Der Patient muß unbedingt ein bestimmtes Maß an bodenständiger Kraft gewonnen haben, ehe er eine Unterminierung seines Ebenbildes ertragen kann.

Es führt bestimmt zu nichts, an den sadistischen Zügen zu Beginn einer Analyse zu arbeiten. Der Grund dafür liegt in dem außerordentlich großen Gegensatz, den diese Züge im Vergleich mit dem idealisierten Ebenbild bilden. Sogar zu einem späteren Zeitpunkt erfüllt ihre Wahrnehmung den Patienten oft mit Schrecken und Abscheu. Es gibt jedoch noch einen stärkeren Grund dafür, dieses Stück analytischer Arbeit auf einen Zeitpunkt zu verschieben, in dem die Hoffnungslosigkeit des Patienten geringer wird und er besser imstande ist, von seinen Fähigkeiten Gebrauch zu machen: Er kann durchaus nicht daran interessiert sein, seine sadistischen Züge zu überwinden, solange er noch unbewußt davon überzeugt ist, daß ein Leben durch andere das einzige ist, was ihm übrig geblieben ist.

Natürlich hängt die spezielle Anwendung dieses Prinzips von der besonderen Charakterstruktur ab. Wenn zum Beispiel in einem Patienten aggressive Züge die Vorhand haben – ich meine damit einen Menschen, der Gefühle als Schwäche verachtet und alles begrüßt, was ihm den Anschein von Stärke verleiht – muß diese Haltung mit all ihren Folgeerscheinungen zuerst durchgearbeitet werden. Es wäre ein Fehler, irgendeiner Seite seines Bedürfnisses nach menschlicher Nähe den Vorrang zu geben, ganz gleich wie sehr dieses Bedürfnis dem Analytiker aufgefallen sein mag. Der Patient würde jedes derartige Vorgehen als eine Bedrohung seiner Sicherheit verargen. Er würde das Gefühl haben, er müsse sich gegen den Wunsch des Analytikers verwahren, aus ihm einen gutmütigen Narren zu machen. Erst, wenn er erheblich stärker geworden ist, ist er imstande, Tendenzen zur Nachgiebigkeit und Selbstentäußerung in sich zu dulden. Bei einem solchen Patienten muß man auch für eine Weile das Problem der Hoffnungslosigkeit ausklammern, da er aller Wahrscheinlichkeit nach sich weigern würde, ein Gefühl dieser Art zuzugeben. Hoffnungslosigkeit wäre für ihn gleichbedeutend mit verabscheuenswerter Selbstbemitleidung und bedeutete ein schmachvolles Zugeständnis seiner Niederlage. Umgekehrt müssen im Fall von vorwiegend nachgiebigen Zügen alle Faktoren, die mit der »Hinwendung zu Menschen« zu tun haben, gründlich durchgearbeitet werden, ehe irgendeine herrschsüchtige oder rachsüchtige Tendenz in Angriff genommen werden kann. Und ebenso wäre es eine völlige Zeitverschwendung, an der Furcht vor Verachtung und Ablehnung eines Patienten zu arbeiten, solange er sich selbst für ein großes Genie oder einen außerordentlich großen Liebhaber hält, und noch sinnloser wäre es, seine Selbstverachtung anzugreifen.

Manchmal ist die Auswahl dessen, was zu Beginn einer Analyse bearbeitet werden kann, sehr begrenzt. Dies ist ganz besonders dann der Fall, wenn eine starke Tendenz zu externalisieren mit einer schrankenlosen Selbstidealisierung verbunden ist – ein Zustand, in dem keine Mängel geduldet werden. Wenn gewisse Anzeichen dem Analytiker diesen Zustand enthüllen, wird er viel Zeit sparen können, indem er sämtliche Interpretationen vermeidet, die auch nur entfernt darauf hinweisen, daß die Quelle der Beschwerden des Patienten in ihm selber liegt. Es könnte jedoch zu diesem Zeitpunkt in Betracht gezogen werden, bestimmte Aspekte des idealisierten Ebenbilds zu erörtern, wie zum Beispiel die unangebrachten Anforderungen, die der Patient an sich selbst stellt.

Wenn der Analytiker mit der Dynamik der neurotischen Charakterstruktur vertraut ist, so hilft ihm dies auch, unmittelbarer und schneller zu verstehen, was der Patient durch seine Assoziationen zum Ausdruck bringen will, und lehrt ihn, womit er sich zu dem gegebenen Zeitpunkt beschäftigen muß. Er wird imstande sein, sich aus anscheinend unbedeutenden Anzeichen eine Vorstellung von einer ganzen Seite der Persönlichkeit des Patienten zu bilden und kann daher seine Aufmerksamkeit auf die Elemente lenken, auf die es hierbei ankommt. Seine Stellung entspricht etwa derjenigen eines Internisten, der, wenn er hört, daß der Patient hustet, nächtliche Schweißausbrüche hat und am späteren Nachmittag erschöpft ist, die Möglichkeit einer Lungentuberkulose in Betracht zieht und sich durch diese Erwägung bei seiner Untersuchung leiten läßt.

Wenn sich ein Patient beispielsweise dauernd entschuldigt und stets bereit ist, den Analytiker zu bewundern, und wenn er in seinen Assoziationen die Tendenz zur Selbstentäußerung enthüllt, wird der Analytiker alle Faktoren, die in der Tendenz der »Hinwendung zu den Menschen« enthalten sind, vor Augen haben. Er wird die Möglichkeit in Betracht ziehen, daß dies die vorherrschende Haltung des Patienten sein könnte; und wenn er noch weitere Merkmale dafür findet, wird er versuchen, von jedem nur möglichen Gesichtspunkt aus daran zu arbeiten. Ebenso weiß der Analytiker, wenn der Patient häufig über Erfahrungen redet, in denen er sich gedemütigt fühlte, und andeutet, daß er auch die Analyse als eine solche Erfahrung betrachtet, daß er die Furcht des Patienten vor Demütigungen in Angriff nehmen muß. Und er wird für seine Interpretationen diejenige Quelle der Furcht wählen, die zur Zeit am zugänglichsten ist. Er könnte sie zum Beispiel mit dem Bedürfnis des Patienten, eine Bestätigung für sein idealisiertes Ebenbild zu erhalten, in Verbindung bringen, vorausgesetzt, daß bereits Teile des Ebenbilds bewußt geworden sind. Weiterhin, wenn der Patient in der analytischen Situation keine Initiative zeigt und davon redet, er komme sich wie ein Verurteilter vor, wird der Analytiker sich mit seiner Hoffnungslosigkeit beschäftigen müssen, soweit dies zu dem gegebenen Zeitpunkt möglich ist. Sollte diese Situation schon ganz am Anfang eintreten, so wird er lediglich imstande sein, auf die Bedeutung der Hoffnungslosigkeit hinzuweisen – daß nämlich der Patient sich selber aufgegeben hat. Er wird dann versuchen, ihm klar zu machen, daß seine Hoffnungslosigkeit nicht aus einer *de-facto*-Situation herrührt, sondern ein Problem darstellt, das verstanden und mit der Zeit gelöst werden muß. Wenn die Hoffnungslosigkeit zu einem späteren Zeitpunkt zum Vorschein kommt, kann der Analytiker vielleicht auf einen etwas spezifizierteren Zusammenhang hinweisen, nämlich auf die Verzweiflung des Patienten darüber, ob er jemals einen Ausweg aus seinen Konflikten finden oder jemals seinem idealisierten Ebenbild entsprechen könne.

Die vorgeschlagenen Maßnahmen lassen noch genügend Spielraum für die Intuition des Analytikers und seine Sensitivität für die inneren Vorgänge in seinem Patienten. Diese sind wertvolle, ja unentbehrliche Hilfsmittel, um deren Entwicklung sich der Analytiker aufs äußerste bemühen sollte. Aber die Tatsache, daß Intuition mit im Spiel ist, bedeutet nicht, daß der ganze Vorgang in den Bereich der »Kunst« gehört oder daß die Anwendung von gesundem Menschenverstand allein genüge. Eine Kenntnis der neurotischen Charakterstruktur verleiht den darauf gegründeten Folgerungen einen strikt wissenschaftlichen Charakter und versetzt den Analytiker in die Lage, die Analyse in genauer und verantwortlicher Weise zu leiten.

Dennoch kann der Analytiker infolge der unendlichen individuellen Strukturunterschiede manchmal nur durch Versuch und Irrtum weiterkommen. Wenn ich von Irrtum spreche, meine ich nicht solch grobe Fehler wie die, dem Patienten Beweggründe unterzuschieben, die ihm völlig fremd sind, oder ein Versagen in bezug auf das Verständnis der wesentlichen neurotischen Züge. Ich denke vielmehr an den weitverbreiteten Irrtum, Interpretationen vorzunehmen, die der Patient noch nicht assimilieren kann. Während grobe Fehler vermeidbar sind, wird der Irrtum, allzu frühzeitige Interpretationen vorzunehmen, sich nie ganz vermeiden lassen. Wir können jedoch zu einer beschleunigteren Erkenntnis eines solchen Irrtums kommen, wenn wir aufs genaueste auf die Art und Weise, in der ein Patient auf unsere Interpretationen reagiert, aufpassen und uns dadurch leiten lassen. Mir scheint, daß zuviel Wert auf die Tatsache des »Widerstandes« des Patienten gelegt worden ist – auf seine Annahme oder Ablehnung einer Interpretation, und zuwenig auf den eigentlichen Sinn seiner spezifischen Reaktion. Das ist bedauernswert, denn es ist die Art der Reaktion, die in allen Einzelheiten anzeigt, was alles durchgearbeitet werden muß, ehe der Patient soweit ist, daß er mit den Problemen, die der Analytiker ihm gezeigt hat, fertig werden kann.

Das folgende Beispiel kann zur Veranschaulichung dienen. Ein Patient wurde sich darüber klar, daß er sich in seinen persönlichen Beziehungen stets stark irritiert fühlte, sobald sein Partner irgendeinen Anspruch an ihn stellte. Auch die allerberechtigtsten Bitten wurden als Zwang empfunden und jede wohlverdiente Kritik als Beleidigung. Doch betrachtete er es gleichzeitig als sein gutes Recht, ausschließliche Ergebenheit zu verlangen und seine eigene Kritik völlig unverblümt zu äußern. Mit andern Worten: Er wurde sich der Tatsache bewußt, daß er sich selber jedes Vorrecht gestattete, während er es dem Partner abschlug. Er sah deutlich, daß diese Haltung sowohl seine freundschaftlichen Beziehungen als auch seine Ehe gefährden, wenn nicht sogar zerstören könnte. Bis dahin nahm er sehr aktiv und produktiv an der analytischen Arbeit teil. Aber als ihm die Folgen seiner Haltung klar geworden waren, war der Patient deprimiert und ängstlich. In der nächsten Sitzung deuteten die spärlich auftauchenden Assoziationen eine ausgesprochene Neigung an, sich zurückzuziehen, was in krassem Gegensatz zu seiner früheren großen Bereitwilligkeit stand, gute Beziehungen zu einer bestimmten Frau herzustellen. Der Impuls, sich zurückzuziehen, war ein Ausdruck dafür, wie unerträglich ihm der Gedanke einer beiderseitigen Gleichberechtigung war: er akzeptierte zwar den Grundsatz »gleiches Recht für alle« in der Theorie, aber in der Praxis verwarf er ihn. Während seine Depression die Reaktion darauf war, daß er sich in einem unlösbaren Dilemma befand, bedeutete die Tendenz, sich in sich zurückzuziehen, daß er nach einer Lösung suchte. Nachdem er die Sinnlosigkeit eines derartigen Verhaltens eingesehen und begriffen hatte, daß der einzige Ausweg in einer Änderung seiner Haltung bestand, fing er an, sich für die Frage zu interessieren, weshalb eigentlich gegenseitige Gleichberechtigung für ihn so unerträglich war. Die unmittelbar danach auftauchenden Assoziationen deuteten darauf hin, daß es für ihn gefühlsmäßig nur zwei Möglichkeiten gab, nämlich entweder sämtliche Rechte zu haben oder überhaupt keine. Er äußerte seine Besorgnis darüber, daß er, falls er auf irgendwelche Rechte verzichtete, niemals mehr imstande sein würde, zu tun, was er wollte, sondern immerzu den Wünschen anderer nachgeben müßte. Dies wiederum führte auf das weite Gebiet seiner nachgiebigen und selbstentäußernden Neigungen, die bisher, auch wenn gelegentlich von ihnen die Rede war, noch nie in ihrer vollen Tiefe und Bedeutung gesehen worden waren. Aus einer ganzen Anzahl von Gründen war seine Nachgiebigkeit und Abhängigkeit so stark, daß er eine künstliche Abwehr in der Form ausschließlicher Beanspruchung sämtlicher Rechte aufrichten mußte. Seine Abwehr zu einer Zeit aufzugeben, in der seine Nachgiebigkeit noch eine zwingende Notwendigkeit war, würde bedeutet haben, daß er sich selbst als Individuum aufgegeben hätte. Ehe er auch nur daran denken konnte, eine Änderung seiner despotischen Haltung vorzunehmen, mußten seine nachgiebigen Züge durchgearbeitet werden.

Alles, was bisher in diesem Buch gesagt wurde, wird klar gemacht haben, daß ein Problem niemals nur durch eine einmalige Annäherung erschöpft werden kann: man muß von verschiedenen Gesichtspunkten aus immer wieder darauf zurückkommen. Das liegt daran, daß jede einzelne Haltung aus vielen verschiedenen Quellen stammt und im Verlauf der neurotischen Entwicklung immer neue Funktionen annimmt. So ist zum Beispiel eine versöhnliche Haltung, die Bereitschaft, zuviel »in Kauf zu nehmen«, ursprünglich der Kernpunkt des neurotischen Liebesbedürfnisses und muß bearbeitet werden, wenn dieses Bedürfnis behandelt wird. Die Untersuchung muß wieder aufgenommen werden, wenn das idealisierte Ebenbild zur Sprache kommt. In diesem Licht sieht der Patient ein Versöhnungsbedürfnis als Beweis dafür, daß er ein Heiliger ist. Daß ihm tatsächlich aber viel daran liegt, Reibungen zu vermeiden, wird verstanden werden, wenn sein Distanzierungsbedürfnis zur Sprache kommt. Wiederum wird die zwanghafte Natur dieser Haltung deutlicher, wenn die Furcht des Patienten vor andern und sein Bedürfnis, unter keinen Umständen seinen sadistischen Impulsen nachzugeben, zum Vorschein kommen. In andern Fällen muß die Empfindlichkeit des Patienten gegen jeden Zwang zuerst als eine Verteidigungshaltung angesehen werden, die aus seiner Distanziertheit stammt, sodann als eine Projektion seiner eigenen Machtgier und später vielleicht als ein Ausdruck des Externalisierens, inneren Zwangs oder anderer Züge.

Alle neurotischen Haltungen oder Konflikte, die während der Analyse klar zum Vorschein kommen, müssen in ihrer Beziehung zu der Persönlichkeit in ihrer Gesamtheit verstanden werden. Das nennen wir Durcharbeiten. Folgende Schritte sind erforderlich: man muß dem Patienten alle offenen und verborgenen Äußerungen seines besonderen Konflikts zur Kenntnis bringen, ihm helfen, die zwanghafte Natur einer solchen Haltung zu erkennen, und ihn befähigen, sich ein klares Urteil sowohl über ihren subjektiven Wert als ihre nachteiligen Folgen zu bilden.

Wenn ein Patient eine neurotische Besonderheit deckt, neigt er dazu, ihre Untersuchung dadurch zu verhindern, daß er sofort die Frage stellt: »Wie kam das zustande?« Ob er sich nun über diese Reaktion klar ist oder nicht, er hofft, das besondere Problem dadurch zu lösen, daß er sich seinem historischen Ursprung zuwendet. Der Analytiker muß ihn vor dieser Flucht in die Vergangenheit zurückhalten und ihn ermutigen, zunächst einmal zu untersuchen, worum es sich eigentlich handelt, und mit der neurotischen Besonderheit selber vertraut zu werden. Er muß die spezifischen Formen, in der sie sich offenbart, kennenlernen, die Mittel, die er anwendet, um sie zu überdecken, und seine eigene Haltung ihr gegenüber. Wenn zum Beispiel die Furcht des Patienten, zu nachgiebig zu sein, klargeworden ist, muß er erkennen, wie sehr es sein Bedürfnis nach Selbstentäußerung verübelt, befürchtet und verachtet. Er muß die Hindernisse erkennen, die er unbewußt errichtet hat, um jede Möglichkeit, nachzugeben, und alles, was mit nachgiebigen Tendenzen zu tun hat aus seinem Leben zu entfernen. Er wird dann verstehen, wie alle scheinbar voneinander abweichenden Haltungen einem Zweck dienen; wie er seine Empfindsamkeit gegen andere so abgestumpft hat, daß er ihre Gefühle, Wünsche und Reaktionen gar nicht wahrnimmt; wie außerordentlich rücksichtslos ihn das gemacht hat; wie er jedes Gefühl von Zuneigung zu andern und jeden Wunsch, von ihnen geliebt zu werden, erstickt hat, und wie er sanfte Gefühle und Güte in andern herabsetzt; wie er automatisch dazu neigt, Bitten abzulehnen, wie er sich in seinen persönlichen Beziehungen für berechtigt hält, launisch, kritisch und anspruchsvoll zu sein, aber dem Partner jedes dieser Vorrechte verwehrt. Oder wenn das Allmachtsgefühl eines Patienten zum Vorschein kam, so ist es nicht genug damit, daß er erkennt, daß dieses Gefühl vorhanden ist. Er muß vielmehr sehen lernen, wie er sich von morgens bis abends unmögliche Aufgaben stellt, wie er zum Beispiel glaubt, er müsse imstande sein, ein geistreiches Essay über einen komplizierten Gegenstand in rasender Eile zu schreiben, wie er von sich erwartet, daß er es trotz seiner Erschöpfung fertig bringen müsse, spontan und sprühend aufzutreten; wie er glaubt, in der Analyse ein Problem im selben Augenblick, in dem er es zum erstenmal sieht, auch schon lösen zu müssen.

Danach muß der Patient erkennen, daß er geradezu dazu gezwungen wird, diesem besonderen Trieb entsprechend zu handeln, ohne Rücksicht auf seine eigenen Wünsche und Interessen – und oft sogar im Gegensatz dazu. Er muß sich klar werden, daß dieser Zwang sich unterschiedslos durchsetzt und gewöhnlich ohne Rücksicht auf die tatsächlichen Bedingungen. Er muß zum Beispiel sehen, daß seine kritische Haltung sowohl gegen Freunde als auch gegen Feinde gerichtet ist, daß er seinen Partner mit Vorwürfen überhäuft, ganz gleich, wie er sich verhält; ist jener liebenswürdig, hat er den Verdacht, er fühle sich aus irgendeinem Grund schuldig; besteht er auf seiner Meinung, ist er herrschsüchtig; gibt er nach, ist er ein Schwächling; ist er gern mit ihm zusammen, ist er zu leicht zu haben; verweigert er etwas, ist er geizig und so weiter. Oder, wenn der Patient nie Sicherheit über die Frage erlangen kann, ob andere ihn lieben und gern sehen, so muß er sich darüber klar werden, daß diese Haltung bestehen bleibt trotz aller Gegenbeweise. Den zwanghaften Charakter eines Triebs zu begreifen, erfordert auch eine Erkenntnis der Reaktionen auf eine Triebversagung. Wenn zum Beispiel der zum Vorschein kommende Trieb sich auf das Liebesbedürfnis des Patienten bezieht, so müßte er lernen einzusehen, daß er sich bei jedem Anzeichen von Ablehnung oder geringerer Freundlichkeit verloren und beängstigt fühlt, ganz gleich wie belanglos dieses Anzeichen war oder wie wenig der andere Mensch für ihn bedeutet.

Während der erste dieser Schritte dem Patienten das Ausmaß seines besonderen Problems zeigt, beeindruckt ihn der zweite durch die Intensität der dahinter stehenden Kräfte. Beide erwecken das Interesse an einer weiteren Untersuchung.

Wenn es dazu kommt, den subjektiven Wert einer besonderen Haltung zu untersuchen, wird der Patient selber oft bereitwillig Auskunft geben. Er kann darauf hinweisen, daß sein Widerstand und sein Trotz gegen Autorität oder gegen alles, was nach Zwang aussieht, notwendig war, ja sogar lebensrettend, da er andernfalls von seinen herrschsüchtigen Eltern völlig unterdrückt worden wäre; daß seine Überlegenheitsgefühle ihm angesichts seiner mangelnden Selbstachtung halfen, eine gewisse Aktivität aufzubringen; daß seine Distanziertheit oder seine scheinbare Wunschlosigkeit ihn vor Verletzungen beschützen. Es ist richtig, daß derartige Assoziationen im Sinn einer Verteidigung vorgebracht werden, aber sie sind auch aufschlußreich. Sie erzählen uns etwas über die Gründe, aus denen die besondere Haltung zunächst einmal angenommen wurde, wobei sich uns ihr historischer Wert offenbart und wir ein besseres Verständnis für die Entwicklung des Patienten bekommen. Aber viel wichtiger als all das ist, daß sie uns das Verständnis für die gegenwärtigen Funktionen der betreffenden Haltung eröffnen. Vom therapeutischen Standpunkt aus sind diese Funktionen von ganz besonderem Interesse. Kein neurotischer Zug oder Konflikt ist lediglich ein Überbleibsel aus der Vergangenheit – sozusagen eine

Gewohnheit, die angenommen und dann für immer beibehalten wurde. Wir können sicher sein, daß sie durch zwingende Notwendigkeit innerhalb der vorhandenen Charakterstruktur bestimmt wurde. Das bloße Wissen darum, weshalb eine neurotische Eigentümlichkeit sich ursprünglich entwickelt hat, kann nur sekundären Wert haben, da das, was geändert werden muß, Kräfte sind, die in der Gegenwart wirken.

Der subjektive Wert jeder neurotischen Haltung liegt zum größten Teil darin, daß sie ein Gegengewicht zu anderen neurotischen Tendenzen bildet. Ein gründliches Verständnis dieser Werte wird uns daher einen Hinweis auf die Art des Vorgehens in jedem besonderen Fall geben. Wenn wir zum Beispiel merken, daß ein Patient seine Allmachtsgefühle nicht aufgeben kann, weil sie ihm gestatten, seine Möglichkeiten für vollendete Tatsachen und seine gloriosen Pläne für tatsächliche Leistungen zu halten, so wissen wir, daß wir untersuchen müssen, wie weitgehend er nur seiner Einbildung lebt. Und wenn er uns erkennen läßt, daß er so lebt, um sich gegen einen Mißerfolg zu sichern, so wird unsere Aufmerksamkeit sich auf die Faktoren richten, die ihn nicht nur dazu bringen, von vornherein mit einem Mißerfolg zu rechnen, sondern sogar in ständiger Furcht davor zu leben.

Der bei weitem wichtigste Schritt für die Therapie ist der, den Patienten dazu zu bringen, die Kehrseite des Bildes zu sehen: die lähmende Wirkung seiner neurotischen Triebe und Konflikte. Ein Teil dieser Arbeit wird schon durch die vorhergegangenen Schritte erledigt worden sein; doch ist es wichtig, daß das Bild bis in alle Einzelheiten vollendet wird. Nur dann wird der Patient wirklich das Bedürfnis spüren, sich zu ändern. Im Hinblick auf die Tatsache, daß es jeden Neurotiker dazu treibt, den *status quo* aufrechtzuerhalten, ist ein Ansporn nötig, der stark genug ist, die retardierenden Kräfte zurückzudrängen. Solch ein Ansporn kann jedoch lediglich aus seinem Verlangen nach innerer Freiheit, Glück und Wachstum kommen und aus dem Wissen, daß jede neurotische Schwierigkeit sich dieser Erfüllung in den Weg stellt. Wenn er also zu herabsetzender Selbstkritik neigt, so muß er einsehen, wie dies seine Selbstachtung vernichtet und ihn aller Hoffnung beraubt, wie es ihn verführt, sich unerwünscht zu fühlen, und ihn dazu zwingt, fremde Ausnützung zu erdulden, was wiederum zur Folge hat, daß er rachsüchtig wird; wie es seinen Antrieb und seine Arbeitsfähigkeit lähmt; wie er, um nicht in den Abgrund seiner Selbstverachtung zu stürzen, zu Verteidigungshaltungen gezwungen wird, nämlich zu Selbstverherrlichung, Selbstentfremdung oder Unwirklichkeitsgefühlen, wodurch seine Neurose nur verstärkt und verlängert wird.

In ähnlicher Weise muß ein Patient, wenn ein besonderer Konflikt während des analytischen Prozesses sichtbar geworden ist, auf den Einfluß, den dieser Konflikt auf sein Leben hat, aufmerksam gemacht werden. Im Fall eines Konflikts zwischen selbstentäußernden Tendenzen und einem Triumphbedürfnis müssen alle die einengenden Hemmungen, die mit einem invertierten Sadismus zusammenhängen, verstanden werden. Der Patient muß einsehen, wie er auf jede selbstentäußernde Regung mit Selbstverachtung reagiert, und mit Wut gegen den Menschen, vor dem er sich duckt; und wie er andererseits auf jeden Versuch, über einen anderen zu triumphieren, mit Entsetzen über sich selbst und Furcht vor Vergeltung reagiert.

Es kommt manchmal vor, daß ein Patient, auch wenn er sich des ganzen Umfangs der nachteiligen Folgen bewußt wird, keinerlei Interesse daran zeigt, seine besondere neurotische Haltung zu überwinden. Statt dessen scheint das Problem sich zu verflüchtigen. Er schiebt es fast unmerklich zur Seite, und nichts ist gewonnen. In Hinblick auf die Tatsache, daß er den ganzen Schaden, den er sich selber zufügt, erkannt hat, ist der Mangel an einer Reaktion auffallend. Nichtsdestoweniger – es sei denn, der Analytiker ist sehr geschickt im Erkennen einer derartigen Reaktion – kann das mangelnde Interesse des Patienten der Beachtung entgehen. Der Patient beschäftigt sich mit einem andern Gegenstand, der Analytiker geht darauf ein, bis sie wieder vor einer ähnlichen Sackgasse stehen. Erst viel später wird sich der Analytiker der Tatsache bewußt werden, daß die Änderungen, die in dem Patienten vorgegangen sind, in keinem Verhältnis zu der Menge der geleisteten Arbeit stehen.

Wenn der Analytiker weiß, daß eine derartige Reaktion gelegentlich erwartet werden kann, wird er sich fragen, welche der in dem Patienten arbeitenden Faktoren diesen daran hindern, die Tatsache anzuerkennen, daß die besondere Haltung mit ihrer Kette nachteiliger Folgeerscheinungen geändert werden muß. Gewöhnlich existiert eine Anzahl solcher Faktoren, und sie können nur nach und nach in Angriff genommen werden. Der Patient kann noch von seiner Hoffnungslosigkeit zu sehr gelähmt sein, um die Möglichkeiten einer Änderung in Betracht ziehen zu können. Sein Trieb, über den Analytiker zu triumphieren, ihn zu enttäuschen, ihn zum Narren zu halten, kann stärker sein als sein Eigeninteresse. Seine Externalisierungstendenz kann noch immer so groß sein, daß er, obwohl er die Folgen erkannt hat, seine Einsicht nicht auf sich selber anwenden kann. Sein Bedürfnis nach Allmacht kann noch so stark sein, daß er, auch wenn er sieht, daß die Folgen unvermeidlich sind, sich innerlich vorbehält, sie nach Möglichkeit zu umgehen. Sein idealisiertes Ebenbild kann noch so starr sein, daß er nicht zugeben kann, mit einer neurotischen Haltung oder einem Konflikt behaftet zu sein. Er wird dann nur gegen sich selbst wüten in dem Gefühl, daß er fähig sein müßte, die betreffenden Schwierigkeiten einfach dadurch zu überwinden, daß er sich ihrer bewußt ist. Es ist wichtig, sich über diese Möglichkeiten klar zu sein, denn wenn man die Faktoren übersieht, die den Antrieb des Patienten, sich zu ändern, im Keim ersticken, kann eine Analyse leicht entarten und zu dem werden, was Houston Peterson eine »mania psychologica« nannte, eine Psychologie um der Psychologie willen. Wenn man den Patienten unter diesen Umständen dazu bringt, sich selber zu akzeptieren, so stellt dies schon einen entschiedenen Gewinn dar. Auch wenn sich nichts an dem Konflikt selber geändert hat, wird der Patient ein tiefes Gefühl von Erleichterung haben und anfangen, den Wunsch zu äußern, das Netz, in dem er gefangen ist, zu entwirren. Wenn erst einmal diese günstige Arbeitsbedingung eingetreten ist, werden die Änderungen bald einsetzen.

Es erübrigt sich zu sagen, daß diese Darstellung nicht eine Abhandlung der analytischen Technik sein soll. Ich habe weder den Versuch unternommen, alle hemmenden noch alle heilenden Faktoren, die an diesem Prozeß beteiligt sind, erschöpfend aufzuzählen. Ich habe zum Beispiel nicht über alle die Schwierigkeiten und Vorteile gesprochen, die im Zusammenhang damit entstehen, daß der Patient all seine defensiven und offensiven Absonderlichkeiten in seine Beziehung zu dem Analytiker mithinein nimmt, obwohl dies ein Element von großer Wichtigkeit ist. Die Schritte, die ich beschrieben habe, stellen lediglich die wesentlichen Prozesse dar, die jedesmal, wenn eine neue Haltung oder ein neuer Konflikt sichtbar wird, durchgeführt werden müssen. Oft ist es unmöglich, in der genannten Reihenfolge vorzugehen, da ein Problem dem Patienten begreifbar sein kann, auch wenn es völlig deutlich zutage tritt. Wie wir an dem Beispiel der Anmaßung von Rechten gesehen haben, kann ein Problem lediglich ein anderes zutage bringen, das zuerst analysiert werden muß. Solange nur jeder notwendige Schritt zum richtigen Zeitpunkt gemacht wird, ist die Reihenfolge von sekundärer Bedeutung.

Selbstverständlich sind die speziellen symptomatischen Veränderungen, die das Ergebnis analytischer Arbeit sind, je nach dem in Angriff genommenen Problem verschieden. Ein Zustand von Panik kann sich legen, wenn der Patient seine unbewußte ohnmächtige Wut und deren Hintergrund erkannt hat. Eine Depression kann verschwinden, wenn er das Dilemma kennt, in dem er gefangen war. Aber jedes wohlgelungene Stück Analyse bringt auch noch gewisse allgemeine Veränderungen in der Haltung des Patienten gegen sich selbst und gegen andere mit sich, Änderungen, die sich ganz unabhängig von dem besonderen Problem, das durchgearbeitet wurde, vollziehen. Wenn wir so verschiedene Probleme, wie die Überbetonung des Geschlechtslebens oder den Glauben an die Übereinstimmung von Wirklichkeit und Wunschträumen oder eine Überempfindlichkeit in bezug auf Zwang behandelten, so würden wir herausfinden, daß ihre Analyse die Persönlichkeit in völlig gleicher Weise beeinflußt. Ganz gleich, welche von diesen Schwierigkeiten analysiert wird, es wird dadurch auch die Feindseligkeit, Hilflosigkeit, Furcht und Entfremdung von sich selbst und andern verringert. Betrachten wir zum Beispiel, wie stets die Entfremdung vom eigenen Ich verringert wird. Ein Mensch, der übergroßen Wert auf das Geschlechtsleben legt, fühlt sich nur in sexuellen Erfahrungen und Phantasien wirklich lebendig, seine Triumphe und Niederlagen sind auf das sexuelle Gebiet beschränkt; er hält seine sexuelle Anziehungskraft für seinen einzigen positiven Wert. Erst, wenn er diesen Zustand versteht, kann er anfangen, sich für andere Seiten des Lebens zu interessieren und sich so langsam wiederfinden. Ein Mensch, für den die Wirklichkeit durch die Vorstellungen und Pläne seiner Einbildung begrenzt ist, hat den Blick für sich selbst als aktives menschliches Wesen verloren. Er sieht weder seine Grenzen noch seine tatsächlichen Vorzüge. Im Verlauf der analytischen Arbeit hört er auf, seine Möglichkeiten mit vollendeten Leistungen zu verwechseln; er ist imstande, sich nicht nur so zu sehen, sondern so zu empfinden, wie er wirklich ist. Der Mensch, der überempfindlich gegen Zwang ist, vergißt seine eigenen Wünsche und Überzeugungen und hat die Empfindung, daß andere ihn beherrschen und unberechtigte Zumutungen an ihn stellen. Wenn dieser Zustand analysiert wird, fängt er an zu erkennen, was er wirklich möchte, und ist daher imstande, nach seinen eigenen Zielen zu streben.

In jeder Analyse wird unterdrückte Feindseligkeit ohne Rücksicht auf ihren Charakter und ihre Quelle zum Vorschein kommen und den Patienten vorübergehend reizbarer machen. Aber jede aufgegebene neurotische Haltung verringert die irrationale Feindseligkeit. Der Patient wird weniger feindselig, sobald er seinen eigenen Anteil an einer Schwierigkeit erkennt, anstatt sie zu externalisieren, und sobald sich seine Verletzlichkeit, seine Ängstlichkeit, seine Abhängigkeit und seine Ansprüche verringern.

Die Feindseligkeit wird vor allem durch verminderte Hilflosigkeit gemildert. Je stärker ein Mensch wird, desto weniger fühlt er sich von andern bedroht. Seine wachsende Kraft wird aus verschiedenen Quellen gespeist. Sein inneres Zentrum, das externalisiert wurde, ruht wieder in ihm selber; er fühlt sich tatkräftiger und fängt an, sich seine eigenen Wertmaßstäbe zu bilden. Er wird allmählich größere Energien zu seiner Verfügung haben; die Energien, die zur Unterdrückung eines Teils seiner Strebungen benötigt wurden, werden frei; er wird weniger gehemmt und weniger gelähmt von Befürchtungen, Selbstverachtung und Hoffnungslosigkeit. Statt entweder blind nachzugeben oder zu kämpfen, oder seinen sadistischen Impulsen freien Lauf zu lassen, kann er auf einer rationalen Grundlage nachgeben und dadurch entschiedener auftreten.

Und obwohl seine Angst durch die Unterminierung festgelegter Verteidigungsmethoden vorübergehend neu erregt wird, wird letzten Endes jeder wohlüberlegte Schritt dazu beitragen, sie zu verringern, weil der Patient sich weniger vor andern und vor sich selbst fürchtet.

Das allgemeine Ergebnis dieser Veränderungen ist eine Verbesserung der Beziehungen des Patienten zu andern und zu sich selbst. Er wird weniger isoliert sein; je stärker und weniger feindselig er wird, desto mehr hören die andern auf, eine Bedrohung für ihn zu bedeuten, die er bekämpfen, handhaben oder vermeiden muß. Er kann es sich leisten, freundliche Gefühle für sie zu empfinden. Mit dem Verzicht auf das Externalisieren und dem Verschwinden der Selbstverachtung verbessern sich seine Beziehungen zu sich selber.

Wenn wir die Veränderungen betrachten, die während der Analyse vor sich gehen, so sehen wir, daß sie sich auf genau den Zustand beziehen, der die ursprünglichen Konflikte erzeugt hat. Während sich im Verlauf der neurotischen Entwicklung jeglicher Druck verschärft, schlägt die Therapie den entgegengesetzten Weg ein. Die Haltungen, die aus der Notwendigkeit entstanden, mit der Welt angesichts der eigenen Hilflosigkeit, Furcht, Feindseligkeit und Isoliertheit fertig zu werden, werden immer sinnloser und können daher allmählich aufgegeben werden. Weshalb auch sollte sich jemand selbst völlig vernachlässigen oder opfern für Menschen, die er haßt und denen er nichts bedeutet, wenn er die Fähigkeit besitzt, anderen als gleichberechtigter Partner zu begegnen? Weshalb sollte irgend jemand ein unstillbares Verlangen nach Macht und Anerkennung haben, wenn er sich in sich selbst gesichert fühlt und ohne die ständige Angst vor Unterdrückung mit andern leben und streben kann? Weshalb sollte jemand eine nahe Berührung mit andern vermeiden, wenn er imstande ist zu lieben und keine Angst davor hat zu kämpfen?

Um dieses Ergebnis zu erzielen, bedarf es der Zeit; je verstrickter und eingekapselter ein Mensch ist, desto mehr Zeit wird nötig sein. Daß der Wunsch nach einer analytischen Kurztherapie besteht, ist sehr verständlich. Wir wären froh, wenn mehr Menschen einen Vorteil von dem, was eine Analyse leisten kann, gewinnen könnten, und es ist uns klar, daß ein bißchen Hilfe besser ist als gar keine. Es ist richtig, daß Neurosen in bezug auf ihren Schweregrad sehr verschieden sind, und man kann auch bei einer leichten Neurose in relativ kurzer Zeit helfen. Während einige der Experimente in Kurztherapie aussichtsreich erschienen, ist leider bei vielen der Wunsch der Vater des Gedankens, und sie werden mit völliger Unkenntnis der mächtigen Kräfte, die in einer Neurose am Werke sind, durchgeführt. Ich glaube, daß im Fall einer schweren Neurose der analytische Prozeß nur dadurch beschleunigt werden kann, daß wir unser Verständnis der neurotischen Charakterstruktur immer mehr vertiefen, durch weniger Zeit auf die Suche nach einer Interpretation verschwendet werden muß.

Glücklicherweise ist die Analyse nicht der einzige Weg, innere Konflikte zu lösen. Das Leben selber ist noch immer ein sehr erfolgreicher Helfer. Viele wiederholte Erfahrungen derselben Art können eindrucksvoll genug sein, Veränderungen in einer Persönlichkeit zu veranlassen, oder das anfeuernde Beispiel eines wahrhaft bedeutenden Menschen kann dazu führen oder ein Unglück, das den Betreffenden aus seiner egozentrischen Isolierung heraus und in nahe Berührung mit andern bringt; oder die Verbindung mit gleichgearteten Menschen kann es weniger nötig erscheinen lassen, sie auf besonders ausgeklügelte Weise zu behandeln oder sie zu vermeiden. In andern Fällen können die Folgen neurotischen Verhaltens so drastisch sein oder sich so häufig ereignen, daß sie einen nachhaltigen Eindruck auf den Neurotiker machen und ihn dazu bringen, weniger ängstlich und weniger starr zu sein.

Jedoch unterliegt die vom Leben selber bewirkte Heilung nicht der eigenen Kontrolle. Weder Not noch Freundschaft, noch ein religiöses Erlebnis lassen sich so formen, daß sie genau dem Bedürfnis des einzelnen Individuums entsprechen. Das Leben ist ein unbarmherziger Heiler; Umstände, die *einem* Neurotiker helfen, können einen andern zu Boden schmettern; und wie wir sahen, ist die geistige Fähigkeit des Neurotikers, die Folgen seines neurotischen Verhaltens zu erkennen und aus ihnen zu lernen, äußerst begrenzt. Wir können vielleicht sagen, daß die Analyse dann mit einiger Sicherheit beendet ist, wenn der Patient gerade diese Fähigkeit, nämlich aus seinen eigenen Erfahrungen zu lernen, errungen hat – das heißt, wenn er seinen Anteil an den entstandenen Schwierigkeiten zu untersuchen und zu verstehen lernt und diese Erkenntnis auf sein Leben anwenden kann.

Eine Kenntnis der Rolle, die Konflikte in einer Neurose spielen, und das Wissen darum, daß sie gelöst werden können, macht eine neue Definition des Ziels der analytischen Therapie notwendig. Obwohl viele neurotische Störungen in das medizinische Gebiet gehören, ist es nicht angebracht, dieses Ziel in medizinischen Ausdrücken zu definieren. Da sogar psychosomatische Krankheiten im wesentlichen letzten Endes ein Ausdruck von

Konflikten innerhalb einer Persönlichkeit sind, müssen die Ziele der Therapie in Ausdrücken definiert werden, die in bezug zur Persönlichkeit stehen.

Die Therapie umschließt eine ganze Reihe von Zielen. Der Patient muß die Fähigkeit erringen, *Verantwortung* für sich selbst zu übernehmen, in dem Sinn, daß er sich selbst als eine aktive verantwortliche Kraft in seinem Leben empfindet, dazu fähig, Entscheidungen zu treffen und ihre Folgen auf sich zu nehmen. Damit ist die Bereitschaft zur Verantwortung für andere verbunden, eine Bereitschaft, Verpflichtungen anzuerkennen, an deren Wert man glaubt, ob sie sich nun auf Kinder, Eltern, Freunde, Angestellte, Kollegen, die Gemeinde oder das Heimatland beziehen.

Damit ist das Ziel der Erlangung innerer *Unabhängigkeit* verbunden – eine Unabhängigkeit, die ebensoweit von bloßer Ablehnung der Ansichten und Überzeugungen anderer Menschen entfernt ist wie von einer bloßen Annahme derselben. Das bedeutet, daß man den Patienten in erster Linie befähigt, seine eigene Wertskala festzusetzen und sie auf sein tatsächliches Leben anzuwenden. In bezug auf andere bedeutet es, daß er ihre Individualität und ihre Rechte respektiert und dadurch die Grundlage für eine wahre gegenseitige Gleichberechtigung schafft. Dies würde wahrhaft demokratischen Zielen entsprechen.

Wir können diese Ziele als *Spontaneität von Gefühlen* bezeichnen, das Erkennen und die Lebendigkeit von Gefühlen, wie Liebe oder Haß, Glück oder Trauer, Furcht oder Verlangen. Dies würde sowohl die Fähigkeit, solche Empfindungen zum Ausdruck zu bringen, als sie freiwillig zu kontrollieren, in sich schließen. Weil die Fähigkeit zu Liebe und Freundschaft so wesentlich ist, sollte sie in diesem Zusammenhang besonders erwähnt werden; Liebe, die weder aus parasitärer Abhängigkeit noch aus sadistischer Herrschaft besteht, sondern, um Macmurray zu zitieren, »eine Beziehung ist . . . die über sich hinaus keinen Zweck hat; wo wir uns aneinander anschließen, weil es natürlich ist für menschliche Wesen, ihre Erfahrungen zu teilen; wo wir einander verstehen, um Freude und Befriedigung im gemeinsamen Leben zu finden; und wo wir uns gegenseitig aussprechen und offenbaren«.

Die umfassendste Formulierung des therapeutischen Zieles ist das Streben, *mit sich selbst und seiner Haltung dem Leben gegenüber ins reine zu kommen:* das heißt, ohne falsche Ansprüche, aufrichtig in unsern Gefühlen, und imstande zu sein, das ganze Ich in seinen Gefühlen, seiner Arbeit, seinen Überzeugungen zum Ausdruck zu bringen. Doch kann man sich diesem Ziel nur in dem Maße nähern, in dem man seine Konflikte lösen kann.

Diese Ziele sind nicht willkürlich gewählt, noch sind sie gültige Ziele der Therapie lediglich darum, weil sie mit den Idealen der Weisen aller Zeiten übereinstimmen. Doch ist diese Übereinstimmung kein Zufall, denn aus ihnen bestehen die Elemente, auf denen die seelische Gesundheit beruht. Wir haben ein Recht dazu, diese Ziele zu postulieren, weil sie logisch aus der Erkenntnis der pathogenen Faktoren einer Neurose folgen.

Daß wir es wagen, solch hohe Ziele zu setzen, liegt an unserm Glauben, daß die menschliche Persönlichkeit sich ändern kann. Nicht nur das kleine Kind ist biegsam. Wir alle behalten die Fähigkeit, uns zu ändern, und sogar ganz fundamental zu ändern, solange wir leben. Dieser Glaube wird durch Erfahrung gestützt. Analyse ist eines der wirkungsvollsten Mittel, grundlegende Änderungen hervorzubringen, und je besser wir die Kräfte verstehen, die in einer Neurose wirksam sind, desto größer wird die Möglichkeit, die erwünschte Änderung herbeizuführen.

Vermutlich werden weder der Analytiker noch der Patient dieses Ziel jemals völlig erreichen. Es sind Ideale, nach denen man streben kann. Ihr praktischer Wert liegt darin, daß sie uns für die Therapie und für unser Leben eine Richtung geben. Wenn wir uns über die Bedeutung der Ideale nicht klar sind, so laufen wir Gefahr, ein altes idealisiertes Ebenbild durch ein neues zu ersetzen. Wir müssen uns außerdem darüber klar werden, daß es nicht in der Macht des Analytikers liegt, den Patienten in ein Geschöpf zu verwandeln, das keinen einzigen Fehler mehr aufweist. Er kann ihm nur dabei helfen, die Freiheit zu erlangen, die nötig ist, um nach einer Annäherung an diese Ideale zu streben. Und das bedeutet, ihm gleichzeitig Gelegenheit zu bieten, sich zu entwickeln und einen höheren Reifegrad zu erlangen.

Namen- und Sachregister

212